SINFONIA INACABADA

Antonio Carlos Mazzeo

SINFONIA INACABADA

A POLÍTICA DOS COMUNISTAS NO BRASIL

100 anos de fundação do
Partido Comunista – Seção Brasileira
da Internacional Comunista (PCB)
(1922-2022)

© Boitempo, 1999, 2022
© Antonio Carlos Mazzeo, 1999, 2022

Direção-geral Ivana Jinkings
Edição e coordenação de produção Livia Campos
Assistência editorial João Cândido Maia e Camila Nakazone
Preparação Mariana Echalar
Revisão Joice Nunes
Diagramação Antonio Kehl
Capa Maikon Nery

Equipe de apoio Elaine Ramos, Frank de Oliveira, Frederico Indiani, Higor Alves, Isabella Meucci, Ivam Oliveira, Kim Doria, Lígia Colares, Luciana Capelli, Marcos Duarte, Marina Valeriano, Marissol Robles, Maurício Barbosa, Pedro Davoglio, Raí Alves, Thais Rimkus, Tulio Candiotto, Uva Costriuba

CIP-BRASIL. CATALOGAÇÃO NA PUBLICAÇÃO
SINDICATO NACIONAL DOS EDITORES DE LIVROS, RJ

M429s
2. ed.
Mazzeo, Antonio Carlos, 1950-
Sinfonia inacabada : a política dos comunistas no Brasil / Antonio Carlos Mazzeo. - 2. ed. - São Paulo : Boitempo, 2022.
240 p.

Inclui bibliografia
apresentação
ISBN 978-65-5717-136-3

1. Partido Comunista Brasileiro - História. 2. Comunismo - História - Brasil. I. Título.

22-76504

CDD: 324.281075
CDU: 329.15(81)

Meri Gleice Rodrigues de Souza - Bibliotecária - CRB-7/6439

É vedada a reprodução de qualquer
parte deste livro sem a expressa autorização da editora.

1ª edição: maio de 1999
2ª edição: março de 2022

BOITEMPO
Jinkings Editores Associados Ltda.
Rua Pereira Leite, 373
05442-000 São Paulo SP
Tel.: (11) 3875-7250 / 3875-7285
editor@boitempoeditorial.com.br
boitempoeditorial.com.br | blogdaboitempo.com.br
facebook.com/boitempo | twitter.com/editoraboitempo
youtube.com/tvboitempo | instagram.com/boitempo

À memória de:
Astrojildo Pereira, Octávio Brandão, Luiz Carlos Prestes e Caio Prado Jr.;
Augusto Mazzeo, meu querido pai, comunista e inquebrantável lutador;
Valdemiro Jambeiro, o "seu Valdemiro"; Carlos Alberto Noronha, o Carleta,
Paulo Zapparoli, o Zappa, e Carlos Telles, o Telles.
Aos/às camaradas que tombaram na luta.

Às camaradas e aos camaradas do PCB.

Falo assim sem tristeza
falo por acreditar.
Que é cobrando o que fomos
que nós iremos crescer.
Outros Outubros virão,
outras manhãs plenas de sol e de luz.

Fernando Brant, "O que foi feito devera"

È gia vecchio
Il piano di lotta di ieri, cade
A pezzi sui muri il più fresco manifesto
Muta, in uma qualunque notte, il congegno
Che fa la conoscenza lucce dell'oggetto.
E la vita riappare più viva: segno
Che qualcosa, in chi la viveva, muore.
Essa è proceduta nel disegno
che non há fine: ma il vostro dolore
di non esserne più sul primo fronte,
sarebbe più puro, se ne'llora
in cui l'errore, anche se puro, si sconta
aveste la forza di dirvi colpevoli [...][1]

Pier Paolo Pasolini, "Una polemica in versi",
em *Le ceneri di Gramsci*

---

[1] Já é velho/ o plano de luta de ontem,/ nos muros se esmigalha o mais fresco manifesto./ Muda, em qualquer noite, o mecanismo/ que faz do conhecimento a luz do objeto./ E a vida reaparece mais viva: sinal/ de que algo em quem a vivia morre./ Esta emana do desenho/ que não tem fim: mas a dor de vocês/ de não mais estarem na primeira frente,/ seria mais pura, se na hora/ em que o erro se paga, mesmo sendo puro,/ tivessem a força de se confessarem culpados. (Trad. Paolo Nosella)

SUMÁRIO

Prólogo – *Milton Pinheiro* 11

Apresentação. Uma sinfonia que segue sendo composta – *Mauro Iasi* 13

Prefácio à segunda edição 19

PRIMEIRO MOVIMENTO. *OUVERTURE*: O INSTRUMENTAL ANALÍTICO-PRÁTICO 29

Prelúdio: Questões preliminares 31
Consciência e mediação... 31
Determinações histórico-objetivas da formação do Partido Comunista
no Brasil.. 43

Capítulo 1. *Largo assai*: Os elementos teóricos 55
O Komintern e a questão colonial: notas arqueológicas 55
Primeiras elaborações teórico-políticas e a presença do Komintern 71

**Capítulo 2. *Adagio*: Rupturas e continuidades: a construção do
reformismo**..85
1945: a gênese.. 85
1950: sonhos de ruptura 89
1958-1960: o retorno ao reformismo e as origens da nova teoria
consagrada 100

**SEGUNDO MOVIMENTO. *ANDANTE MAESTOSO*: O CONTEXTO POLÍTICO
DA AÇÃO DO PCB** 109

**Capítulo 3. *Pizzicato*: Particularidades sócio-históricas da
formação social brasileira**..113
Aspectos históricos do capitalismo no Brasil: breves considerações........... 113
Elementos histórico-políticos do colonial-bonapartismo....................... 125

Capítulo 4. *Allegro ma non troppo*: Construção e crise da forma
Estado militar-bonapartista 133
    A visão do PCB e seus limites 133
    Considerações críticas 138

Capítulo 5. *Lento con grande espressione*: A "nova teoria consagrada"
como operador político do PCB 153
    A sinfonia inacabada 172

Posfácio. *Una sinfonia in discontinua continuità*: PCB: do "racha"
de 1992 à reconstrução revolucionária 179
    A exaustão do instrumental teórico-analítico, o reformismo estrutural
    e a ruptura de Prestes 179

Fontes e bibliografia selecionada 223
    Documentos 223
    Livros 224

Bibliografia e artigos selecionados 227

Reconhecer francamente um erro, determinar suas causas, analisar a situação que conduziu a ele e discutir com atenção a forma de corrigi-lo: isso é o que caracteriza um partido sério; assim é como deve cumprir seus deveres e como deve educar e instruir a sua classe e depois as massas.

Vladímir Ilitch Lênin, *Esquerdismo, doença infantil do comunismo*

PRÓLOGO

Milton Pinheiro

Esta nova edição de *Sinfonia Inacabada*, para além do instigante debate público apresentado quando do lançamento em 1999, apresenta importante pesquisa sobre o caráter teórico-político do momento mais crucial da história recente dos comunistas brasileiros. Trata-se do racha político-orgânico, iniciado em 1991 e enfrentado como processo de reconstrução revolucionária, que trouxe para o cenário da luta de classes – e para o ambiente político da vanguarda revolucionária – o mais longevo operador político da classe trabalhadora no Brasil. Esse movimento histórico é entendido a partir da luta interna, das mudanças ocorridas na realidade brasileira e do arcabouço teórico-político apresentado pelo PCB.

Também são desveladas as entranhas do reformismo nos PCs, na quadra histórica das tentativas de acabar com o PCB; são examinados com rigor os equívocos do partido diante da crise da ditadura burgo-militar de 1964 e os caminhos para a revolução brasileira. Apresenta, com farta pesquisa documental, os fatores que levaram os comunistas brasileiros a não entender a crise do "Milagre econômico" e a marcha operária do ABC paulista, no ocaso da ditadura. Todavia, examina com cuidado os fatores repressivos da desagregação interna: prisões, exílios, tortura e assassinatos de muitos quadros, em especial os de um terço do Comitê Central.

O posfácio da *Sinfonia* dá continuidade à densidade de todo livro e desvenda a crise que rachou o PCB, além de tratar do ressurgimento da Fênix Vermelha, a qual, a partir da construção do Movimento Nacional de Defesa do PCB, articulado em outubro de 1991, tornou-se uma trincheira para a reconstrução revolucionária do partido. Os argumentos da *Sinfonia* são fundamentais para entender a vanguarda brasileira; foram escritos por um pesquisador que esteve no teatro das operações, fato que lhe permitiu, como autor, construir dialeticamente a relação entre pesquisa e prática social. Essa, tornada pública, constitui agora uma obra de valor fundamental para compreender a presença dos comunistas na história política brasileira.

APRESENTAÇÃO
UMA SINFONIA QUE SEGUE SENDO COMPOSTA

Minha alma é uma orquestra oculta; não sei que instrumentos
tange e range, cordas e harpas, timbales
e tambores, dentro de mim. Só me conheço como sinfonia
Fernando Pessoa, *Livro do desassossego*

Um partido ou um país são sempre sinfonias inacabadas, sempre por fazer, sempre fluindo em direção ao devir em um determinado ponto entre o passado e o futuro. O Brasil e o PCB se fundem nessa sinfonia de forma que nos é impossível separar um e outro em nossa história contemporânea, desde os primórdios do século passado até os tumultuados dias atuais. Essa simbiose entre a forma partido e nosso país não pode nos levar a crer que entre eles não haja particularidades que os definem e distinguem. Uma formação social se constitui pelas contradições que se fundamentam em um dado momento do modo de produção determinante e nas manifestações que daí derivam na luta de classes, nas formas políticas e jurídicas, nas manifestações culturais e ideológicas – portanto, a formação social e histórica é sempre mais ampla e determinante do que a forma partido que ela contém. Nesse sentido, precisamos partir da afirmação de que é o Brasil que explica o PCB.

Dito isso, incorreríamos em erro caso acreditássemos que o PCB, determinado por essa formação social, não houvesse, em sua história e ação política, imposto sua marca naquilo que resulta como país. Não apenas por sua longevidade, por ter estado presente em momentos decisivos da luta de classes desde os anos 1920, na República oligárquica, no nascimento, consolidação e crise do getulismo, no processo de democratização dos anos 1940 e 1950, no golpe de 1964 e nos anos de terror que se seguiram, no processo de democratização nos anos 1970, até o ciclo petista e a reversão reacionária que hoje nos atinge.

Durante todo esse período, os comunistas do PCB estiveram presentes, buscando compreender a formação social brasileira, derivando daí elaborações estratégicas e táticas, apontando formas de resistência e caminhos de superação revolucionária.

O Bloco Operário e Camponês no final dos anos 1920, lançando o primeiro operário negro à Presidência da República, o operário marmorista Minervino de Oliveira, a luta democrática na formação da Aliança Nacional Libertadora e na tentativa de insurreição em 1935, a resistência à ditadura getulista no Estado Novo, a ativa e intensa ação política no processo de democratização até a cassação do registro do PCB em 1947 e uma longa semiclandestinidade até o golpe de 1964, período no qual o PCB encontrou seu mais pleno desenvolvimento e também no qual se expressaram os limites e contradições de nossa formulação estratégica.

O livro de Antonio Carlos Mazzeo é um esforço de ir além da mera história de um partido, porque parte da mesma premissa que apresentamos, aquela que afirma que compreender a trajetória política de um partido implica a compreensão de um país e seus destinos. A exposição de Mazzeo nos leva à reflexão de uma formação social e suas contradições, ao mesmo tempo que uma vanguarda política busca compreender essas contradições e atuar sobre elas no terreno da luta de classes, com suas formulações estratégicas, seu plano tático, a definição das vias de implementação estratégica e dos desfechos alcançados. Marx dizia que o produto esconde o processo, seguindo antiga pista hegeliana segundo a qual a verdade está no todo e este é o resultado do processo de sua constituição. Os críticos do PCB procuram julgá-lo pelo resultado e, dessa forma, correm o risco de reproduzir os mesmos erros que intencionavam superar.

A grande virtude do estudo, já clássico e que agora é novamente disponibilizado aos leitores brasileiros, é que a história do PCB e do Brasil é compreendida como resultante da síntese dialética entre consciência e materialidade, ou, nos termos lenineanos, entre fatores subjetivos e objetivos, de maneira que as determinações não podem ser mecânicas e antidialéticas. Nem a forma partido pode se impor independentemente das determinações históricas e materiais que a condicionam nem tampouco essa materialidade pode ser compreendida sem a ação subjetiva das forças políticas que se chocam na luta de classes.

Os que não cultivam uma visão infantil dos processos históricos sabem que equívocos e erros são parte importante do processo de constituição das vanguardas. Como fica explícito em uma das frases de que o autor se serve como epígrafe, buscada na experiência valiosa de Lênin: "Reconhecer francamente um erro, determinar suas causas, analisar a situação que conduziu a ele e discutir com atenção a forma de corrigi-lo: isso é o que caracteriza um partido sério; assim é como deve cumprir seus deveres e como deve educar e instruir a sua classe e depois as massas"[1].

---

[1] Vladímir I. Lênin, *Esquerdismo, doença infantil do comunismo* (São Paulo, Símbolo, 1978), p. 60.

O dilema do PCB é o dilema do Brasil. A estratégia democrática nacional é a expressão política e teórica de uma formação social que se desenvolve da universalização do modo de produção capitalista nas condições concretas de sociedades oriundas do colonialismo e de formação oligárquica. Uma formação social na qual a revolução burguesa se processou de forma particular, como analisou Florestan Fernandes[2], e cuja particularidade é o divórcio entre o caráter burguês da revolução, sua finalidade de constituir uma ordem econômica capitalista, e o aspecto democrático, que se fundamentaria na aliança da burguesia com os trabalhadores para enfrentar a velha ordem. Aqui a ordem capitalista prescinde da forma democrática; mais que isso, é a expressão de segmentos burgueses aliados às camadas oligárquicas que precisam barrar a emergência política da maioria da população e da classe trabalhadora, derivando daí o caráter autocrático do Estado burguês no Brasil, como analisaram Florestan Fernandes e o próprio Mazzeo em outro trabalho[3].

A mediação política dos comunistas sempre foi a busca do caminho prático de equacionar a meta da transformação social socialista necessária no terreno objetivo dessa sociedade. A ênfase no aspecto democrático não realizado não deriva de ilusões com a democracia burguesa, mas diretamente da ausência das prerrogativas democráticas na perspectiva da classe trabalhadora, principalmente no que tange aos direitos daqueles que trabalham. Nesse aspecto a mediação política marcou nossa formação social de maneira significativa. Não há como entender o conjunto de conquistas da classe trabalhadora dos anos 1920 aos anos 1960 sem a luta e a resistência dos comunistas e dos militantes sindicais que protagonizaram as lutas sociais e trabalhistas desse período.

Em vários momentos, bem retratados por analistas competentes como Marly Vianna[4] e Marcos Del Roio[5], a estratégia democrática nacional do PCB não implicou um rebaixamento de sua radicalidade revolucionária; pelo contrário, em não poucas ocasiões predominou uma inspiração insurrecional e militarista na via revolucionária, como em 1935 e no "Manifesto de Agosto de 1950".

---

[2] Florestan Fernandes, *A revolução burguesa no Brasil: ensaio de interpretação sociológica* (Rio de Janeiro: Zahar, 1975).

[3] Antonio Carlos Mazzeo, *Estado e burguesia no Brasil: origens da autocracia burguesa* (São Paulo, Boitempo, 2015).

[4] Marly de Almeida Gomes Vianna, *Revolucionários de 1935: sonho e realidade* (São Paulo, Companhia das Letras, 1992).

[5] Marcos Del Roio, *A classe operária na revolução burguesa: a política de alianças do PCB* (Belo Horizonte, Oficina de Livros, 1990).

Entretanto, não é apenas a intencionalidade das formas partidárias que imprimem sua marca na formação social; a objetividade histórica molda igualmente as intencionalidades, como diz Marx[6], como uma maldição: os seres humanos não fazem a história como querem. A estratégia democrática nacional se fundamenta em premissas que acabam por se apresentar, nos termos de Caio Prado Jr.[7], como verdades consagradas. O caráter da revolução burguesa inconclusa, ou incompleta, levaria à formação de uma suposta "burguesia nacional" em contradição com o imperialismo e com a estrutura agrária tradicional, e consequentemente à necessidade e possibilidade de uma aliança de classes dessa burguesia com os trabalhadores para a realização da chamada revolução democrática. Mazzeo analisa com pormenores as bases dessa formulação, assim como as consequências políticas de sua implementação, notadamente no trágico desfecho de 1964 e seus desdobramentos.

A singularidade do PCB aqui se expressa de maneira peremptória. Uma derrota da dimensão daquela sofrida pelos comunistas em 1964 seria mais do que suficiente para encerrar a história de uma organização partidária. É inegável o alto custo da derrota para os comunistas do PCB, mas não significou o seu fim. O partido sobreviveu duramente ao período de repressão como um dos alvos centrais da máquina de terror que se apoderou do Estado brasileiro e reapareceu no processo de democratização cobrando seu lugar no espectro político da classe trabalhadora do país.

Aqui, mais uma vez, o dilema do PCB se confunde com o dilema do Brasil, um país que empreende uma transição sob controle e tutela dos militares, lenta, gradual e segura. Uma democratização restrita, que não supera o caráter autocrático do Estado, alicerçado no terreno de um capitalismo monopolista e dependente. Desde o golpe até o processo de democratização é quando ocorrem os processos mais profundos de cisão e fragmentação do PCB. Há, entretanto, distinções essenciais entre as cisões que marcaram a história desse partido. A maior parte delas foi profundamente determinada pelo contexto internacional da luta de classes e pelas divergências quanto ao caráter da estratégia revolucionária. Desde o afastamento das correntes que aderiram ao trotskismo, como a cisão de 1928, passando pela dissidência que formaria o PCBR em 1960, as divergências sino-soviéticas em 1962 que levariam à formação do PCdoB, a dissidência da Guanabara, a saída de Carlos Marighella em 1966, influenciado pela estratégia revolucionária cubana,

---

[6] Karl Marx, *O 18 de brumário de Luís Bonaparte* (trad. Nélio Schneider, São Paulo, Boitempo, 2011).

[7] Caio Prado Jr., *A revolução brasileira* (6. ed., São Paulo, Brasiliense, 1978).

até a ruptura de Luiz Carlos Prestes em 1980, temos processos de divergência no campo da esquerda. Em 1992, no entanto, o maior ataque ao PCB vem de uma profunda inflexão que renega a história, os símbolos e o próprio nome da organização para formar o PPS, que defendia uma "modernização" para tornar o partido palatável à ordem burguesa e se tornaria a linha auxiliar da direita em aliança com o PSDB e o DEM nos governos Fernando Henrique Cardoso.

Foi somente, como descreve o autor, com a resistência abnegada de vários militantes que o PCB, mais uma vez, sobreviveu para viver seu capítulo mais recente na defesa da revolução socialista e na superação do capitalismo.

O livro de Mazzeo já era uma referência para muitos de nós, mas faltava esse movimento mais recente em nossa sinfonia que agora a reedição ampliada da obra nos torna possível.

O dilema do Brasil, que se expressa no PCB e em sua trajetória, segue ainda sem resposta. O ciclo petista trazia a pretensão de ter superado esse dilema quando assumiu o protagonismo da luta de classes no período mais recente. O PT, assim como foi o PCB, é também expressão de um outro momento de nossa formação social. Sua estratégia democrática popular acabou por constituir uma superação imperfeita da estratégia do PCB, a qual queria negar, reapresentando-a, no que lhe é essencial[8]. Nossa compreensão é que o PT levou até as últimas consequências as premissas que embasam sua estratégia, daí sua virtude. Ao chegar à situação de governo e manter-se por vários mandatos, expressou de forma inequívoca os limites do capitalismo brasileiro e do Estado autocrático burguês. Se o PCB se apoiou na possibilidade de uma aliança de classes com a burguesia, nos termos de uma revolução nacional, o PT levou a aliança com a burguesia, negada inicialmente, como condição de governabilidade que garantiria o gradualismo de reformas democráticas a longo prazo, sem superação da ordem econômica capitalista, monopolista e dependente.

O golpe de 2016 representou para a estratégia petista o que 1964 representou para o PCB, uma dura prova de realidade que fez dissolver as "verdades consagradas". O retrocesso reacionário representado no governo de extrema direita recoloca os termos de um dilema que segue exigindo respostas. O caráter do capitalismo dependente no Brasil e suas relações com a ordem imperialista implicam uma materialidade cuja forma de expressão política é a autocracia burguesa? Os hiatos democráticos estariam, então, condenados às formas de democracia limitada e restrita, presa a formalismos que servem exatamente para encobrir a impossibilidade de

---

[8] Mauro Iasi, Isabel Mansur Figueiredo e Victor Neves, *A estratégia democrático-popular: um inventário crítico* (Marília, Lutas Anticapital, 2019).

uma substancialidade democrática a serviço da maioria da população e, principalmente, da classe trabalhadora? A alternância desses períodos de democracia restrita e formal e formas mais explicitamente autocráticas são constituintes da formação social e determinadas pelo capitalismo dependente e associado ao imperialismo? Se isso é verdade, qual é a conclusão que se impõe sobre o caráter da via revolucionária e sua relação com o Estado burguês e a institucionalidade democrática?

A sinfonia de Brasil segue inacabada e exige respostas que nos levem ao próximo movimento. Por isso, a sinfonia do PCB segue sendo composta por militantes da União da Juventude Comunista, camaradas do Unidade Classista, mulheres do Coletivo Ana Montenegro, negros e negras do Coletivo Minervino de Oliveira, Coletivo LGBT Comunista, velhos e jovens intelectuais e militantes de todo o país que se fazem essas perguntas, buscam respostas e seguem uma velha tradição. Nunca param de lutar no presente contra a ordem capitalista e burguesa, enquanto buscam as respostas que nos levam em direção ao futuro.

Retomemos o *prelúdio* enquanto compomos o *gran finale*. Os ritmistas do bloco de carnaval Comuna que Pariu já começaram a ensaiar na orquestra oculta de nossa alma, na alma daqueles que, em desassossego, só se conhecem e se reconhecem como sinfonia.

Mauro Iasi
Ilhabela, fevereiro de 2021

Referências bibliográficas

DEL ROIO, Marcos. *A classe operária na revolução burguesa:* a política de alianças do PCB. São Paulo, Oficina de Livros, 1990.

FERNANDES, Florestan. *A revolução burguesa no Brasil:* ensaio de interpretação sociológica. Rio de Janeiro, Zahar, 1975.

IASI, Mauro. *As metamorfoses da consciência de classe:* o PT entre a negação e o consentimento. São Paulo, Expressão Popular, 2006.

_____; FIGUEIREDO, Isabel Mansur; NEVES, Victor. *A estratégia democrático-popular:* um inventário crítico. Marília, Lutas Anticapital, 2019.

LÊNIN, Vladímir I. *Esquerdismo, doença infantil do comunismo.* São Paulo, Símbolo, 1978.

MARX, Karl. *O 18 de brumário de Luís Bonaparte.* Trad. Nélio Schneider, São Paulo, Boitempo, 2011.

MAZZEO, Antonio Carlos. *Estado e burguesia no Brasil:* origens da autocracia burguesa. São Paulo, Boitempo, 2015.

PRADO Jr., Caio. *A revolução brasileira.* 6. ed., São Paulo, Brasiliense, 1978.

VIANNA, Marly de Almeida Gomes. *Revolucionários de 1935.* São Paulo, Companhia das Letras, 1992.

PREFÁCIO À SEGUNDA EDIÇÃO

Um trabalho intelectual não é apenas produto de preocupações isoladas e abstratas de um pesquisador. Ao contrário, está sempre relacionado, de uma forma ou de outra, às questões objetivas e subjetivas de quem o realiza, como é o caso deste. As razões que me levaram a estudar o Partido Comunista Brasileiro (PCB) não refletem somente o resultado de um longo e profícuo período de ligação orgânica, durante o qual conheci personagens que se confundem com a própria história do Brasil, como Luiz Carlos Prestes, Gregório Bezerra, Elisa Branco, Salomão Malina, Luís Tenório de Lima, Osvaldo Pacheco, José Maria Crispim, Zuleide Faria de Melo, Oscar Niemeyer, Horácio Macedo, Raimundo Jinkings, Paulo Cavalcanti, Lindolfo Silva, Alberto Luiz da Rocha Barros, Carmita Worms, José Walter Canoas, João Louzada, José Salles, Marly Vianna e tantos outros, uma vez que, cada um à sua maneira, de acordo com a intensidade de nossa ligação pessoal, acabou influenciando, e muito, minha formação de cientista social e militante político durante nosso convívio. Mas foi a dimensão político-cultural desse partido, construída ao longo de seus 99 anos de vida – assim como as heranças positivas e negativas deixadas na vida nacional –, que me fez decidir pelo estudo dos elementos histórico-políticos constitutivos de sua ação e de sua análise da realidade brasileira. Ademais, todo comunista, como bem disse o histórico dirigente do Partido Comunista Italiano, Lucio Magri, carrega um pesado fardo[1], seja ele o das vitórias e das lutas dos trabalhadores, como as jornadas de 1848 na França, a magnífica experiência humana da Comuna de Paris em 1871, a grande Revolução Russa de 1917, o Levante de 1935, os levantes dos agricultores e posseiros de Porecatu (PR) e de Trombas e Formoso (GO), as lutas pelo petróleo e

---

[1] Ver Lucio Magri, *O Alfaiate de Ulm: uma possível história do Partido Comunista Italiano* (trad. Silvia de Bernardinis, São Paulo, Boitempo, 2014), p. 36.

pela educação pública, o combate à *ditadura militar-bonapartista*[2] etc., ou as derrotas e os equívocos que o movimento comunista e revolucionário como um todo viveu.

É indiscutível o papel do PCB na elevação das discussões sobre as mais diversas e importantes questões nacionais e sua contribuição ao pensamento social por meio das intensas atividades desenvolvidas por sua política cultural, que abrangeu desde a literatura, passando pela poesia, teatro, cinema e televisão, até a enorme contribuição ao debate intelectual realizado em jornais e inúmeras publicações comunistas oficiais e oficiosas que foram publicadas durante décadas. O golpe de Estado de 1964 interrompeu um importantíssimo período de efervescência cultural no país, para o qual o PCB dava uma contribuição das mais fecundas. Mesmo assim, com enormes dificuldades, atuando na clandestinidade e acossado pela ditadura, o partido continuou a contribuir para o debate nacional, tornando-se também um dos mais obstinados combatentes pela democracia, num contexto em que muitos de seus militantes deram a vida na luta contra a autocracia burguesa de caráter bonapartista.

Por seu enraizamento na sociedade nacional e por sua indiscutível contribuição ao desenvolvimento político e cultural do país, o PCB constituiu-se também no mais contraditório, sofisticado e multifacetado dos partidos brasileiros. Não restam dúvidas de que foram os comunistas que decisivamente introduziram, com sua complexidade, as classes subalternas na vida política de uma sociedade que tradicionalmente deixou à margem de seus processos decisórios o conjunto dos trabalhadores. Mais do que isso, a questão da democracia, como *eixo fundamental* da vida social brasileira, foi a temática que constantemente permeou as resoluções e as ações políticas do PCB. Nessa perspectiva, podemos dizer que o PCB *reintroduziu o Ocidente* numa sociedade civil (aqui, vista no âmbito conceitual marxiano de *bürgerliche Gesellschaft*)[3], hegemonizada por uma burguesia autocrática e de tradição

---

[2] Em que pese a obviedade de o golpe de Estado de 1º de abril de 1964 ser a consequência direta da articulação política da burguesia brasileira com os setores reacionários e golpistas das Forças Armadas, históricos defensores da autocracia burguesa brasileira, entendemos que o conceito de *bonapartismo*, desenvolvido por Karl Marx em seu *O 18 de brumário de Luís Bonaparte* (trad. Nélio Schneider, São Paulo, Boitempo, 2011), atende histórica e politicamente à definição da ditadura de classe burguesa e das formas históricas de composição de bloco burguês. Aqui, optamos pela definição da ditadura brasileira como *militar-bonapartista*, exatamente porque foi arquitetada pela autocracia de uma burguesia débil e de inserção subordinada no concerto internacional do imperialismo, tendo as Forças Armadas como clássica *gendarmerie* da ordem do capital.

[3] Ver Karl Marx, *Sobre a questão judaica* (trad. Nélio Schneider e Wanda Caldeira Brant, São Paulo, Boitempo, 2013), p. 40 e seg., e, principalmente, Karl Marx, *Crítica da Filosofia do Direito de Hegel* (trad. Rubens Enderle e Leonardo de Deus, 3. ed., São Paulo, Boitempo, 2013), p. 151 e seg.

escravista, tributária de um capitalismo retardatário e de viés *prussiano-colonial*[4]. Nessa óptica, na *continuidade descontínua* que ampliou e atualizou as históricas reivindicações do movimento operário brasileiro, que vinham dos finais do século XIX e inícios do século XX[5], o partido teve a questão democrática como centro de sua estratégia e de sua tática para a construção do processo de transição para o socialismo, seja por meio da teoria da *revolução democrático-pequeno-burguesa*, seja posteriormente, pela teoria da *etapa democrático-burguesa da revolução*.

A preocupação obsessiva em alargar os espaços democráticos da sociedade brasileira constituiu-se no resultado imediato da necessidade de ruptura com um *Ocidente arcaico* – introduzido pela colonização de tipo mercantil e caráter escravista – e da implementação de um *novo* Ocidente que vinha surgindo em uma ordem industrial e de direitos civis fundamentais, postos pelas revoluções burguesas dos séculos XVII e XVIII, aprofundados e radicalizados com a Revolução Bolchevique de 1917. Nesse sentido, ainda que referenciado nas revoluções do período heroico da burguesia e sua transcendência, a revolução proletária russa, o PCB *nasce com uma raiz profundamente nacional*, não como uma transposição artificial efetuada por grupos "vanguardistas" empenhados em reproduzir o processo social ocorrido na longínqua Rússia. *Ele já é produto desse novo Ocidente que nasce da objetivação capitalista industrial e chega ao Brasil no fim do século XIX.* Daí ser o Partido Comunista resultado dos acúmulos políticos, obtidos não somente com os confrontos operários

---

[4] Sobre o processo de *objetivação* capitalista no Brasil e o conceito de via brasileira para o capitalismo – a *via prussiano-colonial* –, ver Antonio Carlos Mazzeo, *Estado e burguesia no Brasil: origens da autocracia burguesa* (São Paulo, Boitempo, 2015), p. 95 e seg., p. 115 e seg, e neste volume, Segundo movimento, capítulo 3 "Pizzicato: Particularidades sócio-históricas da formação social brasileira", p. 113.

[5] Como ressaltei em outro lugar: "A *particularidade histórica* brasileira e a tradição autocrática de uma burguesia 'transformista' configuraram uma permanente repressão aos movimentos sociais e operários para garantir seu projeto de modernização conservadora e "pelo alto", sem o povo e contra ele. Desde seus primórdios, a burguesia brasileira tratou as questões sociais como 'caso de polícia', como 'perigo' a ser reprimido. Essa trajetória *particular* de desenvolvimento do capitalismo brasileiro configura uma *bürgerliche Gesellschaft* 'incompleta' e autocrática – seja em sua forma bonapartista, seja em sua forma *de legalidade burguesa de autocracia institucionalizada* – que vigeu na Primeira República, até o golpe de 1930 [...] foi o incipiente movimento operário, em seu núcleo anarcossindicalista – mesmo considerando todos os limites de uma perspectiva mais *ético-política* que revolucionária e de vezo *radical-pequeno-burguês* –, o primeiro a colocar no centro da vida política brasileira a ausência de liberdades democráticas, numa sociedade recém-saída da escravidão" (Antonio Carlos Mazzeo, "Astrojildo Pereira", em Luiz Bernardo Pericás e Lincoln Secco (orgs.), *Intérpretes do Brasil: clássicos, rebeldes e renegados*, São Paulo, Boitempo, 2014, p. 43 e seg.).

ocorridos no Ocidente que culminam com a Revolução de 1917, mas sobretudo das lutas específicas dos trabalhadores brasileiros, principalmente as que se iniciam no século XIX e se intensificam nos primeiros anos do século XX.

No contexto de um *Ocidente incompleto*, em que a objetivação hipertardia do capitalismo e a *inexistência* de uma burguesia de caráter nacional impedem a realização de uma revolução democrático-burguesa nos moldes clássicos, o PCB assume essa tarefa. E será dentro dessa determinação social que o partido se constituirá no maior polo democrático do Brasil durante muitas décadas. Assim, não podemos dizer que os comunistas tiveram a democracia como um elemento meramente tático de sua ação, mas que, ao contrário, *esta foi o parâmetro de sua linha teórico--prático-estratégica*. No entanto, por ser produto de formação social conformada como segmento complementar dos centros desenvolvidos do capitalismo, o PCB acabou pagando pesado tributo. Além das dificuldades de aprofundamento analítico sobre a realidade nacional, consequência direta da debilidade da produção teórica em um país situado na periferia do capitalismo, o partido termina atrelado às formulações genéricas realizadas pelo Komintern (Internacional Comunista), assim como às mudanças de rumo em sua política, quando aquele organismo passa a efetuar suas análises em função da razão do Estado soviético, em detrimento do Movimento Comunista Internacional (MCI). Sobretudo após 1929, quando da implementação da política de "proletarização", inspirada pelo Komintern e culmina com o desmantelamento do primeiro *grupo dirigente histórico* do partido, liderado por Astrojildo Pereira e Octávio Brandão.

O desenvolvimento da política de *frente popular* aplicada mecanicamente, sem as devidas mediações histórico-teóricas, terminou por colocar o partido em uma subordinação estrutural à revolução democrático-burguesa, quer dizer, determinou uma viragem em sua visão estratégica básica, que vinha sendo construída sob um enfoque que privilegiava a *realização da democracia sob hegemonia do proletariado*, conforme podemos verificar nas primeiras formulações partidárias. A nova linha teórico-prática passa a entender a implementação da democracia como desdobramento de uma "etapa" democrática que não estaria a cargo da classe operária, mas de uma suposta "burguesia nacional", que se desenvolveria em "contradição" com o imperialismo. Essa política, imposta de cima pelo Komintern, será a responsável pelos inúmeros equívocos cometidos pelo PCB, determinando uma inversão na qual *a estratégia de ação estará permanentemente subordinada à tática da revolução realizada em "etapas"*. Excluído um curto período (de 1950 a 1958) em que vigeu a linha programática desenhada pelo "Manifesto de Agosto", o PCB impulsionará uma linha de ação que, ironicamente, o transformará no maior formulador de uma

PREFÁCIO À SEGUNDA EDIÇÃO 23

política democrático-burguesa, em descompasso com uma burguesia historicamente autocrática, golpista e antipopular.

Esses aspectos contraditórios fizeram do PCB o partido catalisador da luta pela democracia no Brasil, principalmente no período militar-bonapartista, que analisaremos procurando realçar criticamente seu papel no processo de recomposição do quadro político nacional após a crise do bonapartismo, em fins dos anos 1970.

Com pequenas alterações pontuais, este livro é resultado da tese de doutoramento em História Econômica apresentada ao Departamento de História da Faculdade de Filosofia, Letras e Ciências Humanas da Universidade de São Paulo em 1997, sob o título, *Sinfonia inacabada: considerações sobre a política do PCB entre os anos 1975 e 1985*. O texto divide-se em duas partes. Na primeira, analiso os aspectos teórico--políticos que conformaram o PCB ao longo de sua história, enfatizando a influência das elaborações teóricas do Komintern no partido. Na segunda – após analisar o caráter do capitalismo e do Estado nacional brasileiro, definindo a "via" brasileira para o capitalismo como de extração *prussiano-colonial* e o Estado de corte histórico *autocrático-burguês* –, estudo o contexto político da ação do PCB de 1975 a 1985, assim como seu referencial teórico, construído após a "Declaração de março de 1958". Ressalto ainda que o presente trabalho é precedido, no item I de suas "Questões preliminares", por uma discussão teórico-aproximativa sobre práxis espontânea, consciência de classe e o partido de novo tipo como mediador entre a teoria e a prática.

Agradeço aos que, direta ou indiretamente, estiveram envolvidos nas discussões dos problemas aqui tratados. Inicialmente, aos professores Vera Ferlini, Raquel Gleser, José Paulo Netto, Evaldo Amaro Vieira e Osvaldo Coggiola, membros da banca examinadora, tanto pelo rigor e pela acuidade com que analisaram o texto como pela cordialidade e simpatia, cada vez mais raras em nosso meio. Em particular à professora Vera Ferlini, mais que orientadora, uma amiga a quem devo o incentivo e o apoio para a realização deste trabalho.

Ao amigo Antonio Roberto Bertelli, pelas longas polêmicas, naturais aos que apaixonadamente estiveram engajados por toda a vida na luta pela democracia e pelo socialismo. Meus agradecimentos por suas contribuições, ainda que, em muitos momentos, com enormes discordâncias. Meu especial obrigado à querida camarada Mercedes Lima, pelas horas em que discutimos os problemas organizativos do PCB. Aos camaradas e amigos Mauro Iasi, pela bela apresentação desta segunda edição, Marly Vianna e Milton Pinheiro, pela concisa e excelente síntese que fizeram do livro. Aos amigos e camaradas Zuleide Faria de Melo, Edmilson Costa, Ivan Pinheiro, José Paulo Netto, Aldo Agosti, Edgard Carone (*in memoriam*), Carlos Nelson Coutinho (*in memoriam*), Eduardo Serra, Marcos del Roio, Paulo Cunha, Luiz

Bernardo Pericás, Lincoln Secco, Paulo Barsotti, Anderson Deo, Marcos Cassim, Sofia Manzano, Mirian Helena Goldschmidt, Marta Jane, Carolina Bellaguarda, Talita Tecedor, Dinarco Reis Filho, Heitor Cesar, Paulo Winícius Teixeira de Paulo (Maskote), Arnaldo Guedes, Fábio Bezerra, Eduardo Peduto e Fábio Cavalcanti, pelos debates e troca de opiniões sobre esse tema necessário e fundamental, nos dias de hoje, para a organização da luta.

Aos colegas do Departamento de Ciências Políticas e Econômicas da Faculdade de Filosofia e Ciências da Unesp, pelas sugestões e pelos debates instigantes que realizamos sobre a temática na época em que eu escrevia a tese, assim como aos meus alunos do curso de Ciências Sociais da Universidade Estadual Paulista (Unesp), pela paciência de aturar um professor obcecado e atarefado que, em muitos momentos, deixou de dar a devida atenção às questões próprias ao curso de graduação por estar empenhado na finalização deste trabalho.

À querida Ivana Jinkings, pela corajosa disposição de republicar este livro, em sua editora fundamental para a resistência e o debate crítico, vigoroso e qualificado, no momento sombrio que estamos vivendo no Brasil e no mundo. O meu obrigado, o afeto amigo e camarada, na luta sempre.

Last but not least, quero agradecer aos meus filhos, Isabella, Elena e Marco, pelo apoio e incentivo. À Bebel, pela paciência e pela participação nos debates sobre os tempos vividos – e os que estamos vivendo – de crise sistêmico-estrutural do capital e de crise de subjetividade societal, mas também pela alegria, pela cumplicidade e pela camaradagem permanentes, manifestadas no amor construído cotidianamente no convívio e na dinâmica mesma das nossas vidas.

* * *

A decisão de publicar uma segunda edição deste livro somente agora, passados mais de vinte anos de sua primeira publicação, foi determinada não somente pela necessidade de amadurecimento intelectual, adquirido no desenvolvimento de outras pesquisas e em novos voos científicos que implicaram experiências de organização e/ou participação em debates, seminários e colóquios acadêmicos no Brasil e no exterior, além das atividades como professor na Faculdade de Filosofia e Ciências da Unesp (*campus* de Marília), onde trabalhei de 1986 a 2014 na graduação e na pós-graduação, intermediadas por um pós-doutorado na Università Degli Studi Roma-Tre, na Itália, com bolsa da Fundação de Amparo à Pesquisa do Estado de São Paulo (Fapesp), em 2000, sob a supervisão do professor Giacomo Marramao, e a defesa da tese de livre-docência em Ciências Políticas em 2004, *Determinações histórico-ontológicas da construção das formas político-mediativas no Ocidente Antigo*, publicada com auxílio Fapesp sob o título *O voo de Minerva: a construção da política, do igualitarismo e da democracia no Ocidente antigo*[6].

Após a conclusão do trabalho investigativo que eu havia iniciado em meu pós-doutoramento, *et pour cause*, desenvolvi e aprofundei uma pesquisa sobre a emergência da política, do Estado e da democracia na modernidade, sob o título *O conceito de* Virtus *como legitimação do igualitarismo burguês*, mais uma vez com o apoio fundamental da Fapesp, entre 2012 e 2014, e cujo resultado final foi publicado em 2019, sob o título *Os portões do Éden: igualitarismo, política e Estado nas origens do pensamento moderno*[7], mais uma vez com o inestimável e decisivo auxílio da Fapesp – instituição estratégica e fundamental para o apoio ao desenvolvimento da pesquisas científicas no Estado de São Paulo (e, por extensão, em todo o Brasil), por cuja defesa intransigente temos a obrigação ética, moral e política de continuar a lutar. Esses elementos contribuíram para a consolidação do meu trabalho no árduo e acidentado terreno das ciências sociais, que se objetiva também pela militância ininterrupta, seja no campo do embate ideológico dentro da própria academia, seja nos debates em sindicatos e movimentos sociais, seja nas tarefas cotidianas da militância partidária, que nunca abandonei.

A luta renhida para dar continuidade ao partido, quase liquidado por grupos internos que atendiam a interesses reacionários, escusos e inconfessáveis que desejavam destruí-lo no momento de derrocada da primeira experiência socialista da história, a crise de dissolução da União Soviética, e de grande ofensiva liberal e anticomunista contra os trabalhadores e suas organizações, foi um dos elementos centrais que dificultaram muito a resistência dos comunistas que se mantiveram nas trincheiras da luta de classes e do anticapitalismo. Nesse sentido, a tese, depois o livro[8] que comecei a escrever em 1993 (logo após a segunda tentativa de destruição do PCB) com o objetivo de compreender seu processo histórico, os equívocos e erros que determinaram sua crise profunda, deveria esperar para que em sua reedição eu pudesse contar o que ocorreu nos 28 anos de reconstrução partidária.

---

[6] Antonio Carlos Mazzeo, *O voo de Minerva: a construção da política, do igualitarismo e da democracia no Ocidente antigo* (São Paulo, Boitempo/Fapesp, 2009; 1. reimp. rev. 2019).

[7] Idem, *Os portões do Éden: igualitarismo, política e Estado nas origens do pensamento moderno* (São Paulo, Boitempo/Fapesp, 2019).

[8] Idem, *Sinfonia inacabada: a política dos comunistas no Brasil* (São Paulo/Marília, Boitempo/Editora Unesp, 1999).

Para tanto, escrevemos um posfácio sobre os elementos determinantes da crise do PCB e a *Reconstrução Revolucionária*, que teve seu momento desencadeador no IX Congresso do partido, em 1991, quando praticamente metade dos membros do Comitê Central (47%) e a maioria da militância deram a tônica e resistiram para que o PCB não desaparecesse, como acontecera com o Partido Comunista Italiano (PCI) no trágico congresso de janeiro daquele mesmo ano, em Rimini, quando decretou coletivamente sua autodissolução. O grupo liquidacionista, liderado por Roberto Freire e Salomão Malina, tentou a primeira ofensiva contra o PCB propondo que o partido se transformasse em um partido social-democrata, sem centralidade na classe trabalhadora – sem o marxismo como linha mestra de orientação teórica e sem o nome comunista. Era o que chamavam de "partido laico". Não encontrando eco na militância, os liquidacionistas retiraram a proposta e, mesmo assim, foram fragorosamente derrotados no congresso. E mais, os liquidacionistas tiveram de enfrentar oposições que apresentaram chapas, algo inusitado nas formas congressuais comunistas. Eram três chapas: a majoritária do Comitê Central; a Fomos, Somos e Seremos Comunistas, liderada por Oscar Niemeyer; e a do grupo do Rio Grande do Sul, também contra o desmantelamento do partido. No cômputo geral, a chapa oficial obteve 53%; a Fomos, Somos e Seremos Comunistas, 36,5%; e a terceira chapa, 10,5%. Por isso, quando resolveram chamar o X Congresso, espúrio, de 1992 – fora das tradições históricas, das normas e dos estatutos partidários, sem *teses*, sem *tribuna de debates*, com pauta única de mudança de nome e símbolos do partido –, os liquidacionistas filiaram pessoas que nada tinham a ver com a história e a ideologia comunista. Chegaram ao cúmulo de fazer "churrasquinhos" com novos "filiados", recrutados *sem nenhum critério ideológico e sem compromissos com o partido*, visando cooptá-los para suas posições. Não bastassem esses recursos típicos dos grupos políticos burgueses, criaram os famigerados "fóruns socialistas", nos quais *não filiados poderiam participar e votar* em um congresso manipulado e falsificado. A resposta foi o não reconhecimento daquele evento espúrio por mais de 40% do Comitê Central e mais de seiscentos delegados, que deixaram o plenário daquela encenação bufa e, ato contínuo, rumaram para outro local, previamente reservado, o Colégio Roosevelt, localizado no bairro da Liberdade, em São Paulo, onde realizaram a Conferência Extraordinária de Organização, reordenando o Comitê Central, mantendo o PCB e marcando o X Congresso para 1993. Naquele momento, iniciava-se o que foi chamado a "Reconstrução Revolucionária" do PCB.

De 1993 aos dias de hoje, com todas as dificuldades e obstáculos, o PCB vem amadurecendo e apresentando algum crescimento nos setores operários e proletários, principalmente na juventude trabalhadora, por meio da construção em curso da União da Juventude Comunista (UJC). Constituiu um núcleo sindical, a Unidade Classista, a fim de ampliar a influência do PCB no movimento sindical de corte classista, contra os conciliadores de classe de todos os tipos e denominações; atua *em conjunto* com as comunidades carentes em todas as cidades do país, organizando a *autodefesa* das populações *trabalhadoras*, principalmente a de pobres e pretos/as das periferias, os/as mais fragilizados/as pelo desemprego, pela precarização do trabalho, pela falta de moradia e saúde, pelo descaso e pela violência do Estado burguês. O partido também ampliou sua participação e sua ação entre os intelectuais, estando presente na batalha de ideias por intermédio de seus institutos de pesquisa, intelectuais orgânicos e revista teórica. Além do mais, o PCB organizou coletivos para agir em setores específicos, que exigem atenção especial no contexto complexo da luta de classes hodierna, como o Coletivo das Mulheres Comunistas Ana Montenegro, direcionado à luta das mulheres trabalhadoras. Também há a preocupação de construir coletivos destinados a atender às lutas *singulares que se destinam à particularidade da classe trabalhadora*, como a dos LGBTQIA+, por intermédio do Coletivo LGTB Comunista; de negros e negras, por intermédio do Coletivo Negro Minervino de Oliveira; e da arte e dos artistas, por intermédio do Coletivo Cultural Vianinha. Esse dinamismo demonstra o empenho para alcançar densidade política e organizativa, objetivando, de um lado, sedimentar o largo processo de lutas que se apresentaram ao longo da labuta pela "Reconstrução Revolucionária"; e, de outro, mirar o futuro, sob a perspectiva da *sedimentação qualitativa* desse abrangente decurso de lutas, e constituir-se em referência política para as classes trabalhadoras e os que estão empenhados na construção do comunismo como fundamento da emancipação humana. Esse será seu maior desafio neste século que apenas se inicia.

Foi essa trajetória difícil, em alguns momentos uma ousadia quase impossível, *mas ainda em curso*, que me motivou a lançar a segunda edição de *Sinfonia inacabada*.

Antonio Carlos Mazzeo
São Paulo, inverno de 2021

Fundadores do Partido Comunista Brasileiro (PCB), em março de 1922. De pé, da esquerda para a direita: Manuel Cendon, Joaquim Barbosa, Astrogildo Pereira, João da Costa Pimenta, Luís Peres e José Elias da Silva. Sentados, da esquerda para a direita: Hermogênio Silva, Abílio de Nequete e Cristiano Cordeiro.

PRIMEIRO MOVIMENTO
OUVERTURE
O INSTRUMENTAL ANALÍTICO-PRÁTICO

PRELÚDIO
QUESTÕES PRELIMINARES

Consciência e mediação

Ao analisar as relações dos homens no contexto das relações entre *indivíduos sociais* e as necessidades que delas se desdobram, devemos levar em conta os elementos ontológicos que as conformam, isto é, a reprodução social que se estabelece por meio desses "indivíduos" e possibilita a realização dessas relações sociais entre os homens, enquanto *seres numenais*. O ser social, que constitui em nível ontológico o espaço mesmo de concretização das relações humanas, somente pode ser reproduzido com a *intervenção do homem* na qualidade de *indivíduo real*, quer dizer, sob a determinação de uma sociabilidade que constitui o *ser-precisamente-assim* da reprodução social realizada pelo trabalho[1].

De modo que a interação efetuada na reprodução social da vida ("material" e "espiritual") aparece sempre mediada (no sentido da categoria da mediação: *Vermittlung*) pela *ação humana materializada pelo trabalho (Arbeit)*, que visa responder positivamente a duas necessidades: as naturais e as socialmente determinadas e, como lembra Agnes Heller, as primeiras dizem respeito às necessidades físicas básicas

---

[1] Na conceptualização de Lukács: "O ser-precisamente-assim é, antes de mais nada, uma categoria histórico-social, ou seja, o modo necessário pelo qual se apresenta o jogo contraditório das forças socioeconômicas que operam em determinado momento no interior de um complexo social situado num estágio específico de seu desenvolvimento histórico", György Lukács, "O processo de democratização (o homem e a democracia)", em Carlos Nelson Coutinho e José Paulo Netto (orgs.), *Socialismo e Democratização: escritos políticos 1956–1971* (Rio de Janeiro, Editora UFRJ, 2008), p. 84. Ver também György Lukács, *Ontologia dell'essere sociale* (Roma, Riuniti, 1981), v. II*, p. 281 e seg. [ed. bras.: *Para uma ontologia do ser social II*, trad. Nélio Schneider, Ivo Tonet e Ronaldo Vielmi Fortes, São Paulo, Boitempo, 2013, p. 302 e seg.]; István Mészáros, *Marx: a teoria da alienação* (Rio de Janeiro, Zahar, 1981), p. 249 e seg.

e as segundas, às necessidades sociais em sentido complexivo[2]. Essas necessidades aparecem envolvidas por sua própria historicidade (*historische Notwendigkeit*), por sua *determinação social*, que conforma os nexos objetivos de suas potencialidades e limitações, assim como as *probabilidades* de sua superação (*Aufhebung*)[3]. O pressuposto do processo de objetivação do homem (a *hominização*) é sua condição de resposta às necessidades (inclusive as subjetivas) postas pela vida material mediante uma ação social que, permanentemente, se materializa numa práxis *historicamente determinada*, ou seja, por uma intervenção ideada constituída por uma teleologia – imanente a essa ação –, construindo uma forma de agir que traz em seu conteúdo intrínseco um determinado nível (*histórico*) de apreensão da realidade objetiva pela consciência humana. Desse modo, a reprodução material da vida, que responde às necessidades colocadas e, consequentemente, à reprodução da consciência, constitui uma unidade indivisível, articulada a uma práxis que, ao realizar a metabolização entre o homem e a natureza, o faz dentro de um espectro teleológico, também ele determinado por condicionantes temporais e historicizados.

Essa condição dialética da permanente relação de necessidade-superação-nova necessidade, que é realizada em um determinado espaço histórico, *materializa-se* nas formas *singulares* e *particulares* do *ser social*. No caso do modo de produção capitalista, a *particularidade* constitui a forma por meio da qual se realizam as leis universais que regem esse tipo de sociabilidade. A objetivação primária dessa forma de sociabilidade é efetivada nas formas *singulares*, que dão dimensão concreta ao indivíduo social, *realizada* na vida cotidiana[4]. No entanto, as relações que se estabelecem na vida cotidiana aparecem sempre como um *ser* e *pensar remontados à imediaticidade*, ainda que no elemento central da cotidianidade apareçam permanentemente

---

[2] Agnes Heller, *Teoria de las necesidades en Marx* (Barcelona, Península, 1978), p. 28.

[3] Como definem Karl Marx e Friedrich Engels: "A diversa conformação da vida material depende, em cada caso, naturalmente, das necessidades já desenvolvidas e, *tanto a criação como a satisfação destas necessidades em si mesmas, constituem-se num processo histórico*" (*La ideologia alemana*, Barcelona, Grijalbo, 1970, p. 83; grifos nossos [ed. bras.: *A ideologia alemã*, trad. Rubens Enderle, Nélio Schneider e Luciano Cavini Martorano, São Paulo, Boitempo, 2007, p. 68]).

[4] Como ressalta Heller: "A vida cotidiana é a vida de todo homem. Todos a vivem, sem nenhuma exceção, qualquer que seja sua função posta pela divisão do trabalho intelectual ou físico [...] A vida cotidiana é heterogênea em larga medida e sob diversos pontos de vista, sobretudo do ponto de vista do conteúdo e da importância de nossos tipos de atividade. A organização do trabalho e da vida privada, dos prazeres e do repouso, a atividade e os contatos humanos, constituem as partes orgânicas da vida cotidiana" (*Per una teoria marxista del valore*, Roma, Editori Riuniti, 1980, p. 109).

PRELÚDIO – QUESTÕES PRELIMINARES **33**

vínculos, também eles *imediatos*, entre teoria e prática, mesmo que nesses objetos da atividade cotidiana esteja intrinsecamente presente um complexo sistema de mediações posto pelo desenvolvimento social. Como acentua György Lukács, faz parte integrante da vida cotidiana recorrer permanentemente ao funcionamento prático das coisas, em detrimento da essência mesma dos fenômenos[5]. Mas se, de um lado, temos o estabelecimento imediato entre a ação e a reflexão – realizados sem mediações, porque determinados pelas necessidades objetivas da realidade –, de outro ocorre também uma íntima relação interativa entre ciência e vida cotidiana. Como diz Lukács, "os problemas que se colocam para a ciência nascem direta ou mediatamente da vida cotidiana e esta se enriquece constantemente com a aplicação dos resultados e dos métodos elaborados pela ciência"[6].

Isso significa que a vida cotidiana encerra duas questões centrais, dialeticamente articuladas: de uma parte, a divisão do trabalho capitalista faz com que os indivíduos estejam implementando, no âmbito social da vida cotidiana, a reprodução circular e tautológica do capital; de outra, porém, a própria necessidade de reprodução capitalista, objetivada na interação entre técnica e produção de mercadorias, cria as condições para a superação da reprodução repetitiva que se opera no âmbito da consciência. A reprodução da vida cotidiana, realizada de acordo com a lógica do capital e objetivada pelo trabalho, acaba possibilitando o surgimento de condições objetivas para a superação da própria consciência cotidiana. Em outras palavras, a necessidade tautológica M-D-M' de *per se* estabelece um jogo dialético de perguntas e respostas que exigem do indivíduo social respostas sob a forma de práxis, criando um novo círculo feito de mediações autocriadas que permitem alterar também a dinâmica e a estrutura imediata das respostas[7]. Tal dinâmica acaba direcionando esse movimento dialético a se constituir em um impulsionador das ciências, mas via de regra não permite que se estabeleçam nexos diretos com a origem mesma dessa relação.

Mas é fundamental não perdermos de vista que *a reprodução do ser* do homem lhe põe questionamentos que são respondidos por meio de mediações realizadas

---

[5] Como acentuou Lukács: "É certo que o papel social da cultura (e sobretudo o da ciência) consiste em descobrir e introduzir mediações entre uma situação previsível e o melhor modo de atuar sobre ela. Mas, uma vez introduzidas essas mediações, uma vez postas no uso geral, elas perdem para os homens que atuam na vida cotidiana seu caráter de mediação, reaparecendo, assim, a imediaticidade que estivemos descrevendo" (*Estética*, Barcelona, Grijalbo, 1966, v. 1, p. 45).

[6] Idem.

[7] Ver György Lukács, *Ontologia dell'essere sociale*, cit., v. II*, p. 282 [ed. bras.: *Para uma ontologia do ser social II*, cit., p. 303-4.]

complessivamente pela ação humana enquanto práxis. Esse movimento de automediação entre a reposição da vida e a reflexão sobre sua ação – realizada pela práxis humana – objetiva-se permanentemente dentro de um sistema social enquanto totalidade, ou, no dizer de Marx, as relações de qualquer sociedade formam um todo. Entretanto, esse todo, sob a óptica marxiana, aparece sempre inserido numa relação dialeticamente articulada com o *particular*, que expressa e aclara a *forma concreta* – em cada caso específico e em determinadas situações estruturais – de um *ser social*, dando os nexos e os contornos morfológicos das formas de sociabilidade. Nesse sentido, o *particular* aparece como a expressão lógica das categorias sociais de mediação entre os homens individuais e a sociedade[8]. O que dá vida e movimento a essas relações é a *economia*, entendida aqui *como um elemento multidimensional, mediado complessivamente*, por meio da qual as categorias se expressam segundo uma dialética entre a *universalidade* e a *particularidade*, na qual a *singularidade* se apresenta como a manifestação realizada imediatamente, permeada pelo incessante interpenetrar dialético do universal e do particular[9].

Dessa forma, a *economia objetivada*, como um sistema dinâmico que mediatiza os elementos constitutivos da base material da reprodução dos indivíduos singulares e do gênero humano, apresenta-se como um núcleo ativo que articula a reprodução

---

[8] Como afirma Marx: "Há que se evitar, antes de tudo, estabelecer a 'sociedade' como uma abstração frente ao indivíduo. O indivíduo é o *ser social*. A manifestação de sua vida – ainda que esta não apareça na forma imediata de uma manifestação vital *comunitária*, realizada com outros –, é portanto uma manifestação e confirmação da *vida social*. A vida individual e a vida genérica do homem não são *distintas*, por mais que – como é necessário – o modo de existência da vida individual seja um modo mais *particular* ou mais *geral* da vida do gênero, ou quanto mais a vida genérica seja uma vida individual mais *particular* ou *geral*" (*Manuscritos economico-filosóficos de 1844 – tercer Manuscrito*, em *Escritos economicos varios*, México, Grijalbo, 1966, p. 84 [ed. bras.: *Manuscritos econômico-filosóficos*, trad. Jesus Ranieri, São Paulo, Boitempo, 2004, p. 107]). Ver também György Lukács, *Prolegómenos a una estética marxista: sobre la categoría de la particularidad* (Barcelona, Grijalbo, 1969), p. 102-3 [ed. bras.: *Introdução a uma estética marxista: sobre a categoria da particularidade*, trad. Carlos Nelson Coutinho e Leandro Konder, Rio de Janeiro, Civilização Brasileira, 1978, p. 92-4].

[9] Na síntese de Lukács: "Quanto mais valiosa, autêntica e profundamente se apreende, com adequação aproximada na forma da universalidade, as conexões reais, sua legalidade e suas contradições, tanto mais concreta, flexível e exatamente pode conceituar-se também, o singular [...] A análise mais detalhada e refinada que leva em conta todos os aspectos singulares únicos de uma situação econômica, social e política encontra-se neles, vinculada ao descobrimento e aplicação das leis gerais da evolução histórica" (*Prolegómenos a una estética marxista*, cit., p. 114 [ed. bras.: *Introdução a uma estética marxista: sobre a categoria da particularidade*, cit., p. 104-5]).

do gênero humano com os homens singulares, ou seja, realiza a socialização da sociedade e, consequentemente, dos homens consigo mesmo. Nesse sentido é que os elementos de singularidade ocorrem como manifestações imediatas do ser social, porque se estabelecem como base em uma relação dialética com o universal e o particular, a que permite a constituição e a conexão simultânea dos elementos conformadores da totalidade.

Mas se há um nexo dialético entre o desenvolvimento do ser social e dos indivíduos sociais, essa relação se objetiva numa dialética contraditória entre essência e fenômeno, ou seja, o desenvolvimento das forças produtivas que possibilita o crescimento da capacidade humana pode, ao mesmo tempo, sacrificar indivíduos sociais ou interesses de classe[10]. Daí ser claro que desse desenvolvimento das potencialidades humanas emergem, contraditoriamente, os problemas *dialeticamente articulados* do Estranhamento (*Entfremdung*) e da Alienação (*Entäußerung)*. Nas relações sociais que se estabelecem sob o capitalismo, agudizam-se as relações *estranhadas*, em que a *fragmentação da práxis*, posta pelo tipo capitalista de divisão social do trabalho, faz com que o produto do trabalho humano, expropriado do trabalhador, isto é, a *criatura*, apareça como algo alheio ao seu criador. Como acentua Marx, o trabalho aparece como algo externo ao trabalhador, algo que não faz parte de sua essência, e no qual o trabalhador, longe de se afirmar com seu trabalho, nega-se, vendo a possibilidade de sua realização fora dele. Portanto, a exterioridade do trabalho revela-se, para o trabalhador, como algo que não lhe pertence, mas a outro, visto que a atividade desenvolvida durante o processo de trabalho também não é sua, representando uma perda de si mesmo[11].

Nessa dialética contraditória que se estabelece entre os indivíduos sociais encontram-se também os elementos para a superação não somente do Estranhamento (*Entfremdung*), mas do elemento *específico* e constitutivo das relações capitalistas de produção, que é a Alienação (*Entäußerung)* do trabalho e, como lembra István Mészáros, antiteticamente não se constitui como uma totalidade homogênea inerte. Ao contrário, a Alienação implica modificação, porque a atividade alienada não

---

[10] "O desenvolvimento de forças produtivas – em si, de acordo com sua essência – coincide com a elevação da capacidade humana, mas em seu modo de manifestar-se pode – ainda que por meio de uma necessidade social concreta – provocar um depauperamento, a desfiguração, o autoestranhamento dos homens" (György Lukács, *Prolegómenos a una estética marxista*, cit., p. 114 [ed. bras.: *Introdução a uma estética marxista*, cit., p. 104-5]). Ver também György Lukács, *Ontologia dell'essere sociale*, cit., v. II*, p. 289 [ed. bras.: *Para uma ontologia do ser social II*, cit., p. 310-1].

[11] Ver Karl Marx, *Manuscritos economico-filosoficos de 1844*, em *Escritos economicos vários*, cit., p. 65 [ed. bras.: *Manuscritos econômico-filosóficos*, cit., p. 83 e seg.].

produz somente a "consciência alienada", mas *também a consciência de ser* alienado[12]. Em outras palavras, criam-se – além das forças que depauperam e desfiguram a consciência numa dialética contraditória entre o pensamento cotidiano e a perspectiva da superação de sua "consciência tautológica", posta pela existência de uma *relação imediata* entre teoria e prática – outras forças que possibilitam o afloramento da consciência e a perspectiva de ruptura com o pensamento *estranhado e alienado*, como a própria ciência, que permite, por meio do conhecimento da realidade objetiva, o distanciamento da lógica cotidiana. Ou seja, a forma de comportamento dos indivíduos sociais é determinada pelo grau de objetivação de suas atividades. Como ressalta Lukács:

> Quando essas atividades alcançam o grau mais alto da objetividade, o que ocorre na ciência e na arte, suas leis objetivas determinam o comportamento humano em relação às conformações produzidas por elas mesmas [...] Se queremos entender adequadamente esses modos de comportamento e descrevê-los corretamente em sua conexão com a cotidianidade e em sua diferença e contraposição com o comportamento cotidiano, é preciso ter sempre em conta que nos dois casos se trata da relação do homem inteiro – por mais alienado e deformado que esteja – com a realidade objetiva ou com as objetivações humano-sociais, que refletem e medeiam essa realidade.[13]

Essas objetivações possuem legalidades internas próprias, assim como condutores pelos quais se realizam (progressivamente) de modo receptivo e produtivo as conexões imediatas entre teoria e prática.

Assim, a relação *imediata* entre teoria e prática, realizada permanentemente na vida cotidiana pelo processo de reprodução social, possibilita o desenvolvimento de uma outra relação, ou seja, potencializa esses nexos que se estabelecem na cotidianidade imediata, no sentido de que se transformem em *nexos mediados*, por meio da reflexão sobre o cotidiano com base em sua materialidade, mas, ao mesmo tempo, distanciado de sua imediaticidade mesma. Não por acaso, ao criticar as teorias espontaneístas, Lênin ressalta que a consciência "vem de fora", no sentido

---

[12] Na definição de Mészáros: "Essa consciência da alienação, qualquer que seja a forma alienada que possa assumir – por exemplo, vendo a autoconfirmação como um 'estar à vontade na irracionalidade como irracionalidade' –, não só contradiz a ideia de uma totalidade alienada inerte, como também indica o aparecimento de uma necessidade de superação da alienação" (*Marx, A teoria da alienação*, cit., p. 162-3).

[13] György Lukács, *Estética*, cit., p. 74.

de estar *distanciada das relações imediatas* que se estabelecem entre o trabalhador e o patrão, de modo que o "de fora" se liga a uma visão global da sociedade que só pode ser alcançada por intermédio da reflexão científica, o que permite a unidade entre a espontaneidade produzida na relação imediata realizada na vida cotidiana e as mediações efetuadas *complessivamente* pela ciência[14].

Coloca-se aí, objetivamente, a dimensão superadora da consciência depauperada pelo Estranhamento e pela Alienação, ou, na definição de Lukács, a *Reificação*[15]. A superação dos limites impostos pela vida cotidiana implica, necessariamente, como observa Lukács, forças intelectuais e modos de apreensão da realidade que transcendam os da imediaticidade, ou seja, a reorientação da ação prática realizada "de fora" por meio do entendimento científico[16]. Obviamente, essa relação entre o conhecimento e a imediaticidade cotidiana não é estabelecida mecanicamente, como resultado de uma reciprocidade direta de tipo causa e efeito. Ao contrário, é uma relação *dinâmica* e *mediada* por diversos elementos complexos, que tem sua origem na própria vida imediata e, em muitos momentos, cria relações conflituosas e contraditórias entre a ciência e o pensamento cotidiano. Basta pensarmos nas resistências realizadas com base no senso comum produzido e reproduzido na cotidianidade e nas dificuldades da vida cotidiana para absorver conhecimentos científicos[17].

Desse modo, se a relação alienada não aparece como uma manifestação estática, também não é uma "cadeia causal mecanicista" e, por isso mesmo, sua superação se

---

[14] Como ressalta Lukács, "Lênin mostra, em relação à espontaneidade dos movimentos econômicos da classe operária, que lhes faltam precisamente a consciência das mais amplas conexões sociais das finalidades que embasam a imediaticidade" (*Estética*, cit., p. 80). Ver também Vladímir I. Lênin, "*Que hacer?*" e "*Cuadernos filosóficos*", em *Obras completas* (Madri, Akal, 1976), v. 5, p. 380 e seg., e v. 42, p. 179 e seg., respectivamente [ed. bras.: *O que fazer?: questões candentes de nosso movimento*, trad. Avante!, São Paulo, Boitempo, 2020, p. 54 e seg. e *Cadernos filosóficos: Hegel*, trad. Paula Almeida, São Paulo, Boitempo, 2018, p. 199 e seg.]. Ver ainda Luciano Gruppi, *O pensamento de Lênin* (trad. Carlos Nelson Coutinho, Rio de Janeiro, Graal, 1979), p. 33 e seg.

[15] Ver György Lukács, *Historia y consciencia de clase* (México, Grijalbo, 1969), p. 90 e seg. [ed. bras.: *História e consciência de classe: estudos sobre a dialética marxista*, trad. Rodnei Nascimento, 2. ed., São Paulo, WMF Martins Fontes, 2016, p. 194 e seg.].

[16] Nas conclusões de Lukács: "A compreensão do pensamento cotidiano, assim conseguida, parece provar que sua correta elevação evolutiva, sua adequação ao conhecimento da realidade objetiva, não é possível a não ser pelo caminho da ciência, abandonando o pensamento cotidiano" (*Estética*, cit., p. 75).

[17] A esse respeito, ver Agnes Heller, "I pregiudizi", em *Per una teoria marxista del valore*, cit., em especial p. 129 e seg.

torna possível dentro de um complexo processo de mediações interativas, no qual se realizam alterações estruturais no conjunto da totalidade humana que permitem apontar para a possibilidade da desintegração da estrutura fragmentária da sociabilidade alienada. Não podemos nem mesmo dizer que há um "destino intrínseco" de superação da lógica cotidiana a cargo de um "sujeito histórico redentor", que levará a humanidade a estágios hominizadores – dos quais se desprendem contornos míticos, dentro de uma visão religiosa de "fim da história". A construção da desalienação é um processo que se inicia, contraditoriamente, no capitalismo, e depende da adesão do homem para impulsionar essa possibilidade. Nunca é demais dizer, no entanto, que Marx via nos segmentos explorados da sociedade capitalista, em particular no proletariado, a força propulsora dessa transformação, porque eram os que nada tinham a perder, não só porque já haviam sido expropriados de sua essencialidade – da totalidade de sua práxis – em seu sentido mais complexo, não restrito apenas à produção e ao produto, mas *fundamentalmente* por trazer em seus *conteúdos essenciais* (o *ser-precisamente-assim*) as potencialidades para realizar de forma plena (no sentido de sua superação positiva, para além da mera *Aufhebung conceitual*) a contradição imanente ao capitalismo entre relações sociais de produção e desenvolvimento das forças produtivas[18]. Nesse sentido, podemos dizer que não há no pensamento de Marx uma visão de fim da história, mas sim de abertura, em que os *fins postos pela teleologia humana* constituem novas potencializações realizativas, novos desafios, dentro de uma socialidade em que se recupera a essencialidade humana.

Portanto, a transcendência (*Aufhebung*) da condição de estar alienado e o desenvolver a consciência da alienação, como primeiro momento impulsionador direcionado à sua crítica e superação, *não se realiza espontaneamente*, ou seja, não resulta das manifestações espontâneas da consciência produzida pela imediaticidade da práxis cotidiana. Dessa maneira, não há uma tomada de consciência do tipo consequencial-mecanicista, ainda que esteja presente na consciência imediata – dada na materialidade espontânea da cotidianidade – a alienação "em si". Como lembra Engels, Hegel já havia enunciado essa questão: "Se conhecerdes todas as propriedades

---

[18] Como fica demonstrado na conhecida passagem do "Prefácio de 1859": "Ao chegar a uma determinada fase de desenvolvimento, as forças produtivas materiais da sociedade entram em contradição com as relações de produção existentes ou, o que nada mais é do que sua expressão jurídica, com as relações de propriedade dentro das quais aquelas até então se tinham movido. De formas de desenvolvimento das forças produtivas, essas relações convertem-se em suas travas. Abre-se, assim, uma época de revolução social" (Karl Marx, *Contribución a la crítica de la economía política*, Buenos Aires, Estudio, 1970, p. 9 [ed. bras.: *Contribuição à crítica da economia política*, trad. Florestan Fernandes, 2. ed., São Paulo, Expressão Popular, 2008, p. 47]).

de uma coisa, conhecereis a própria coisa; apenas resta o fato de que essa coisa existe fora de vós, e à medida que os sentidos vos fornecerem esse fato, aprendereis até o último resíduo da coisa em si, a célebre e incognoscível *Ding an sich* de Kant"[19].

O partido como mediador entre o espontâneo e o teleológico

O conhecimento da alienação requer um complexo de mediações que imperiosamente exige a unidade dessa consciência espontaneamente produzida – desse *vínculo imediato* entre a teoria e a prática – com os nexos mediativos elaborados pela ciência. Entretanto, não basta apenas a inserção da ciência nos processos de reprodução social para superar as limitações impostas pela cotidianidade, já que sua incorporação é diluída no movimento reprodutivo mesmo da vida cotidiana por meio dos costumes, da tradição etc., que tendem a fixar essas mediações em um novo "mundo da imediaticidade" (ainda que criando necessidades novas, novos choques com aspectos desconhecidos da realidade objetiva etc.). De fato, o problema está em ligar o "em-si" produzido na vida e na consciência imediata, ao "para-si", construído *mediadamente*, com base na realidade objetiva. Ou seja, toda a questão reside na busca da essencialidade das manifestações fenomênicas cotidianas. No *Anti-Dühring*[20], Engels aponta essa preocupação ao demonstrar a conexão das elaborações marxianas com a tradição revolucionária do pensamento iluminista e o idealismo alemão, o que consistiu em trazer para as movimentações criadas na cotidianidade do movimento operário *a primazia e a centralidade da razão*[21], constituindo-se aí a preocupação de

---

[19] Georg W. F. Hegel, citado em Friedrich Engels, *Do socialismo utópico ao socialismo científico* (trad. João Abel, Lisboa, Estampa, 1971), p. 19.

[20] Friedrich Engels, *El Anti-Dühring* (Buenos Aires, Claridad, 1972), p. 25 e seg. [ed. bras.: *Anti-Dühring*, trad. Nélio Schneider, São Paulo, Boitempo, 2015, p. 45 e seg.].

[21] Vista aqui sob a óptica lukácsiana, em que a ideia de *ratio* ou *irratio* vincula-se à noção de desenvolvimento histórico-social, "porque a razão mesma não é e nem pode ser algo que flutua acima do desenvolvimento social, algo neutro ou imparcial, mas, ao contrário, reflete sempre o caráter racional (ou irracional) concreto de uma situação social, de uma tendência de desenvolvimento, dando-lhe clareza conceitual e, portanto, impulsionando-a ou entorpecendo-a […] Dentro da condicionalidade histórico-social desses conteúdos e dessas formas, o caráter progressivo de qualquer situação ou tendência de desenvolvimento é sempre algo objetivo, independente em sua ação da consciência humana. O fato de o que marcha e se movimenta para frente, entenda-se como razão ou desrazão, o que afirme ou rechace isto ou aquilo, constitui cabalmente um momento essencial e decisivo dos partidos, da luta de classe na filosofia" (György Lukács, *El asalto a la razón*, México, Grijalbo, 1972, p. 4-5 [ed. bras.: *A destruição da razão*, trad. Bernard Herman Hess, Rainer Patriota e Ronaldo Vielmi Fortes, São Paulo, Instituto Lukács, 2020, p. 11]).

estruturar a unidade entre a consciência imediata com as mediações produzidas pela teoria social fundamentada nessa tradição. Como acentuou Marx, remetendo-se à noção essencial da práxis, "não bastaria interpretar o mundo": o tornar-se "para-si" requeria, antes de mais nada, que o proletariado estivesse organizado em partido político autônomo, no sentido de adquirir estruturas organizativas e políticas próprias que transcendessem as reivindicações espontâneas, de ordem econômica imediata. Essa preocupação estará também nucleada nas formulações lenineanas sobre o partido do proletariado, ou seja, o *partido constituindo* a *mediação entre a teoria e a prática*. Desse modo, a questão da consciência social mediada pelo partido político estará no centro das preocupações do movimento operário desde o século XIX, quando o próprio movimento procurou demonstrar a inexistência de uma conexão mecânica entre necessidade e consciência. A necessidade da ligação entre o imediato e o mediato é ressaltada tanto por Karl Kautsky (que enfatizava a ligação da ciência com o movimento social) como por Lênin (ao afirmar que essa conexão somente seria realizada pelo partido de "novo tipo")[22]. Antonio Gramsci desenvolverá essa questão ao aproximar a ideia do partido lenineano à noção de "moderno príncipe", ou seja, a organização do proletariado como aquele que terá a finalidade de transformar os segmentos componentes do que chamou de "classes subalternas" em teóricos do socialismo, em proletários capazes de formular e operacionalizar a conexão da ciência com a ação política. Nessa direção, o partido, organizador, deverá funcionar como um "moderno príncipe" e transformar-se em intelectual e *condottiere* coletivo, capaz de um novo projeto de sociabilidade, direcionado a um novo devir[23].

---

[22] Como ressaltou Karl Kautsky, citado por Lênin: "A consciência socialista moderna pode surgir unicamente sobre a base de um profundo conhecimento científico. [...] Mas não é o proletariado o portador da ciência, mas a intelectualidade burguesa [...] é o cérebro de alguns membros isolados desta camada de onde surgiu o socialismo moderno e foram eles que o transmitiram aos proletários destacados pelo seu desenvolvimento intelectual, os quais o introduziram de pronto na luta de classes do proletariado, nos locais onde as condições permitiram. De modo que a consciência socialista é algo introduzido de fora [*von aussen Hineintragenes*] na luta de classe do proletariado e não algo que tenha surgido espontaneamente [*urwüchsig*] ", ao que Lênin acrescenta em nota: "*Isso não significa, naturalmente, que os trabalhadores não participem desta elaboração. Mas participam não na qualidade de operários, mas sim na de teóricos do socialismo* [...]" (Vladímir I. Lênin, *Que hacer?*, cit., p. 390-1; grifos nossos [ed. bras.: *O que fazer?*, cit., p. 55-6]).

[23] Na definição de Antonio Gramsci: "O moderno príncipe, o mito-príncipe, não pode ser uma pessoa real, um indivíduo concreto, pode ser somente um organismo; um complexo elemento de sociedade no qual já tenha início o concretizar-se de uma nova vontade coletiva reconhecida e afirmada parcialmente na ação. Esse organismo já é possível, dado o desenvolvimento histórico, e é o partido político, a primeira célula em que aparecem os germes de uma vontade coletiva

Assim, a questão organizativa, considerada elemento de conexão entre a ação espontânea e a introdução de mecanismos analíticos dessa ação, será o grande tema que empolgará (e continua sendo uma questão central para) o movimento operário e o moderno proletariado e será em seu grande desafio. Como lembra Lukács, a primeira experiência objetiva de tomada de poder pelo proletariado, a Revolução Russa, acabou determinando os contornos de um "modelo" organizativo, principalmente por sua conexão com a teoria social da revolução – preocupação ativa e constante no pensamento de Lênin. Mas se podemos pensar em um "modelo" de partido, este reside exatamente em ter como referência imediata a preocupação de constituir um organismo de mediação entre ação e reflexão[24] que traga, ao mesmo tempo, esse projeto organizativo para o *plano histórico-objetivo*.

Ainda dentro dessa reflexão, a mediação não é realizada somente pela existência da organização *em-si*, mas fundamentalmente por sua capacidade de apreender o processo histórico, constituindo-se em elemento mediador entre o passado e o futuro, ou seja, tornando-se instrumento operacionalizador de construção de um projeto político-social que transcenda a ideia de necessidade abstrata. Daí essa conexão ter necessariamente de se referenciar na *particularização* (*historicização*) da universalidade. Como lembra Lukács, Rosa Luxemburgo combateu a tese de Eduard Bernstein de que a consciência de classe desenvolve-se imediatamente em função da crise econômica[25], o que expressava sua preocupação constante em arremeter a teoria "geral" às *circunstâncias particulares* da Alemanha, visão esta rigorosamente articulada com o pensamento lenineano, ou seja, o permanente combate à ideia fatalista de uma consciência imediatamente dada[26].

---

que tendem a tornar-se universais e totais" (*Quaderni dal carcere*, v. 4: *Note sul Machiavelli, sulla politica e sullo Stato moderno*, org. Valentino Gerratana, Roma, Editori Riuniti, 1979, p. 6. [ed. bras.: *Cadernos do cárcere*, v. 3, *Maquiavel. Notas sobre o Estado e a política*, trad. Carlos Nelson Coutinho, Luiz Sérgio Henriques e Marco Aurélio, 3. ed., Rio de Janeiro, Civilização Brasileira, 2007 p. 16]).

[24] Ver György Lukács, *Conversando com Lukács* (trad. Giseh Vianna Konder, Rio de Janeiro, Paz e Terra, 1969), p. 88 e seg.

[25] Ver György Lukács, *Historia y consciencia de clase*, cit., p. 315 [ed. bras.: *História e consciência de classe*, cit., p. 534-5].

[26] Como asseverou Lukács, "A concepção leninista do partido significa também uma dupla ruptura com o fatalismo mecanicista: seja com aquele que considera a consciência de classe do proletariado um produto mecânico de sua situação de classe, seja com aquele que vê no mesmo processo revolucionário a explicação a partir de condições econômicas que de *per si* permitem a irrupção fatalista de forças que – quando as condições objetivamente revolucionárias estão suficientemente

42 SINFONIA INACABADA

Visto nesse contexto, o partido não é apenas o instrumento de mediação entre a teoria e a prática, *mas, principalmente, o operacionalizador da mediação que a própria teoria revolucionária deve fazer entre a universalidade e a particularidade*, entre a teoria social e sua aplicação objetiva: o partido deve ser o instrumento que possibilite dar às situações concretas (síntese de múltiplas determinações) respostas *concretas*, isto é, que levem em conta as especificidades de sua ação mesma.

De modo que analisar as relações sociais dentro de seu elemento de complexidade, ou seja, dentro das determinações materiais objetivas, postas por relações fragmentárias estabelecidas na sociedade civil burguesa (*bürgerliche Gesellschaft*), e a possibilidade de sua crítica pela teoria social marxiana, deve levar em conta que o surgimento do partido político de "novo tipo" (o que realiza a *unidade dialética* entre a teoria e a ação revolucionária), como instrumento de luta do proletariado, *é produto do movimento mesmo das contradições dessa forma de sociabilidade*, e não o resultado de uma vontade de indivíduos ou de "estratos sociais" movidos pela ideia de "transformar o mundo". Esta, se assim podemos dizer, já aparece como resultado de uma *determinação social* posta pelos *reflexos* políticos das contradições existentes na forma de sociabilidade capitalista, portanto, como uma *necessidade produzida socialmente, no contexto histórico da luta de classes*. No entanto, isso não significa que todos os partidos que agiram em nome do proletariado conseguiram efetivamente estabelecer os nexos fundamentais entre a universalidade, presente na teoria social de Marx, e as realidades específico-particulares em que atuaram. Ao contrário, por diversas razões, a maioria dos partidos que surgiram após a Revolução Russa e a tinham como "modelo" (assim como seu operador político, o Partido Comunista) acabou reduzindo e depauperando exatamente o fundamento que moveu o Partido Bolchevique de 1917: sua capacidade de *particularizar* a teoria social marxiana se esvaziou, transformando seus referenciais teóricos em modelos míticos, estáticos e doutrinários de ação e de reflexão.

Dentro desses referenciais teóricos, procuraremos analisar os aspectos que entendemos ser de maior relevância na construção da política do PCB, partido que aparece como resultado não somente de contradições produzidas por uma sociedade que se tornava cada vez mais complexa, determinada pelo primeiro *boom* industrializador do Brasil, mas também como produto da primeira revolução social de caráter proletário. E como reflexo das mudanças ocorridas nas forças produtivas

---

'maduras' – levam, por assim dizer, automaticamente o proletariado à vitória" (*Lenin, teoria e prassi nella personalità di un rivoluzionario*, Turim, Einaudi, 1970, p. 37 [ed. bras.: *Lênin: um estudo sobre a unidade de seu pensamento*, trad. Rubens Enderle, São Paulo, Boitempo, 2012, p. 51]).

e nas relações sociais de produção do país, o PCB constituir-se-á num instrumento de inovação política, na medida em que trará para a cena social aqueles que até então tinham estado à "margem da história" – as classes subalternas –, pondo na ordem do dia uma plataforma de ação que incidia fundamentalmente na elevação cultural da política. Independentemente de se estar de acordo ou não com a política desenvolvida pelo PCB desde 1922, não podemos deixar de verificar que sua inserção na vida política brasileira representou, indubitavelmente, um marco de modernidade, realizado pela contraposição permanente ao conservadorismo historicamente posto por uma sociedade hegemonizada por uma débil burguesia de tradição autocrática e de extração escravista.

Determinações histórico-objetivas da formação do Partido Comunista no Brasil

> *A formação do Partido se processou, de tal sorte, em pleno fogo das lutas de classe e, ao mesmo tempo, sob o fogo de uma dura luta ideológica, que era o reflexo, no Brasil, e segundo as condições brasileiras, da luta ideológica travada no plano mundial pela Terceira Internacional [...] os comunistas intensificaram sua atuação dentro dos sindicatos operários, através de líderes e ativistas sindicais que haviam aderido ao Partido [...] batiam-se pela unidade sindical [...] viu-se o Partido jogado na ilegalidade, três meses e pouco depois do congresso de fundação. Tudo se complicou enormemente daí por diante. Mas o fato mais significativo que devemos aqui salientar é que o Partido não desapareceu, nem cessou a sua atividade, nas novas e difíceis condições criadas pelo estado de sítio.*
>
> Astrojildo Pereira, "A formação do PCB"[27]

Entre os dias 25 e 27 de março de 1922, fundava-se o Partido Comunista, Seção Brasileira da Internacional Comunista, na cidade de Niterói, estado do Rio de Janeiro[28]. Sua organização expressava, juntamente com outras manifestações

---

[27] Astrojildo Pereira, *A formação do PCB*, em *Ensaios históricos e políticos* (São Paulo, Alfa-Ômega, 1979).

[28] Como descreve John W. F. Dulles: "Na reunião de abertura do Congresso, a 25 de março, estabeleceu-se uma ordem do dia para o andamento dos trabalhos: exame das 21 condições de

que ocorriam no Brasil (como a emblemática Semana de Arte Moderna, realizada em São Paulo, e a primeira revolta dos tenentes, no Rio de Janeiro), o início das profundas alterações que começavam a ocorrer no país, as quais procuraremos sintetizar, no sentido da necessária contextualização dos elementos histórico-particulares que possibilitaram a organização do PCB.

A industrialização, que encontra impulso no fim do século XIX e início do XX, e atinge níveis extremamente altos entre 1907 e 1920, delineava um considerável processo modernizador – basicamente ainda centrado nos núcleos urbanos mais importantes – de um capitalismo que até ali se tinha fundamentado em bases essencialmente rurais[29]. O enorme fluxo imigratório que se estabelece no Brasil – somente em dois anos, entre 1888 e 1900, cerca de 1,4 milhão de pessoas chegam ao país, das quais 890 mil se fixam em São Paulo – atesta um desenvolvimento econômico ímpar entre 1885 e 1906, se levarmos em conta a crise econômica estadunidense (entre 1893 e 1897) e a estagnação da economia argentina por toda a década de 1890. Esses imigrantes serão absorvidos pela nascente indústria brasileira, assim como pelas atividades agrárias[30]. Entre 1907 e 1920, o número de indústrias salta

---

admissão à Terceira Internacional, estatutos do partido, eleição da Comissão Executiva Central, medidas em benefício dos flagelados russos do Volga, e assuntos vários. As 21 condições foram examinadas e aceitas por todos. Os estatutos do partido, que se baseavam nos do Partido Comunista Argentino, foram elaborados, discutidos e provisoriamente aprovados no dia 27. Declarava-se no texto que o Partido Comunista, Seção Brasileira da Internacional Comunista, tinha por fim promover o entendimento, a ação internacional dos trabalhadores e a organização política do proletariado em partido de classe, 'para a conquista do poder e consequente transformação política e econômica da sociedade capitalista em comunista'" (*Anarquistas e comunistas no Brasil*, trad. César Parreiras Horta, Rio de Janeiro, Nova Fronteira, 1977, p. 147).

[29] Segundo Sérgio Silva, os "dados gerais [...] indicam uma progressão espetacular da indústria entre 1907 a 1920. [...] Os seus autores estimam que o valor real da produção industrial brasileira em 1907 é de aproximadamente um milhão de contos de réis [...]" (*Expansão cafeeira e origens da indústria no Brasil*, São Paulo, Alfa-Ômega, 1976, p. 78). Ver também Heitor Ferreira Lima, *História político-econômica e industrial do Brasil* (São Paulo, Companhia Editora Nacional, 1973), especialmente Parte III; Francisco de Oliveira, *A economia da dependência imperfeita* (Rio de Janeiro, Graal, 1977), p. 29 e seg.; Wilson Cano, *Raízes da concentração industrial em São Paulo* (São Paulo, Difel, 1977), p. 140 e seg.

[30] Ver João Manuel Cardoso de Mello, *O capitalismo tardio: contribuição à revisão crítica da formação e do desenvolvimento da economia brasileira* (3. ed., São Paulo, Brasiliense, 1984), p. 122 e seg. Citando Douglas Graham, diz Cardoso de Mello, "os índices sugerem, fortemente, que aproximadamente de 1885-1906, a prosperidade cíclica da economia brasileira estava desencontrada dos desempenhos cíclicos da economia americana, argentina e italiana. Este fato desempenhou

de 3.410 para 13.336, e o número correspondente de operários vai de 150.841 para 275.512[31]. Juntamente com o processo de industrialização e de modernização, vemos o desenvolvimento dos centros urbanos e o afluxo de migrantes vindos das áreas estagnadas do país, o que aumenta sobremaneira a concentração populacional nos principais centros urbanos, como São Paulo e Rio de Janeiro. Para se ter uma ideia, segundo dados históricos levantados pelo Instituto Brasileiro de Geografia e Estatística (IBGE), São Paulo passa de 239.820 habitantes em 1900 para 579.033 habitantes em 1920, e o Rio de Janeiro, nos períodos correspondentes, de 811.443 habitantes para 1.157.873 habitantes. O Brasil como um todo, ainda no mesmo período, salta de 17.438.434 para 30.635.605 habitantes[32].

A composição da classe operária será a combinação dos contingentes populacionais compostos por migrantes e imigrantes, na qual constituirão a maioria os imigrantes de origem europeia – com alguma experiência industrial, ainda que certos contingentes fossem provenientes das regiões menos desenvolvidas da Europa, sendo algumas muito pobres[33]. Nesse contexto começa também a aflorar o movimento dos trabalhadores, refletindo as mudanças que ocorriam na base material da sociedade brasileira. Já no fim do século XIX, verificam-se diversos movimentos grevistas de caráter operário, entre os anos de 1890 e 1898, principalmente no eixo São Paulo-Rio de Janeiro, mas também nos estados da Bahia e Minas Gerais[34].

---

um importante papel ao permitir ao Brasil importar tão grande número de imigrantes europeus (principalmente italianos) durante a década de 1890. Seria de fato difícil, senão impossível, para o Brasil, atrair semelhante número de imigrantes se a Argentina e, sobretudo, os Estados Unidos tivessem, na mesma época, se expandido economicamente e se, também, a economia italiana estivesse crescendo" (ibidem, p. 125). No entanto, como adverte: "Não se deve pensar, porém que o incremento da força de trabalho devido à imigração esteve inteiramente à disposição do capital industrial. Tenho em mente não apenas sua possível absorção parcial, causada pelo acréscimo de investimento público, mas também pela demanda engendrada pelo substancial crescimento da agricultura mercantil de alimentos" (ibidem, p. 152).

[31] Ver Heitor Ferreira Lima, *História político-econômica e industrial do Brasil*, cit., p. 324; e *Censo Industrial do Brasil de 1920* (Rio de Janeiro, Ministério da Agricultura, Indústria e Comércio, 1920).

[32] Ver "População residente, segundo os municípios das capitais (1871-1991)", *Anuário Estatístico 1993* (Rio de Janeiro, IBGE, 1993), p. 2-7 a 2-9. Ver também Caio Prado Jr., *História econômica do Brasil* (14. ed., São Paulo, Brasiliense, 1971), p. 346; e Maria D'Alva G. Kinzo, *Representação política e sistema eleitoral no Brasil* (São Paulo, Símbolo, 1980), p. 91.

[33] Ver Paulo Sérgio Pinheiro, *Política e trabalho no Brasil* (Rio de Janeiro, Paz e Terra, 1975), p. 86 e 90-1.

[34] Ver Edgard Carone, *A República Velha: instituições e classes sociais* (São Paulo, Difel, 1972), p. 218.

Mas é a partir do século XX que as movimentações operárias começam a ganhar maior intensidade, expressando seu aumento quantitativo e, de certa forma, qualitativo, ainda que nesse período predominasse a pequena empresa, na qual se concentrava um tipo de trabalhador mais especializado, em comparação com as de maior porte. Como enfatiza Boris Fausto, na pequena empresa o acesso ao patrão é mais fácil; o proletariado fabril com características clássicas é encontrado no setor têxtil[35]. Tanto em São Paulo como no Rio de Janeiro, os setores industriais com maior quantidade de mão de obra, conforme recenseamento realizado em 1920, eram o têxtil, o da alimentação, o do vestuário, a metalurgia e a indústria de produtos químicos, entre outros, com pouca variação de percentual entre as cidades, excetuando-se o de cerâmica, que em São Paulo tinha uma acentuada importância, pois ocupava 12,3% dos trabalhadores, em comparação com o Rio de Janeiro, onde esse setor representava apenas 4,9% dos postos de trabalho[36].

Podemos perceber, por esses dados e percentuais, que efetivamente o Brasil iniciava seu caminho para a industrialização, ainda que dentro dos marcos de uma economia que irá se constituir com base numa atividade industrial vinculada ao Departamento II da economia, isto é, a produção de bens de consumo. Mas o fundamental é que, com esse desenvolvimento industrial, a transição de uma economia agrária para uma economia plenamente capitalista engendra também um proletariado moderno, mesmo que restrito a algumas cidades do país. Com a classe operária chegam as ideologias a ela vinculadas, chegam o socialismo e o anarquismo, em suas mais variadas versões. Chegam também, e como consequência, formas organizativas sindicais e políticas. De modo que, entre 1907 e 1920, com altos índices de desenvolvimento industrial e de modernização, conforma-se:

> um novo perfil do contingente dos trabalhadores dos grandes centros urbanos nacionais, onde se misturam imigrantes e migrantes, em que os primeiros serão a maioria. Nessa Babilônia proletária, de diversas línguas e diferentes culturas, chegam, junta-

---

[35] Como acentua Boris Fausto, os "componentes clássicos do sistema de fábrica, analisados por Marx e Engels, se reproduzem no interior da grande empresa têxtil" (*Trabalho urbano e conflito social*, São Paulo, Difel, 1976, p. 110).

[36] Em 1919, segundo os dados fornecidos pelo *Censo de 1920*, temos em São Paulo: têxtil, 45,7%; alimentação, 14,7%; vestuário e toucador, 13,8%; cerâmica, 12,3%; metalurgia, 7,3%; e químicos, 6,2%; no Rio de Janeiro: têxtil, 40,1%; alimentação, 15,2%; vestuário e toucador, 22,2%; metalurgia, 10,4%; e químicos, 7,2%. Citado em Boris Fausto, *Trabalho urbano e conflito social*, cit., p. 111-2.

mente com o proletariado do outro continente, as formas ideo-organizativas sindicais e políticas, como o anarcossindicalismo que hegemonizou o incipiente movimento operário brasileiro.[37]

Esse é o contexto em que a nascente classe operária brasileira se constitui como a maior novidade da história do país. De 1906 a 1922, quando da organização do PCB, foram realizadas inúmeras manifestações e greves operárias, como as movimentações de 1905, no Rio de Janeiro e em São Paulo, de metalúrgicos, portuários (estes em paralisação simultânea nos dois estados) e trabalhadores do setor do gás, todas elas pela redução da jornada de trabalho. A partir de 1906, as greves ganham maior intensidade. Em São Paulo, os tecelões e os ferroviários, que recebem solidariedade dos trabalhadores cariocas e dos estudantes de direito do largo São Francisco, são violentamente reprimidos pela polícia. Ainda naquele ano, houve greves de sapateiros no Rio de Janeiro e no Rio Grande do Sul. E o ano de 1907 foi um ano de protestos: eclodiram greves em quase todos os setores produtivos de São Paulo[38], e também no Rio de Janeiro e no Rio Grande do Sul. Intensas movimentações se realizarão ao longo de toda primeira década do século XX. Somente entre 1903 e 1916, as principais cidades do Brasil, como São Paulo, Rio de Janeiro, Porto Alegre e Recife, presenciaram cerca de 84 greves (uma média de 6,46 greves ao ano), muitas das quais violentas, como as de 1915 no Rio de Janeiro, quando os operários decretaram greve geral, que durou três dias e sofreu violenta repressão policial[39]. *Objetivamente, essas movimentações resultarão no acúmulo organizativo*

---

[37] Antonio Carlos Mazzeo, "Astrojildo Pereira", em Luiz Bernardo Pericás e Lincoln Secco (orgs.), *Intérpretes do Brasil: clássicos, rebeldes e renegados* (São Paulo, Boitempo, 2014), p. 41.

[38] A partir de abril daquele ano, em São Paulo, entraram em greve tecelões, pedreiros e outras categorias em solidariedade e, no mês de maio, houve uma paralisação geral. Segundo Edgard Carone, "De 13 [de maio] em diante, o panorama torna-se mais complexo: operários de várias categorias dão prazo aos patrões exigindo oito horas e aumentos que variaram de 10% a 20%. Ao mesmo tempo, a São Paulo Railway entra em greve porque o conselheiro Antonio Prado, seu diretor, pretende utilizar trabalhadores dessa companhia em uma empresa de sua propriedade, a Companhia Mecânica, também paralisada. [...] A partir de então, a violência começa a imperar: delegado de polícia é recebido a pedradas, polícia invade a Federação Operária. Operários de Ribeirão Preto, São Roque, Salto e Itu entram em greve; costureiras, sapateiros, tipógrafos de São Paulo aderem. Várias categorias que vencem, obtendo as oito horas de trabalho, verão a promessa não ser cumprida no futuro; passados os dias de agitação, começam as dispensas de empregados, e voltam novamente as mesmas condições de trabalho" (*A República Velha*, cit., p. 222-3).

[39] Sobre as greves ocorridas entre 1903 e 1915, ver Edgard Carone, *A República Velha*, cit., p. 219-28.

e político que desaguará nas grandes greves operárias de 1917, que se constituirão no início do apogeu e da crise do anarquismo no movimento operário brasileiro.

O que deve ser notado nas movimentações operárias desse período é a extrema debilidade organizativa do operariado, determinada pela combinação de vários fatores, como a descontinuidade do processo industrializador e a própria composição do proletariado – trabalhadores oriundos de regiões com forte tradição escravista e imigrantes que vinham de regiões onde sobreviviam relações de produção pré-capitalistas ou que estavam apenas interessados em acumular um pecúlio e voltar para sua terra natal etc. Mas também encontramos baixa penetração e representatividade dos sindicatos no meio trabalhador[40]. Os grupos anarquistas, em suas diversas configurações ideológicas, não conseguiram dar organicidade aos movimentos nem elevar, o que é fundamental, essas *movimentações operárias espontâneas* ao patamar de uma organização política que pudesse transcender as reivindicações meramente econômicas. Quando isso ocorreu, como nas greves de 1907, a politização se deu em função de certa organização prévia do movimento – que havia sido referendada no Congresso Operário de 1906 – e pelo alargamento do apoio, que ia além dos grupos anarquistas, devido à repulsa que a lei dos estrangeiros (a primeira Lei Adolfo Gordo, de 1907) causava em certos setores da sociedade. Efetivamente, até 1917 o grau de mobilização contrastou com a descontinuidade organizativa[41].

O segundo período dos movimentos operários da República Velha iniciou-se, sem dúvida alguma, com a greve de 1917, em São Paulo. O crescimento industrial propiciado pela Primeira Guerra Mundial eleva o coeficiente do proletariado e, em especial, da classe operária nos centros urbanos. Em contraste com o progresso e o aumento do número de indústrias, as condições de vida do proletariado eram

---

[40] Como ressaltei em outro lugar: "O anarquismo exercia grande fascínio nos operários e na vanguarda intelectual pequeno-burguesa, de algum modo ligada ao movimento dos trabalhadores, como alternativa a uma sociedade conservadora e repressiva, como observa James Joll, ao discorrer sobre a aceitação das ideias anarquistas nos países europeus de governos autocráticos e de industrialização tardia como, na época, Portugal, Espanha e Itália" (Antonio Carlos Mazzeo, "Astrojildo Pereira", cit., p. 43).

[41] Como destacou Boris Fausto: "Em São Paulo, a União dos Operários em Fábricas de Tecidos, cuja primeira notícia data de 1907, teve uma existência vegetativa. No Rio de Janeiro, o primeiro sindicato têxtil (Federação dos Operários em Fábricas de Tecidos) surgiu em princípios de 1903 [...]. Segundo um relato da imprensa operária, a Federação conseguiu agremiar quase todos os trabalhadores do ramo, daí nascendo as condições para a greve decretada em 15 de agosto de 1903. [...] A derrota da greve, seguida da dispensa de muitos trabalhadores, repercutiu na Federação, que rapidamente se esvaziou e desapareceu" (*Trabalho urbano e conflito social*, cit., p. 127).

precárias, com baixíssimos salários e longas jornadas de trabalho, as quais ainda oscilavam entre dez e doze horas diárias, a despeito das mobilizações anteriores pela diminuição da carga horária[42]. No entanto, a organização operária diminuíra com o descenso das movimentações grevistas entre 1913 e 1916, determinado pela crise econômica e pelo desemprego, que, somente em São Paulo, em 1913, atingira a cifra de 10 mil pessoas[43]. Em face das dificuldades postas pelo refluxo do movimento, os grupos socialistas e, principalmente, os anarquistas optaram por ações mais gerais, como a organização de movimentos de solidariedade internacionalista, abandonando o difícil trabalho de organizar os trabalhadores nas fábricas. Mas a partir de 1917 o alto custo de vida e o constante aumento dos preços de gêneros alimentícios reavivam a ação dos anarquistas nas fábricas, tanto em São Paulo como no Rio de Janeiro, e eles passam a realizar atos contra a carestia quase que diariamente[44]. Particularmente em São Paulo, o ano de 1917 seria o marco da revitalização das movimentações operárias, refletindo a própria rearticulação econômica do país, com a realização de uma importante greve no bairro da Mooca, que relatamos brevemente aqui.

Já nos primeiros meses do ano, o Cotonifício Crespi, com mais de 2 mil trabalhadores, enfrenta uma série de tentativas de negociação por parte dos operários. A resposta patronal é o aumento do trabalho noturno. Os trabalhadores, por sua vez, passam a exigir uma elevação salarial que variava de 15% a 20%. A situação se agrava quando os trabalhadores de origem italiana passam a se recusar a recolher a "contribuição pró-pátria", que a empresa realizava para colaborar com o esforço de guerra da Itália[45]. Como já havia um setor da produção paralisado, no dia 12 de junho a greve eclode, transformando-se em estopim para o desencadeamento de outras greves na cidade[46], como a da fábrica têxtil Jafet, cujos cerca de 1.600 trabalhadores reivindicavam aumentos salariais de 20% a 25%, depois de dois

---

[42] Ver Luiz Alberto Moniz Bandeira, *O ano vermelho: a Revolução Russa e seus reflexos no Brasil* (2. ed., São Paulo, Brasiliense, 1980), p. 49

[43] Ver Boris Fausto, *Trabalho urbano e conflito social*, cit., p. 158.

[44] Ver Sheldon Leslie Maram, *Anarquistas, imigrantes e o movimento operário brasileiro: 1890-1920* (trad. José Eduardo Ribeiro Moretzsohn, Rio de Janeiro, Paz e Terra, 1979), p. 132 e seg.

[45] Ver Boris Fausto, *Trabalho urbano e conflito social*, cit., p. 193.

[46] A descrição da greve está baseada nos relatos de Edgard Carone, *A República Velha*, cit., p. 228-230; Boris Fausto, *Trabalho urbano e conflito social*, cit., p. 192-200; e Luiz Alberto Moniz Bandeira, *O ano vermelho*, cit., p. 58-64. Ver também José Luiz Del Roio, *A greve de 1917: os trabalhadores entram em cena* (São Paulo, Alameda, 2017).

meses de salários em atraso. A greve, que a cada dia assumia proporções maiores, passou a ser dirigida pelo Comitê de Defesa Proletária, de hegemonia anarquista. No dia 7 de julho, param os operários da fábrica de bebidas Antárctica. Ocorrem choques com a Força Pública diante das fábricas Crespi e Antárctica. No dia 9 de julho, conflitos com a polícia acabam matando o sapateiro e militante anarquista José Iñeguez Martinez, de 21 anos. Seu enterro, com a presença de 10 mil pessoas, marca a paralisação total da cidade, com o aumento dos atos de violência. Em 11 de julho já são 15 mil trabalhadores paralisados e no dia seguinte, 20 mil. Param também os bondes, o comércio, os trabalhadores do serviço de luz e os ferroviários da São Paulo Railway. A população saqueia armazéns e padarias. As tropas policiais quase não controlam mais a cidade e metralhadoras calibre ponto 30 são instaladas em setores estratégicos. No interior, trabalhadores de cidades como Campinas, Itu e Sorocaba param em solidariedade à greve. No Rio de Janeiro, a Federação Operária adverte da possibilidade de uma greve geral ante a ameaça de intervenção do Exército, já que a Força Pública encontrava-se exausta e até um batalhão de soldados se sublevara. Para complicar mais ainda as coisas, o Comitê de Defesa se recusa a negociar com o patronato e o governo, a ponto de um grupo de treze jornalistas[47] se oferecer como mediadores do conflito e levar aos trabalhadores a proposta de 20% de aumento salarial, mais a promessa de não demissão dos grevistas. Afinal, após uma assembleia no bairro do Brás, sob a liderança de Edgard Leuenroth, Candeias Duarte e do italiano (designado pelo Partido Socialista Italiano e pela Segunda Internacional para organizar um partido socialista no Brasil) Teodoro Monicelli, a proposta é aceita pelos operários.

Essa digressão sobre as condições do desenvolvimento organizativo do operariado brasileiro e, em particular, sobre a greve de 1917 em São Paulo nos permite verificar algumas questões essenciais para que possamos delimitar, de um lado, o *esgotamento das formas organizativas* do proletariado implementadas por anarquistas e anarcossindicalistas e, de outro, numa fase de maior crescimento da classe operária – expresso pelas movimentações de 1917 e, diga-se, não somente na capital paulista –, o surgimento da necessidade de novas formas de organização, estru-

---

[47] Por iniciativa de Nereu Pestana, do jornal *O Combate*, formou-se uma comissão de jornalistas que entraram em entendimento com industriais e membros do governo: "No dia 14 de julho [um mês após o início da greve], na sede de *O Estado de São Paulo* reuniram-se: R. Crespi, Jorge Street, Boyes & Cia., E. P. Gamba, G. H. Ford, S. T. Smith, da São Paulo Alpargatas, A. Siciliano, C. Panayotti & Co., Ermelino Matarazzo, pela S. A. Indústrias reunidas F. Matarazzo, Georges A. Graig, pela Viúva Graig & Co., Pocai & Co., P. Sarcinelli [...]", mais os treze jornalistas que compunham a comissão de negociação (Luiz Alberto Moniz Bandeira, *O ano vermelho*, cit., p. 63).

turadas politicamente com maior complexidade em relação às anteriores. Assim, pensamos ser importante destacar alguns aspectos sobre o movimento grevista de 1917 que marcam decisivamente a crise da hegemonia anarquista no movimento operário brasileiro:

1) A espontaneidade da greve, como sucedeu na maioria esmagadora das greves que a precederam, e ao mesmo tempo – *fato que a diferencia* – sua extensão a outras categorias de trabalhadores, bem como a sua imensa repercussão na sociedade. Pela primeira vez, o movimento operário é visto com seriedade e preocupação pela grande imprensa burguesa e por um contingente de empresários que compunham a elite da burguesia industrial do país. Como afirmou o editorial do jornal *O Estado de S.Paulo*:

> A torre de privilégios desaba. Fê-la tremer em seus alicerces seculares a teoria socialista, a equivalência ainda não reconhecida, mas já vitoriosa, do capital e do trabalho. Os capitalistas bem avisados não ignoram, os governos cautos estão fartos de o terem notado e ambos os grupos se harmonizam e colaboram à procura de uma solução sem conflito violento com a nova força que se apresenta em campo revestida de uma pujança invencível.[48]

2) A dificuldade do "comando da greve" em organizar uma enorme massa de trabalhadores disposta a levar avante suas reivindicações. Como reconhece Fausto, o grande problema da mobilização residiu exatamente na *ausência de um plano e de uma coordenação*. A presença dos sindicatos é de pouca importância e o Comitê de Defesa Proletária, que se forma no curso dos acontecimentos, apenas procura canalizar as reivindicações[49]. Mais ainda, a liderança da greve revela sua incapacidade de assumir a direção do movimento, oscilando entre um discurso radicalizador e propostas genéricas no que se refere à sua organização.

3) O saldo político da greve foi mínimo e, mesmo assim, não se consolidou. Após o término do movimento, o governo desencadeou uma forte repressão sobre as lideranças da greve e os sindicatos. Edgard Leuenroth é preso e acusado de ser o "autor psicointelectual" da greve, e alguns líderes estrangeiros são deportados pelo governador do estado. Além disso – o que reflete a debilidade dos sindicatos –, várias empresas não deram o aumento acordado. No entanto, a greve de 1917

---

[48] *O Estado de S.Paulo*, 21 set. 1917, em Luiz Alberto Moniz Bandeira, *O ano vermelho*, cit., p. 59.

[49] Ver Boris Fausto, *Trabalho urbano e conflito social*, cit., p. 203. Ver também Antonio Carlos Mazzeo, "Astrojildo Pereira", cit., p. 39 e seg.

deixou um grande saldo positivo: sua própria experiência, que passou a servir de parâmetro para outras mobilizações operárias. Se comparamos os acontecimentos de 1917 em São Paulo com a Insurreição do Rio de Janeiro em 1918, verificamos um salto de qualidade no que diz respeito ao aspecto organizativo do operariado. No Rio, a greve parte de organização e planejamento prévios, com reduzido grau de espontaneidade, e articulada com outros setores da sociedade[50], tendo como liderança José Oiticica, Astrojildo Pereira, Carlos Dias, Álvaro Palmeira, José Elias da Silva, João Pimenta e Agripino Nazaré. Outro aspecto extremamente relevante é que esse movimento ocorre sob forte influência da Revolução de Outubro na Rússia e tem como objetivo a implantação de sovietes na cidade. Tanto que, segundo os planos, deflagrada a greve, os operários deveriam tomar o Palácio do Catete e lá içar a bandeira vermelha; enquanto isso, outro grupo deveria atacar a Intendência da Guerra e se apossar de armas e munições[51]. Quando se acertavam os últimos detalhes, os líderes foram presos, delatados por um informante infiltrado, o segundo-tenente Jorge Elias Ajus. Mesmo assim, a greve é decretada e houve choque com as forças repressivas. Boris Fausto, no entanto, enfatiza a pequena influência da Revolução Russa no movimento, argumentando que sua repercussão se dava em "áreas bem mais moderadas do que nos anarquistas". Segundo ele, a inspiração para uma rebelião armada não estava fora do país, mas em sua própria história, como a rebelião dos marinheiros de 1910 e a própria disposição de luta encontrada em São Paulo[52].

Ora, entendemos que nenhum movimento social se realiza se não existem condições objetivas e subjetivas para tanto, como efetivamente havia em 1918, ainda que estejamos de acordo com Fausto no que se refere à sua possível derrota, mesmo se não houvesse a delação. Mas foram exatamente as condições de miséria e penúria do povo, agravadas pela epidemia de gripe (*influenza*) na cidade, que, articuladas por um comando político, *constituído como vanguarda* e espelhado nos acontecimentos da Rússia, permitiram o desencadeamento da insurreição. Outro aspecto relevante foi a preocupação de organizar e planejar previamente o movi-

---

[50] "Preparada em larga medida pelos anarquistas, que haviam assumido a direção da UOFT [União dos Operários em Fábricas de Tecidos], ela deveria servir de base a uma insurreição revolucionária combinada com a revolta dos escalões inferiores das Forças Armadas" (Boris Fausto, *Trabalho urbano e conflito social*, cit., p. 212).

[51] Baseamo-nos em relatos de Boris Fausto, *Trabalho urbano e conflito social*, cit., p. 211-6; e Luiz Alberto Moniz Bandeira, *O ano vermelho*, cit., p. 113-43.

[52] Boris Fausto, *Trabalho urbano e conflito social*, cit., p. 213-4.

mento, tendo por objetivo assaltar o poder e criar um governo popular, o que revela a presença de uma teleologia, até então inexistente nas movimentações operárias. As palavras do histórico líder sindical Everardo Dias nos dão essa dimensão:

> Nós sabíamos, e os acontecimentos o haviam comprovado na Europa, que a possibilidade de implantação de um governo de estrutura socialista em um só país, após ter quebrado a resistência do capitalismo monopolista, não se daria forçosamente num país de maior florescimento industrial, mas naquele em que o proletariado contasse com maiores forças ou aliados poderosos entre a massa popular descontente, constituída de funcionários públicos, pequenos negociantes e proprietários, forças militares, trabalhadores das roças, isto é, da pequena burguesia e das camadas pobres exploradas [...].[53]

De modo que esse movimento marca claramente a eclosão da consciência da possibilidade real de poder popular nas lideranças e em setores operários, além da nítida influência da Revolução Russa em suas formulações. Acrescentamos ainda que, apesar de possuir a "marca da nacionalidade", isto é, as revoltas com a participação de militares, *havia a preocupação de pôr os trabalhadores no centro político-decisório*, na medida em que se pretendiam instituir sovietes populares, constituindo também uma ruptura com a tradição golpista dos movimentos urbanos brasileiros do período, que sempre excluíram as camadas populares.

Assim, podemos concluir que, após as greves de 1917 e a Insurreição de 1918, o movimento operário brasileiro não foi mais o mesmo. Como acentua Ronald H. Chilcote, a revolução na Rússia catalisou e aproximou os grupos radicais, gerando também divisões nas fileiras anarquistas e acentuando cada vez mais a polarização entre anarquistas e comunistas[54], no bojo de um crescente movimento operário que exigia mais eficiência organizativa[55]. Essa necessidade, assim como a influência da Revolução Russa no movimento operário, fica evidenciada nas várias tentativas de organização de partidos comunistas no Brasil entre 1918 e 1922[56].

---

[53] Everardo Dias, *História das lutas sociais no Brasil* (São Paulo, Edaglit, 1962), p. 87.

[54] Ver Ronald H. Chilcote, *Partido Comunista Brasileiro: conflito e integração* (trad. Celso Mauro Paciornik, Rio de Janeiro, Graal, 1982), p. 52.

[55] John W. F. Dulles, utilizando-se da tabela de Azis Simão, lista, entre 1917 e 1922, somente na cidade de São Paulo, 51 greves – das quais vinte em 1919 e dez em 1922 (*Anarquistas e comunistas no Brasil*, cit., p. 438).

[56] Como podemos perceber pelos diversos grupos que se organizaram, como a Liga Comunista de Livramento em 1918, no Rio Grande do Sul, o Centro Maximalista de Porto Alegre em 1919 (que

Pelo que procuramos demonstrar, no processo de construção do movimento operário brasileiro, ainda que de maneira bastante sintética, vemos que o surgimento do operariado na cena política nacional constitui uma *grande novidade social* – posta pela industrialização do país – que gradualmente busca alargar espaços numa sociedade civil de tradição autocrática e bonapartista, oriunda da monocultura e do escravismo. Finalmente, podemos dizer que *a organização do PCB é produto direto das movimentações operárias no Brasil, e também reflexo do que se constituiu como o maior acontecimento do século, a maior novidade da era capitalista, a Revolução Russa.* Como acentuou Eric Hobsbawm,

> A Revolução de Outubro produziu de longe o mais formidável movimento revolucionário organizado na história moderna. Sua expansão global não tem paralelo desde as conquistas do Islã em seu primeiro século. Apenas trinta ou quarenta anos após a chegada de Lênin à Estação Finlândia em Petrogrado, um terço da humanidade se achava vivendo sob regimes diretamente derivados dos "Dez dias que abalaram o mundo" (Reed, 1919) e do modelo organizacional de Lênin, o Partido Comunista.[57]

Por todo o significado dessa reflexão, pode-se dizer que, produto de um grande movimento de âmbito mundial e pela dimensão que adquiriu – resultado de uma sociedade que vinha sofrendo dramáticas e profundas alterações, e cuja tradição tinha sido, até então, alijar os trabalhadores da vida social e política do país –, *a organização do PCB se constituiu na maior e mais positiva novidade política do Brasil,* cujo pioneirismo, além de ser o primeiro partido político *stricto sensu* do país, foi o de procurar fazer protagonista da história brasileira o seu próprio povo.

---

depois, em 1921, alterou o nome para Grupo Comunista de Porto Alegre), o Partido Comunista do Brasil (de inspiração anarquista) em 1919, o Partido Comunista de São Paulo também em 1919, e mais um expressivo número de organizações de ideologia comunista em Cruzeiro (Minas Gerais), no interior de São Paulo etc. Ver Ronald H. Chilcote, *Partido Comunista Brasileiro*, cit.; John W. F. Dulles, *Anarquistas e comunistas no Brasil*, cit.; Edgard Carone, *A República Velha*, cit.; e Luiz Alberto Moniz Bandeira, *O ano vermelho*, cit.

[57] Eric Hobsbawm, *Era dos extremos: o breve século XX (1914-1991)* (trad. Marcos Santarrita, São Paulo, Companhia das Letras, 1996), p. 62.

CAPÍTULO 1
LARGO ASSAI
OS ELEMENTOS TEÓRICOS

O Komintern e a questão colonial: notas arqueológicas

Os debates e as resoluções do VI Congresso do Komintern, realizado em julho de 1928, refletiram não somente a hegemonia do PC russo naquele organismo, mas fundamentalmente a crise em que estava mergulhado o projeto da revolução mundial após a derrota do proletariado na Alemanha e do fracasso da política do MCI na China.

O comando da Internacional Comunista (IC), desde o fim de 1920, voltara seus olhos para o Oriente, implementando a reflexão de Lênin, feita em 1919, durante o II Congresso Panrusso, sobre suas preocupações em articular o movimento revolucionário do proletariado europeu com as massas oprimidas e os movimentos de libertação nacional dos países orientais, procurando, ao mesmo tempo, garantir a ideia da vanguarda operária no comando da revolução mundial. Essas teses foram produzidas nos debates com as tendências que priorizavam a ação revolucionária no Oriente e nos países de origem colonial, representadas por Mirsaid Sultan-Galiev, de nacionalidade tártaro-russa, que em suas análises deixava transparecer uma profunda desconfiança acerca do Ocidente[1].

Essa guinada para o Oriente, feita decisivamente a partir de 1921 (após o II Congresso da IC, em julho de 1920, e do Congresso dos Povos do Oriente, convocado por iniciativa do Komintern e realizado em Baku, em setembro de 1920), expressará outra e mais complexa viragem que influenciará as estratégias de ação

---

[1] Ver René Galissot, "O imperialismo e a questão colonial e nacional dos povos oprimidos", em Eric Hobsbawm, *História do marxismo* (trad. Carlos Nelson Coutinho e Nemesio Salles, Rio de Janeiro, Paz e terra, 1987), v. 8, p. 225. Ver também Fernando Claudin, *A crise do movimento comunista: a crise da Internacional Comunista* (São Paulo, Global, 1985), v. 1, p. 218 e seg.

da IC: será uma tentativa de construir uma alternativa para superar o isolamento da Rússia soviética – após o refluxo dos movimentos revolucionários na Europa, principalmente com a derrota da Revolução Espartaquista na Alemanha, liderada por Rosa Luxemburgo, Karl Liebknecht, Clara Zetkin e Franz Mehring, entre outros, dirigentes da *Spartakusbund* (Liga Spartacus), e com o brutal assassinato de Luxemburgo e Liebknecht –, por meio dos movimentos emancipacionistas dos países do Oriente, que poderiam vir a constituir elemento fundamental para romper o cerco em que a revolução no Ocidente estava mergulhada[2].

Nesse sentido, a viragem para o Oriente traz em seu bojo uma necessária rearticulação de importantes elementos constitutivos da teoria do imperialismo, e o aspecto de maior relevância foi o aprofundamento do papel das lutas de libertação nacional no contexto da revolução mundial, que ampliou, assim, a discussão sobre o caráter do internacionalismo proletário e a teoria da revolução socialista mundial. A preocupação de Lênin com os países de extração colonial já era evidenciada no livro *O imperialismo, estágio superior do capitalismo*[3], escrito entre janeiro e julho de 1916, no qual o autor explicitava a tendência de que, para as massas oprimidas, não haveria condições de combater a exploração sem, ao mesmo tempo, combater a cadeia imperialista mundial: as lutas de libertação nacional, para serem vitoriosas, teriam de ser, ao mesmo tempo, anti-imperialistas, de caráter proletário e socialistas.

No entanto, essa rediscussão sobre o papel do Oriente no processo revolucionário não se deu sem uma dura contraposição por parte dos comunistas orientais, cujos países eram definidos pela IC como países coloniais e *semicoloniais*[4]. Além de Sultan-Galiev, o indiano Manabendra Nath Roy contrapôs-se, com maior fundamentação teórica, à ideia consagrada pelo movimento comunista acerca do papel de vanguarda do operariado e do proletariado urbano dos países capitalistas desenvolvidos na revolução mundial, tese essa que aparecia nas discussões da IC com fortes cores eurocêntricas. Roy ressaltou em suas intervenções no II Congresso da IC que a

---

[2] Annie Kriegel argumenta que, no Congresso de Baku, a IC procurava analisar a possibilidade de estender-se para leste, uma vez que o Ocidente se encontrava bloqueado. Ver Annie Kriegel, *Las internacionales obreras (1864-1943)* (Barcelona, Orbis, 1986), p. 102.

[3] Ver Vladímir I. Lênin, *El imperialismo, etapa superior del capitalismo*, em *Obras completas* (Madri, Akal, 1976), v. 23, p. 299-425 [ed. bras.: *O imperialismo, estágio superior do capitalismo*, trad. Avante!, São Paulo, Boitempo, 2021].

[4] Ver René Galissot, "O imperialismo e a questão colonial e nacional dos povos oprimidos", cit.; Fernando Claudin, *A crise do movimento comunista*, cit.; e Rudolf Schlesinger, *La Internacional Comunista y el problema colonial* (Buenos Aires, PyP, 1974).

revolução no Ocidente dependeria do curso da revolução no Oriente, subordinando, assim, o êxito da revolução mundial às revoluções realizadas nos países de formação social pré-capitalista, de capitalismo tardio ou extração colonial, prenunciando a corrente oriental do marxismo[5]. Lênin refutará essas teses, no que concerne ao papel central dos países orientais na revolução, acentuando que esse tipo de interpretação era um viés que não considerava os elementos constitutivos das contradições fundamentais capitalistas, entre os quais a organização política das massas:

> O camarada Roy vai muito longe ao sustentar que o destino do Ocidente depende apenas do grau de desenvolvimento e das forças do movimento revolucionário nos países orientais. Embora existam na Índia 5 milhões de proletários e 37 milhões de camponeses sem terra, os comunistas hindus ainda não conseguiram criar um partido comunista em seu país, e este fato basta para demonstrar que os pontos de vista do camarada Roy, em larga medida, estão desprovidos de fundamentos.[6]

Mas se Lênin, de um lado, combate duramente as teses de Roy, que via a necessidade de deslocar o eixo estratégico da revolução mundial para o campo, de outro, acaba verificando a necessidade de reformulação das análises e interpretações teóricas das formações sociais orientais que vinham norteando as interpretações sobre o problema nacional e colonial. Lênin percebe a urgência de aprofundar a compreensão do impacto da Revolução Russa nos movimentos de libertação nacional do Oriente e a necessidade de a IC implementar uma política de ação mais centralizada, priorizando três elementos fundamentais: 1) a perspectiva da ampliação do processo revolucionário, por meio dos movimentos de libertação nacional; 2) a possibilidade de romper o isolamento da revolução, transformando a Rússia soviética em ponte entre o Ocidente e o Oriente; e 3) o combate imperioso das tendências eurocêntricas no interior da IC (que tinha como maior expressão o italiano Giacinto Serrati), que entendiam ser os movimentos coloniais meros instrumentos do proletariado europeu. De modo que essas reformulações, nas análises teóricas sobre a questão nacional e colonial – que influenciarão diretamente a teoria do imperialismo e terão um alcance analítico que transcenderá a

---

[5] Ver Rudolf Schlesinger, *La Internacional Comunista y el problema colonial*, cit.; e Fernando Claudin, *A crise do movimento comunista*, cit.

[6] Vladímir I. Lênin, citado em Fernando Claudin, *A crise do movimento comunista*, cit., p. 219. Ver também René Galissot, "O imperialismo e a questão colonial e nacional dos povos oprimidos", cit., p. 236-7.

mera visão taticista[7] –, buscavam alargar a visão da IC sobre a estratégia da luta contra o capitalismo, na medida em que possibilitavam também a discussão sobre o caráter da política de alianças entre as massas oprimidas dos países coloniais e os movimentos de libertação nacional.

Essa reformulação estratégica aparece claramente no informe sobre a situação internacional e as tarefas fundamentais da IC[8], em que Lênin, partindo de suas análises sobre o imperialismo, recoloca o problema das massas oprimidas nos países coloniais, evidenciando o papel da Primeira Guerra Mundial na agudização das contradições capitalistas, quando a opressão colonial e militar se intensificou e, ao mesmo tempo, milhões de seres humanos oprimidos, que estavam "fora da história", foram deslocados para o centro dos acontecimentos. Com essa nova formulação, Lênin deixa evidente que absorvera alguns elementos das teses de Roy, *mas no sentido de levar em conta uma realidade até então ignorada pelo movimento comunista, o qual se encontrava extremamente fixado nas movimentações do proletariado europeu e estadunidense*, incorporando, desse modo, a situação objetiva das massas populares dos países onde ainda prevaleciam relações sociais pré-capitalista ou de capitalismo tardio. No entanto, essa posição de Lênin não deve ser entendida como mera concessão tática aos países coloniais (principalmente do Oriente), tampouco como abandono da teoria clássica marxiana da vanguarda revolucionária. Ao contrário. Se, como entendia Lênin, as condições para uma revolução mundial estavam sendo potencializadas em todo o planeta, a partir da crise capitalista, na qual havia um crescimento efetivo da importância dos movimentos de libertação nacional, essa mesma revolução teria nas *formações sociais de capitalismo desenvolvido (o Ocidente) seu centro de irradiação ideológica, cujo comando geral estaria baseado na IC*[9].

---

[7] Ver Fernando Claudin, *A crise do movimento comunista*, cit.; René Galissot, "O imperialismo e a questão colonial e nacional dos povos oprimidos", cit.; e Rudolf Schlesinger, *La Internacional Comunista y el problema colonial*, cit. Ver também Ernesto Ragionieri, *La Terza Internazionale e il Partito Comunista Italiano* (Turim, Einaudi, 1978).

[8] Ver Vladímir I. Lênin, "Informe sobre la situación internacional y las tareas fundamentales de la Internacional Comunista", em *Obras completas* (Madri, Akal, 1976), v. 33, p. 339 e seg.

[9] Aldo Agosti evidencia que, a partir do II Congresso, "o papel do Comintern se define como sendo o de uma organização matriz, destinada a formular e a programar a estratégia de todo o movimento comunista, e a indicar a cada partido-membro as tarefas necessárias para reforçar sua posição nacional e o papel mais adequado para promover o desenvolvimento e a consolidação do movimento internacional. É nesse momento – e não antes – que o modelo bolchevique de partido se impõe como um ponto de referência a ponto de ser reproposto em seus vários graus no Estatuto da IC [...]" ("O mundo da Terceira Internacional", em Eric Hobsbawm, *História do*

Como argumenta Lênin, no II Congresso do Komintern: "A união dos proletários revolucionários dos países capitalistas avançados com as massas revolucionárias dos países onde não há, ou quase não existe, o proletariado e as massas oprimidas dos países coloniais do Oriente converte-se em uma realidade no presente Congresso"[10].

Nesse sentido, abre-se a possibilidade de o movimento comunista atuar conjuntamente com os movimentos de caráter "nacional-revolucionário", isto é, aqueles que em suas plataformas tinham definido um programa anti-imperialista e não restrinjam a ação dos partidos comunistas. É importante ressaltar que, nesse momento, a perspectiva de uma aliança não significaria a fusão com esses movimentos porque, na visão do II Congresso, era de fundamental importância conservar a *independência* dos movimentos proletários.

A absorção por parte de Lênin da tese de Roy – a dos movimentos nacionalista-revolucionários – permitiu a superação da visão linear das "fases" obrigatórias dos processos revolucionários baseadas nas experiências europeias. Lênin afirmará que os movimentos revolucionários coloniais traziam *em si* um caráter democrático-burguês[11]. Essa elaboração, que prevalecerá no II Congresso, além de dar destaque às lutas de libertação nas colônias deixará de subordinar mecanicamente a vitória de uma revolução colonial à vitória do proletariado das metrópoles. Essa formulação passa a ver um teor revolucionário nos movimentos coloniais, porque trazem em seu bojo a possibilidade de se transformarem em movimentos revolucionários de caráter socialista, o que possibilitaria "saltar" o "estágio" capitalista. Mas se, por um lado, é possível afirmar que o II Congresso da IC foi profícuo em relação às elaborações teóricas sobre o problema nacional e colonial, devemos considerar, por outro, que essas análises foram produzidas no bojo de uma conjuntura extremamente penosa e contraditória para o projeto de revolução mundial preconizado pelo Komintern, situação que, de certa forma, acabou constituindo-se num elemento limitador das interpretações dos processos revolucionários nas formações sociais não europeias. Como sabemos, a crise em que a revolução russa mergulhou após a guerra civil de 1918-1920 e a inevitável

---

marxismo, cit., v. 6, p. 108). Ver também Annie Kriegel, *Las internacionales obreras (1864-1943)*, cit., p. 88 e seg.

[10] Vladímir I. Lênin, "Informe sobre la situación internacional y las tareas fundamentales de la Internacional Comunista", cit., p. 355.

[11] Ver a reconstrução detalhada desse debate em Rudolf Schlesinger, *La Internacional Comunista y el problema colonial*, cit. Ver também as análises de Fernando Claudin, *A crise do movimento comunista*, cit.

falência do comunismo de guerra, agravadas, no plano externo, pela derrota do movimento comunista na Alemanha e, no interno, pela revolta camponesa de 1920 (resultado da desmobilização militar) e pelo levante de Kronstadt em março de 1921, levou os dirigentes bolcheviques a uma nova equação dos caminhos para a construção do socialismo, sem a possibilidade de estender os horizontes revolucionários. Isso quer dizer que, efetivamente, estava colocado para os líderes da Revolução Russa o desafio de construir o socialismo em um só país, um país de capitalismo tardio, o que constituía *per se* um elemento agravante, e, além do mais, com um proletariado reduzido e grandes reminiscências feudais.

Diante da situação caótica da economia russa e do perigo de fracasso do projeto revolucionário, implantou-se uma série de medidas econômicas gradativas que, em seu conjunto, ganhou o nome de Nova Política Econômica (NEP)[12]. Essa nova realidade não poderia deixar de impactar o MCI e, consequentemente, seu organismo máximo, o Komintern. A implantação da NEP foi também a *institucionalização da Rússia soviética como Estado*, o que levou o país a efetuar uma série de acordos diplomáticos com os Estados limítrofes, evidenciando um recuo da revolução às fronteiras da Rússia. Em 1921, foi assinado um tratado comercial com a Inglaterra, o que implicou a renúncia soviética à difusão de ações de propaganda revolucionária nas regiões de interesses britânicos[13]. *Esses acordos influíram decisivamente na estratégia da revolução mundial,* pois apontavam para a necessidade de garantir as conquistas da revolução na Rússia e, portanto, o Estado soviético, em detrimento da revolução mundial, que naquele momento entrava em compasso de espera. A maioria absoluta do comando da IC entendia ser de fundamental importância a manutenção de um Estado proletário para quando as condições favoráveis à revolução voltassem a surgir. Manter a Rússia como um bastião socialista era considerado de fundamental importância para a revolução mundial.

Nesse contexto histórico, a diplomacia soviética se insere "no sistema das relações entre Estados, e, desse modo, irrompe a contradição entre os interesses do Estado e os da revolução, que deveriam ser da alçada apenas da Internacional e

---

[12] Denominação dada por Lênin em março de 1922. A esse respeito, ver Edward H. Carr, *A revolução bolchevique (1917-1923)* (trad. António Sousa Ribeiro, Porto, Afrontamento, 1979), v. 2, nota 8, p. 298; e Antonio Roberto Bertelli, *Capitalismo de Estado e socialismo: o tempo de Lênin (1917-1927)* (São Paulo, Ipso/IAP, 1999).

[13] Ver René Galissot, "O imperialismo e a questão colonial e nacional dos povos oprimidos", cit., p. 242; Fernando Claudin, *A crise do movimento comunista*, cit.; e Edward H. Carr, *A revolução bolchevique (1917-1923)*, cit.

dos partidos comunistas"[14]. O maior exemplo desse novo momento e, ao mesmo tempo, das contradições que se estabelecerão no MCI é, sem dúvida, o tratado com a Turquia. Mustafá Kemal, líder nacionalista turco, havia solicitado, em 1920, auxílio militar a Lênin e diplomático ao Estado soviético. Da óptica da luta anti-imperialista, o governo soviético assinou, em 1921, um pacto de amizade e ajuda com os turcos. Mas no mesmo momento em que eram firmados acordos entre os dois Estados, o governo de Kemal reprimia brutalmente o PC turco e o movimento camponês, assassinando dezessete destacados líderes comunistas (e jogando seus cadáveres ao mar), entre eles o intelectual e introdutor do marxismo na Turquia e líder do Partido Comunista, Mustafá Subji[15]. Desse modo, a necessidade de manutenção e defesa do Estado soviético determinará toda a estratégia da IC, cujos desdobramentos se mostrarão em seu III Congresso.

Como afirma Fernando Claudin, entre o II e o III Congressos, serão acumuladas ricas experiências no que se refere à luta anti-imperialista; no entanto, os novos problemas – que exigiam análises profundas, especialmente a questão turca – foram tratados de maneira superficial, como demonstra o informe de Grigori Evséievíteh Zinoviev[16]: as análises e as ações da IC se subordinaram à razão do Estado soviético, o que ocasionou, consequentemente, o recuo do movimento. Mesmo assim houve no III Congresso, realizado em julho de 1921, uma inovação tática que visava reverter o imobilismo ocasionado pelo refluxo da onda revolucionária pós-guerra e pela predominância, no movimento operário europeu, dos sindicatos e movimentos reformistas, com a introdução, proposta por Lênin, da política de frente única (a atuação com grupos políticos reformistas, em busca da hegemonia comunista no movimento operário), sob o lema: "Rumo às massas".

Se o IV Congresso, de dezembro de 1922, continuou a implementar a política de frente única, que priorizava a ação dos comunistas nos países de capitalismo desenvolvido, por entender que essa política estreitaria a ação dos comunistas com as "massas avançadas" do movimento e criaria possibilidades de tirá-las das influências

---

[14] René Galissot, "O imperialismo e a questão colonial e nacional dos povos oprimidos", cit., p. 242-3. Ver também Ernesto Ragionieri, *La Terza Internazionale e il Partito Comunista Italiano*, cit.

[15] Ver Fernando Claudin, *A crise do movimento comunista*, cit., p. 221; e René Galissot, "O imperialismo e a questão colonial e nacional dos povos oprimidos", cit., p. 243.

[16] Fernando Claudin, *A crise do movimento comunista*, cit., p. 221; e René Galissot, "O imperialismo e a questão colonial e nacional dos povos oprimidos", cit., p. 244 e seg. Ver também Rudolf Schlesinger, *La Internacional Comunista y el problema colonial*, cit.

reformistas e ativar uma política revolucionária, recolocou também, e com amplo espaço, o problema nacional e colonial, centrando suas atenções nos movimentos nacionais do Oriente e dando maior relevância à manutenção dos movimentos de libertação na luta democrática e anti-imperialista e ao problema agrário, definindo-se *o caráter da revolução colonial como nacional e democrático-burguês*.

Refletindo a influência política soviética e a repercussão da implantação da NEP na construção da estratégia da IC, a questão nacional e colonial aparece vinculada ao problema agrário-camponês, elaborado pela IC sob influência de Bukharin, que entendia que os países coloniais e *semicoloniais* eram o *campo do mundo*, sendo necessária, portanto, uma aliança mundial operário-camponesa, nos moldes das que se faziam nas repúblicas soviéticas[17]. De fato, *essa diretriz reproduzia mais ou menos a mesma linha política, no âmbito dos países coloniais, da frente única*, e buscava influenciar política e ideologicamente os movimentos revolucionários burgueses de libertação nacional. Assim, como evidencia Aldo Agosti, o IV Congresso estabelecerá dois pontos fundamentais para os países coloniais e *semicoloniais*: "Criar um núcleo do Partido Comunista que represente os interesses gerais do proletariado e apoiar com todas as forças o movimento revolucionário nacional contra o imperialismo, tornar-se vanguarda desse movimento e fazer emergir o movimento social no interior do movimento nacional"[18].

Lênin, em um de seus últimos escritos, "Melhor pouco, porém bom", de 2 de março de 1923, chama a atenção para esse aspecto e ressalta a necessidade de uma ação eficaz para a elevação do nível cultural das massas trabalhadoras dos países coloniais, em especial do Oriente, visto como manancial revolucionário[19]. Essa preocupação de Lênin não se constitui em mero reducionismo mecanicista sobre o problema dos países coloniais, como sugere René Galissot ao afirmar que há um limite analítico em Lênin: segundo sua interpretação, ele "não vê [...] nas

---

[17] Ver Aldo Agosti, *La Terza Internazionale: storia documentaria* (Roma, Editori Riuniti, 1972), t. I, v. 1.

[18] Ibidem, p. 651

[19] "A fim de que seja possível resistir até o próximo conflito armado entre o Ocidente contrarrevolucionário imperialista e o Oriente revolucionário e nacionalista, entre os Estados mais civilizados do mundo e os Estados atrasados como os do Oriente, que constituem, porém, a maioria, é necessário que essa maioria se torne civilizada a tempo. Tampouco nós temos um grau suficiente de civilização para passarmos diretamente para o socialismo, embora entre nós existam as premissas políticas para isso" (Vladímir I. Lênin, "Mejor poco, pero Mejor", em *Obras completas*, Madri, Akal, 1976, v. 36, p. 536 [ed. bras.: *Últimos escritos e diários das secretárias*, São Paulo, Sundermann, 2012]).

diferenças de cultura a base das relações socioculturais que sustentam a consciência coletiva e a própria consciência política"[20]. Nós, ao contrário, entendemos que esse é o momento de maior compreensão de Lênin da necessidade de intervenção do movimento comunista, no sentido de *superar exatamente* os limites histórico-socioculturais – determinados pela exploração do trabalho e pela dominação ideorreligiosa, ações recorrentes das classes dominantes dessas regiões – e, consequentemente, direcionando-se para a elevação do nível de consciência do proletariado e dos camponeses dos países orientais.

O V Congresso, realizado nos meses de junho e julho de 1924, após a morte de Lênin, acabará deslocando os debates para os problemas nacionais da Europa, basicamente sobre a questão balcânica, e colocará o Oriente em segundo plano. Mesmo assim, a luta anti-imperialista dos países coloniais é reafirmada como fundamental. No entanto, nesse congresso evidencia-se o início de um *reducionismo teórico*, que se acentua nos anos subsequentes em razão de dois elementos fundamentais: 1) o aprofundamento da subordinação das formulações estratégicas da IC à construção do socialismo em um só país – *que se constitui no ponto central*; 2) o grande desconhecimento das *particularidades históricas (formações sociais)* dos países orientais – mais determinante do que a *presença* de uma visão eurocentrista, *absolutizada* por Claudin[21]. De fato, a transposição das análises das realidades ocidentais que enfatizavam o elemento classista existente nos países europeus, generalizando a formulação do "bloco operário e camponês", será um obstáculo ao entendimento de realidades em que o componente rural e suas complexidades culturais constituíam-se como dominante. Esse reducionismo teórico interferirá, e de *maneira desastrosa*, nas formulações da IC daquele momento em diante.

O V Congresso trata da luta interna no Partido Comunista Russo e das interpretações da construção do socialismo. Como destaca Claudin, o elemento novo introduzido pelo V Congresso, "na orientação adotada pelo anterior, consiste na *atenuação considerável* da posição crítica que o IV recomendava aos partidos comunistas coloniais em relação à colaboração com a burguesia nacional. O V Congresso enfatiza essa colaboração"[22]. Nesse sentido, os conteúdos da teoria do nacionalismo revolucionário são alterados, na medida em que ela fica submetida à

---

[20] René Galissot, "O imperialismo e a questão colonial e nacional dos povos oprimidos", cit., p. 248.

[21] Como fica explicitado na reconstrução da polêmica em René Galissot, "O imperialismo e a questão colonial e nacional dos povos oprimidos", cit.; e Rudolf Schlesinger, *La Internacional Comunista y el problema colonia*, cit.

[22] Fernando Claudin, *A crise do movimento comunista*, cit., p. 236.

incorporação de frações burguesas e parte da pequena burguesia ao bloco operário e camponês. Objetivamente, o V Congresso afasta-se das elaborações criativas dos períodos anteriores, pois acaba caindo em análises esquemáticas diretamente relacionadas aos problemas do Estado soviético, ligando-os automaticamente à realização da revolução mundial. Esses reducionismos são evidenciados nas análises teóricas de expressivas figuras da IC, como Nikolai Bukharin, Leon Trótski e Josef Stálin. Apesar de partirem do princípio da necessidade e da possibilidade da realização da revolução mundial, compreendiam-na, entretanto, sob pontos de vista diferentes. Bukharin a entendia como um processo histórico, subordinando-a à construção do socialismo em um só país. O bloco operário e camponês, nesse contexto, é a única forma de assimilar grande parte do proletariado mundial e articulá-lo com o desenvolvimento progressivo de socialização mundial. Trótski considerava prioridade a revolução mundial sob controle operário, na qual os movimentos coloniais se apresentam, em suas análises, como etapas equivalentes das revoluções democrático-burguesas europeias[23]. Stálin, por sua vez, preocupado com o tensionamento interimperialista e com uma possível agressão ao Estado soviético, voltou suas atenções para a perspectiva de alianças com o que chamou de "retaguarda do inimigo", isto é, com os *movimentos nacionalistas burgueses dos países coloniais envolvidos em lutas contra o imperialismo*. Além disso, o espectro de poder da IC nos países coloniais era extremamente débil, como demonstram os números do V Congresso[24], fato que levou Stálin a ter uma posição cética em relação à capacidade revolucionária dos comunistas orientais.

Em suas análises, Stálin destaca as contradições internas do imperialismo no quadro mundial que se desenhava, procurando intervir nos pontos fracos dessas contradições, ou seja, as revoltas dos países coloniais e dependentes[25]. Nessa direção, também fará a ligação entre a questão camponesa e a questão nacional

---

[23] Sobre esse debate, ver Leon Trótski, Nikolai Bukharin e Grigori Zinóviev, *El grand debate (1924--1926): I. La revolución permanente* (org. Giuliano Procacci, Buenos Aires, PyP, 1972).

[24] No informe do Congresso, foram estes os números de membros das seções: China, 800; Java, 200; Pérsia, 600; Egito, 700; Palestina, 100; Turquia, 600, sendo ainda mencionados pequenos grupos clandestinos na Coreia, Japão e Índia. Ver Aldo Agosti, *La Terza Internazionale*, cit.; Fernando Claudin, *A crise do movimento comunista*, cit., p. 236; e René Galissot, "O imperialismo e a questão colonial e nacional dos povos oprimidos", cit., p. 249.

[25] Stálin, levando em consideração as formulações de Lênin, claramente afirma a necessidade "de que o proletariado das nações 'imperiais' apoie decidida e energicamente o movimento de libertação nacional dos povos oprimidos e dependentes" (J. Stalin, *Cuestions del leninismo*, Pequim, Ed. en Lenguas Extranjeras, 1977, p. 71).

como partes integrantes da revolução mundial. No entanto, acabará ligando esquemática e mecanicamente a defesa do socialismo em um só país com a possibilidade da revolução mundial. Galissot chama a atenção para esta formulação staliniana *generalizadora*:

> Não há mais necessidade de falar explicitamente de socialismo em um só país, já que a Revolução Russa se identifica com a revolução proletária. Seu objetivo constante é o fortalecimento da União Soviética, e tal empreendimento é apontado como um valor universal, algo fundido com os princípios do marxismo revolucionário: o poder é proletário, o novo Estado é proletário. *Naturalmente, outras revoluções são possíveis, mas seguindo o modelo da revolução soviética.*[26]

Com base nessa visão esquemática, Stálin procurará diferenciar as formas de revolução coloniais de caráter anti-imperialista: a) países atrasados, como o Marrocos, onde a burguesia nacional teria um perfil anti-imperialista, em razão de seu frágil proletariado; b) países mais desenvolvidos, como China e Egito, onde as contradições de classe seriam mais complexas e a burguesia comercial aparece como aliada natural do imperialismo, mas, ao mesmo tempo, a incipiente burguesia industrial assume um papel anti-imperialista; c) países com um grau mais elevado de desenvolvimento capitalista, como a Índia, onde a revolução seria, desde o início, hegemonizada pelo proletariado[27].

Nesse contexto político, temos a intervenção da IC no processo revolucionário chinês, cujas análises de maior amplitude, como as de Bukharin, que procurava entender de forma mais abrangente o papel das classes agrárias, articuladas politicamente com o proletariado, são postas de lado, prevalecendo visões esquemáticas de aplicação – sem as necessárias mediações analíticas – da linha política desenhada no V Congresso, no qual, como evidenciamos, são atenuadas as críticas às alianças mecânicas com as burguesias nacionais. De fato, em 1925 ocorre uma grande movimentação operária em Xangai e Hong Kong, liderada pelos comunistas, que obteve inicialmente o apoio da burguesia industrial chinesa. No entanto, estava claro que o respaldo da burguesia industrial era meramente conjuntural, pois em seguida essa fração burguesa se desloca para a direita e implementa uma política de ruptura com os comunistas. Mesmo assim, prevalece na IC a tese do apoio

---

[26] René Galissot, "O imperialismo e a questão colonial e nacional dos povos oprimidos", cit., p. 254.

[27] Ver Marcos Del Roio, *A classe operária na revolução burguesa: a política de alianças do PCB* (Belo Horizonte, Oficina de Livros, 1990), p. 90.

incondicional ao Kuomintang (partido nacionalista), do qual participavam os comunistas que, simultaneamente, também estavam organizados no Partido Comunista Chinês (fundado em 1921), visto como o instrumento da realização da "etapa" democrático-burguesa da revolução chinesa. Como enfatiza Claudin, em "março de 1926, o Comitê Executivo da IC admitiria o Kuomintang nas fileiras da Internacional como 'partido simpatizante' e nomearia Chiang Kai-Chek 'membro de honra' do *Presidium* do Comitê Executivo. Um ano depois, entre abril e julho de 1927, Chiang Kai-Chek e o Kuomintang se voltam contra o Partido Comunista Chinês e tratam de destruí-lo sem qualquer escrúpulo"[28].

Acontece, nesse caso, praticamente o mesmo erro de avaliação ocorrido na questão turca, na medida em que prevalece a visão *principista* das *etapas* da revolução. Mesmo considerando essa ação do Kuomintang uma traição aos comunistas, e essa postura era um indício da passagem da burguesia nacional chinesa para a contrarrevolução, o Komintern avalia que o Kuomintang ainda permanecia no campo revolucionário, por meio dos setores pequeno-burgueses e outros segmentos sociais que, no entender da IC, constituíam o verdadeiro Kuomintang. A ruptura se dará tragicamente, após a violenta repressão anticomunista desencadeada pelas tropas do Kuomintang, e terá como consequência o desmantelamento do Partido Comunista Chinês (PCCh), que somente conseguirá se reorganizar após 1930 e consolidar sua estrutura em 1935, com a hegemonia da tendência maoísta. Como afirma Marcos Del Roio, ao ressaltar a importância da prevalência da visão esquemática na IC: "Para além de sua importância intrínseca, a revolução chinesa serviu de tema para o desenrolar da luta entre a 'maioria' de Stálin e Bukharin contra a 'oposição unificada' de Trótski e Zinóviev no interior do PCUS [Partido Comunista da União Soviética], e acabou sendo o parâmetro para a concepção que a IC desenvolveu para todo o mundo colonial e semicolonial"[29].

De modo que, dentro da IC, a luta política concentra-se na questão do papel das classes sociais nas lutas de libertação nacional dos países coloniais e *semicoloniais*. O pressuposto dessa discussão era a estratégia frentista, isto é, o *bloco das quatro classes* – dos operários e dos camponeses, dos intelectuais e da democracia urbana –, defendido por Bukharin e Stálin e entendido como o bloco que deveria apoiar um partido popular e revolucionário. Isso evidencia que os debates sobre

---

[28] Fernando Claudin, *A crise do movimento comunista*, cit., p. 238. Ver também Annie Kriegel, *Las internacionales obreras (1864-1943)*, cit., p. 103 e seg.; e Rudolf Schlesinger, *La Internacional Comunista y el problema colonial*, cit., p. 73 e seg.

[29] Marcos Del Roio, *A classe operária na revolução burguesa*, cit., p. 96.

a questão colonial, grandemente influenciados pela visão superficial da questão chinesa, não conseguem transpor os limites das análises genéricas e esquemáticas[30]. O VI Congresso da IC, em julho de 1928, é realizado sob o impacto da derrota dos comunistas na China. Tal derrota, no informe dado por Bukharin, acaba sendo atribuída aos "erros de condução" do PCCh, que teria permanecido tempo demais aliado à burguesia nacional. Nesse sentido, a crítica não foi dirigida à linha fundamental da orientação tática da IC, mas somente aos atos políticos adotados pelo PCCh[31]. Temos assim, no VI Congresso, *a institucionalização da teoria da revolução feita em etapas*. Essa formulação teórica, ainda que, de certa forma, tivesse como referência os processos históricos das formações sociais existentes, acabou baseando-se na teoria do "bloco das quatro classes" e no caráter da *etapa da revolução democrático-burguesa*, ou seja, ela generalizou as complexas realidades sociais num determinado modelo a ser seguido. Com isso queremos dizer que se, de um lado, havia alguma positividade em se considerar *aspectos* das particularidades históricas e de suas diversidades sociais, econômicas e culturais, de outro, a *generalização* acabou deprimindo as potencialidades analíticas e, principalmente, criativas dos partidos comunistas em suas ações objetivas.

O programa do VI Congresso da IC, em seu item 8, descreve as etapas da revolução mundial do seguinte modo: "A revolução mundial do proletariado é resultado de processos de naturezas diversas, que se efetuam em períodos distintos:

---

[30] Como acentua Galissot, a "questão chinesa levou ao extremo a esquematização; e também Trótski não chega a uma melhor compreensão das sociedades dependentes, terminando, por seu turno, por aplicar às mesmas os esquemas classistas do capitalismo desenvolvido [...]" ("O imperialismo e a questão colonial e nacional dos povos oprimidos", cit., p. 260). No entanto, contrariamente às teses de Bukharin e Stálin, Trótski enfatiza a questão do imperialismo e a possibilidade da revolução socialista em qualquer formação social, saindo da lógica da "razão de Estado" – que, de certa forma, reforçava a tese do socialismo em um só país –, apontando o problema da incompatibilidade das forças produtivas modernas com as fronteiras nacionais. Apesar disso, as análises de Trótski acabavam caindo na mesma generalidade das realizadas pelo Komintern, que também não contemplava os elementos específicos – *particulares* – das formações históricas de extração colonial. Ver a polêmica com Bukharin e Stálin em Leon Trótski, "Rivoluzione mondiale o socialismo in un solo paese?", em Livio Maitan (org.), *Per conoscere Trotskij: un'antologia delle opere* (Milão, Mondadori, 1972), p. 253-72. Ver também Ernesto Ragioniere, *La Terza Internazionale*, cit., cap. 4.

[31] Mao Tsé-tung criticará o Congresso por não ter dado a importância necessária aos camponeses e ao caráter mais longo do processo da revolução democrática. Ver René Galissot, "O imperialismo e a questão colonial e nacional dos povos oprimidos", cit., p. 262. Sobre a visão de Mao Tsé-tung, ver "La lucha en las montañas Chingkang", em *Obras escogidas* (Madri, Fundamentos, 1974), v. 1, p. 75 e seg.

revoluções proletárias, propriamente ditas; revoluções de tipo democrático-burguês que se transformam em revoluções proletárias; guerras nacionais de libertação; revoluções coloniais"[32].

Essas revoluções são caracterizadas em *três tipos fundamentais*:

a) de *países de capitalismo de tipo superior*, como os Estados Unidos, a Alemanha, a Inglaterra etc., com potentes forças produtivas, estrutura produtiva altamente centralizada e regime político democrático-burguês estabelecido. Nesses países, a passagem para a ditadura do proletariado é direta, podendo haver imediata expropriação da grande indústria, estruturação do Estado em moldes soviéticos e, ainda, coletivização da terra;

b) de *países de nível médio de desenvolvimento do capitalismo*, como Espanha, Portugal, Polônia, Hungria, países balcânicos etc., onde existem importantes vestígios de relações semifeudais na economia agrária, com um mínimo de elementos materiais necessários para a construção do socialismo, e onde o processo de transformação democrática ficou incompleto. Em alguns desses países, é possível a transformação, mais ou menos rápida, da revolução democrático-burguesa em revolução socialista. Em outros, pode ser desencadeada uma revolução proletária com um grande contingente de objetivos de caráter democrático-burguês. Em todos eles, a ditadura do proletariado está subordinada à forma que tomará a revolução democrático-burguesa, na qual o proletariado deverá disputar a hegemonia na condução do processo;

c) de *países coloniais e semicoloniais*, como China e Índia, e *países dependentes*, como Argentina e Brasil, onde estão presentes germes de indústrias ou existe desenvolvimento industrial considerável, mas insuficiente para a edificação independente do socialismo. Nesses países predominam relações de modo de produção asiático ou *feudal-medieval* na economia e na superestrutura política, nas quais a concentração dos meios produtivos encontra-se nas mãos de grupos imperialistas: as empresas industriais, o comércio, os bancos mais importantes, os meios de transportes, o latifúndio etc. *Nesses países a luta fundamental é contra o feudalismo e as formas pré-capitalistas de produção, em que constituem objetivos consequentes a luta pelo desenvolvimento agrário, as lutas anti-imperialista e pela independência nacional.* Sendo assim, a luta pelo socialismo somente será viável mediante uma série de *etapas preparatórias* e como resultado de um grande período de transformação da

---

[32] "Programa de la internacional comunista", em *VI Congreso de la Internacional Comunista: tesis, manifiestos y resoluciones* (Buenos Aires, PyP, 1977), Parte I, p. 286.

revolução democrático-burguesa em revolução socialista[33]. Essa esquematização "etapista" terá uma importância acentuada nos partidos comunistas europeus – que aplicavam a política de frente única, de certa forma reproduzindo mecanicamente a *realpolitik* do Estado soviético. Nos países de extração colonial, em particular na América Latina, acabará definindo a linha de ação dos partidos comunistas, sendo responsável, não poucas vezes, pela eliminação da criatividade analítica no que se refere às interpretações das realidades latino-americanas[34].

Esse período, que engloba os anos de 1933 a 1935, é o momento da virada na União Soviética, quando o PCUS se fortalece para impulsionar o "socialismo em um só país" e desencadeia uma feroz luta interna em suas fileiras que culminará com a ditadura stalinista no partido e na sociedade soviética. Em fevereiro de 1933, é realizado o XVIII Congresso do Partido Bolchevique – o "Congresso dos Vencedores", isto é, o congresso da consolidação da facção comandada por Stálin – e logo em seguida iniciam-se os Processos de Moscou; é quando também a teoria do socialismo em um só país torna-se uma "verdade absoluta", juntamente com o modelo único de construção do socialismo. Os anos 1930 são considerados decisivos para a viragem que se realiza no conjunto do movimento comunista: alterando sua linha de ação e revendo suas políticas de alianças num contexto de pré-guerra – ou seja, transformando a política de frente única numa política de frentes populares –, o movimento passa a viver experiências que o colocam diante de alternativas políticas construídas com base em processos *particulares* e próprios, o que propicia a alguns partidos comunistas ocidentais certo distanciamento das fórmulas genéricas e dos modelos abstratos elaborados pelo Komintern. Como lembra Galissot, a experiência do PCCh, a partir de 1931, demonstrara a possibilidade de um partido elaborar autonomamente uma estratégia revolucionária. Esses processos contribuíram para a construção das identidades nacionais dos partidos comunistas, o que se constituiu num dos aspectos positivos das frentes populares[35].

---

[33] Ibidem, p. 286-8.

[34] Michael Löwy chama a atenção para esse momento – *o terceiro período do Komintern* (1929--1933) –, que tem seu *début* na I Conferência Comunista Latino-Americana, realizada em junho de 1929, a partir do qual será sistematicamente tolhido o pensamento original latino-americano. Ver Michael Löwy, *Le marxisme en Amérique Latine: Anthologie* (Paris, Maspero, 1980), p. 23 [ed. bras.: Michael Löwy (org.), *O marxismo na América Latina: uma antologia de 1909 aos dias atuais*, trad. Cláudia Schilling e Luís Carlos Borges, 4. ed., São Paulo, Expressão Popular/Perseu Abramo, 2016, p. 22-3].

[35] Ver René Galissot, "O imperialismo e a questão colonial e nacional dos povos oprimidos", cit., p. 115 e seg.

70 SINFONIA INACABADA

O fato é que os comunistas tinham clara a possibilidade de uma agressão imperialista e, dentro das frentes populares, a ênfase era na manutenção das liberdades democrático-burguesas e na ampliação da segurança coletiva da União Soviética, implementada pelos comunistas diante da ameaça fascista.

O VII Congresso da IC, e último (realizado entre julho e agosto de 1935, em Moscou), apresenta com o MCI uma postura defensiva; nesse quadro surgiram também avaliações e balanços críticos sobre o Partido Mundial da Revolução, o Komintern. Em seu informe ao Congresso, Georgi Dimitrov, ao enfatizar a importância das frentes unidas em todos os países, como recurso vital para o proletariado mundial na luta contra o fascismo, aponta a necessidade de reorganização dos métodos de trabalho da IC[36]. Era a inevitável tendência descentralizadora após as experiências de relativa autonomia vividas pelos partidos comunistas. Não pode passar despercebido que, nesse Congresso, os principais expoentes foram Dimitrov e Palmiro Togliatti, sendo o PC soviético representado por Dimitri Manuilski. Na realidade, era uma reação tardia ao processo de russificação da IC, implementada, ainda que timidamente, pelos partidos comunistas europeus num momento em que a IC realizava inúmeras intervenções em diversos partidos comunistas, inclusive no PCB. Pela urgência de construir a tática defensiva antifascista, esse será o Congresso com menor grau de discussões teóricas[37]. No que se refere ao problema colonial, o informe apresentado por Wan-Ming praticamente passa ao largo das referências que haviam sido elaboradas anteriormente sobre os modelos de revolução colonial, refletindo não somente a tendência geral de autonomização presente no Congresso, mas principalmente os acontecimentos na China, uma vez que a IC não mais controlava o PCCh, então sob o comando de Mao Tsé-Tung[38]. Enfatizava-se, desse modo, a necessidade de os partidos comunistas dos países coloniais levarem em conta suas próprias realidades nacionais. Fundamentalmente, ressaltava-se o fato de os partidos ligados à IC formarem as frentes populares, ponto nevrálgico da nova tática do MCI.

---

[36] Ver Georgi Dimitrov, "A ofensiva do fascismo e as tarefas da Internacional Comunista na luta pela unidade da classe operária contra o fascismo", em *Contra o fascismo e a guerra* (Sófia, Sófia Press, 1988), p. 36.

[37] Como afirma Claudin: "Neste Congresso da IC transpareceu que nos partidos comunistas tendências renovadoras lutavam por abrir caminho, desejando libertar-se de esquemas vazios, de tradições sectárias – mas, ao mesmo tempo, foi o menos teórico dos Congressos da IC" (*A crise do movimento comunista*, cit., v. 1, p. 85). Ver também François Fejtö, *L'héritage de Lénine* (Paris, Librairie Générale Française, 1977), p. 215 e seg.

[38] Ver Aldo Agosti, *La Terza Internazionale*, cit., t. III, v. 2.

Primeiras elaborações teórico-políticas e a presença do Komintern

I

O VI Congresso da IC, ao analisar os países coloniais, incluiu também a situação da América Latina, baseando os referenciais teóricos nas experiências da China e da Índia e nos elementos interpretativos do programa da IC para os países coloniais e *semicoloniais*. De fato, a "descoberta" da América Latina fora feita já em 1924, por ocasião do V Congresso, quando fora criado o Secretariado Sul-Americano do Komintern. Até então, a integração dos partidos comunistas da América do Sul tinha estado a cargo do PC da Argentina. Os secretariados – que eram diretamente ligados à Comissão Executiva da IC – tinham como função implementar as diretrizes políticas do Komintern, e deveriam agir em estreita ligação com os partidos comunistas a eles vinculados. O Secretariado Sul-Americano (SSA) inicia suas funções em 1925. Na I Conferência dos Partidos Comunistas Latino-Americanos, em junho de 1929, é anunciada por Jules Humbert-Droz, o então responsável pelos partidos comunistas do continente, a criação do SSA da IC, que, segundo o dirigente do PC argentino, Victorio Codovilla, passa a estudar as realidades de países como Brasil, Argentina, Chile, Bolívia, Paraguai e Peru. Na ocasião, Codovilla ressalta que, sob a orientação da IC, "o SSA constituir-se-á na força coordenadora do movimento comunista latino-americano"[39]. Em 1926, é iniciada a publicação do periódico *Correspondencia Sudamericana*.

Como vimos, a partir do V Congresso inicia-se o progressivo *reducionismo teórico-analítico* da IC, com as elaborações de "modelos" de intervenção e interpretação das realidades das formações sociais capitalistas. Também será o período conhecido como a "segunda fase da bolchevização" dos partidos comunistas, a homogeneização das estruturas organizativas dos partidos comunistas e o enquadramento desses partidos nas linhas gerais do Komintern. Entretanto, o problema era de maior complexidade, pois ligava-se à necessidade da IC de se adaptar às novas condições políticas internacionais. A esperada crise do capitalismo não havia acontecido e a economia ocidental dava mostras de revitalização. Zinóviev, em 1925, afirmava que "a maré revolucionária estava baixa", e essa afirmação não aparecia descolada de uma raiz objetiva. Como afirma Agosti, a estabilização capitalista agia como freio

---

[39] Ver Paulo Sérgio Pinheiro, *Estratégias da ilusão: a Revolução Mundial e o Brasil: 1922-1935* (2. ed., São Paulo, Companhia das Letras, 1992), p. 149. Ver também Dario Canale, *O surgimento da seção brasileira da Internacional Comunista (1917-1928)* (São Paulo, Anita Garibaldi, 2013), p. 320 e seg.

nos confrontos de contornos mais radicais e abria espaço para a ação reformista da social-democracia e de seus sindicatos, ao mesmo tempo que o aparato estatal burguês intensificava a repressão aos movimentos revolucionários – a ponto de estar na clandestinidade, em 1925, nove seções europeias (partidos comunistas) da IC, entre elas a espanhola, a polonesa e a húngara, além da seção italiana, que estava em situação de semiclandestinidade[40]. A situação de refluxo da onda revolucionária atingia diretamente a tática política do Komintern e da própria Rússia soviética como Estado, o que envolveu também a necessidade de garantir a consolidação do "socialismo em um só país" e determinou a intensificação da campanha contra Trótski, após a publicação do livro *Lições de Outubro*, no qual ele expunha a teoria da "revolução permanente", formulada em 1905 e considerada incômoda diante das novas diretrizes do Komintern – que preconizavam a adaptação à fase de refluxo[41]. Assim, no contexto de uma revisão política das diretrizes da IC, determinada pela baixa dos movimentos revolucionários na Europa, a bolchevização dos partidos comunistas tinha um papel central na nova equação do MCI, que se preparava para uma fase defensiva diante da estabilização capitalista e condicionava a pauta da reunião da Executiva Ampliada, preparatória para o V Pleno, previsto para 1925. O tema da bolchevização foi o centro da introdução de Zinóviev e acabou sendo objeto da mais longa e mais importante resolução do Pleno[42].

---

[40] Ver Aldo Agosti, *La Terza Internazionale*, cit., t. I, v. 2, p. 222.

[41] De modo que o V Congresso da IC realiza-se, também, em meio à luta interna do PC russo e da vigorosa campanha contra Trótski e a "teoria da revolução permanente". Como ressaltou Agosti: "De tal teoria, Lênin havia combatido asperamente a segunda tese, segundo a qual o proletariado, uma vez realizada a revolução burguesa, teria condições de iniciar diretamente a revolução socialista, vendo, nessa perspectiva, uma compreensão limitativa e esquemática do papel dos camponeses; mas num outro aspecto dessa teoria – o convencimento de que uma revolução socialista na Rússia poderia sobreviver e desenvolver-se somente com a ajuda da revolução socialista europeia – seu ponto de vista coincidia, sem apreciáveis diferenças, com o de Trótski [...] Nos últimos meses de 1924, no fogo da polêmica contra Trótski, reacendida pelas *Lições de Outubro*, a teoria da revolução permanente havia sido deformada e dilatada para além de sua temática originária, até ser transformada na teoria 'da vitória *simultânea* do socialismo nos principais países da Europa', enquanto condição para a sobrevivência do poder soviético" (Aldo Agosti, *La Terza Internazionale*, cit., p. 225). Ver também Leon Trótski, *Lecciones de Octubre* (Buenos Aires, Compañero, 1971) [ed. bras.: *As lições de outubro*, trad. Olinto Beckerman, São Paulo, Global, 1979].

[42] A tese aprovada na Executiva Ampliada acentuava: "Se o ritmo do desenvolvimento revolucioná-rio diminui, se, em consequência, aumentam as hesitações em certos estratos do proletariado e difunde-se um estado de ânimo favorável à social-democracia contrarrevolucionária, tanto mais

LARGO ASSAI – OS ELEMENTOS TEÓRICOS   73

A intervenção mais incisiva da IC na América Latina foi realizada com base em uma linha política delineada no V Congresso, apesar de somente se efetivar a partir do VI Congresso. Nesse sentido, a ação do Komintern no continente foi seguida de um *enquadramento esquemático e generalizador que acabou por vulgarizar os elementos histórico-objetivos que compunham as realidades latino-americanas, desconsiderando, assim, a rica complexidade das formações histórico-particulares da América Latina.* É necessário ressaltar, no entanto, que, apesar do esquematismo e do reducionismo, houve a preocupação em analisar os aspectos diferenciadores das realidades latino- -americanas, ao menos no período em que Humbert-Droz foi o responsável pelos partidos latino-americanos da IC[43]. O relatório sobre o quarto ponto da ordem do dia, apresentado por Humbert-Droz no VI Congresso, continha importantes esforços analíticos que procuravam ressaltar os aspectos *particulares* da realidade latino-americana. Caracterizando os países da América Latina como *semicoloniais*, Humbert-Droz conseguiu perceber o caráter dependente das "burguesias nacionais" latino-americanas em relação ao imperialismo, aspecto esse que será desconsiderado posteriormente, no documento definitivo. Em seu informe é destacada a luta pelo controle das matérias-primas e pelos mercados do imperialismo estadunidense e britânico, assim como a "flutuação" das burguesias "autóctones" entre esses dois polos, basicamente nos países de certo desenvolvimento industrial[44].

Nas *Teses Preparatórias* para o VI Congresso, são reafirmadas algumas das aná- lises de Humbert-Droz, fundamentalmente no que se refere à ação dos comunistas

---

indispensável torna-se a palavra de ordem da bolchevização dos partidos" (Aldo Agosti, *La Terza Internazionale*, cit., p. 230).

[43] Ver Jules Humbert-Droz, *De Lénine à Staline: Dix ans au service de l'Internationale Communiste (1921-1931)* (Neuchâtel, La Baconnière, 1971), p. 382 e seg.

[44] Como podemos ver no informe: "No entanto, os investimentos de capitais ingleses e norte- -americanos na Argentina, no Chile e no Brasil, países com certo desenvolvimento industrial, demonstram que seu progresso econômico não é independente, não é o progresso de uma economia capitalista independente do imperialismo, do qual ela, em alguns momentos, poderá liberar-se [...] Por isso, a nascente burguesia nacional na Argentina, no Brasil (onde temos um embrião de burguesia nacional), tem um desenvolvimento condicionado pelos investimentos de capitais estrangeiros. Essa burguesia se encontra ligada, desde seus primeiros passos, ao imperialismo estrangeiro, tal como a classe dos grandes proprietários de terras. Isso explica por que, na América Latina, a burguesia nacional não pode desempenhar um papel revolucionário na luta contra o imperialismo: ela está ligada aos interesses do imperialismo" ("Sobre los países de América Latina", em *VI Congreso de la Internacional Comunista*, cit., Parte II, p. 301-2 e 309-10. Mais tarde, essa discussão será retomada por Caio Prado Jr., principalmente no livro *A revolução brasileira* (6. ed., São Paulo, Brasiliense, 1978).

latino-americanos na luta anti-imperialista. Também é ressaltada a necessidade de os partidos comunistas dos países desenvolvidos estarem mais presentes no apoio às lutas dos países de extração colonial[45]. O mais interessante, e o que nos chama a atenção, é que, nas teses e no informe de Humbert-Droz ao VI Congresso, *não aparecem referências a "formas feudais de produção" no continente latino-americano.* Ao contrário, a conceituação é de *semicolônia* (Humbert-Droz) e de regime colonial capitalista (*Teses*)[46]. A formulação *feudal-medieval* para os países dependentes aparecerá não nas *Teses Preparatórias*, mas no Programa da IC. A formulação teórica sobre a existência de relações feudais na América Latina será absorvida na I Conferência dos Partidos Comunistas Latino-Americanos, realizada em 1929, quando efetivamente serão elaborados elementos gerais de uma teoria da revolução para o continente, tendo como referencial a experiência mexicana e, fundamentalmente, a revolução chinesa, cujo impacto possibilitou o surgimento da ideia de uma "via chinesa" latino-americana. Nessa conferência são constituídos os pontos principais de ação dos comunistas, seguindo as diretrizes do programa elaborado pelo Komintern. A referência imediata será a teoria do *bloco das quatro classes*, elaborada no V Congresso, em que a prioridade era estabelecer uma ligação com os movimentos revolucionários da pequena burguesia com o objetivo de realizar a "etapa" democrático-burguesa da revolução proletária. Nesse aspecto, será visível a incorporação das análises do relatório de Humbert-Droz no que diz respeito à necessidade da independência do proletariado no quadro das alianças políticas, levando em conta as lições dadas pela experiência chinesa.

A implementação da linha política de viés *marxista-vulgar*, que reduziu as *complexidades particulares* das formações sociais latino-americanas à fórmula do *feudalismo*, transpondo esquematicamente experiências e realidades de outros países para a América Latina, constituiu-se no passo fundamental para o empobrecimento do manancial teórico marxista e acabou por excluir dos partidos comunistas interpretações que possibilitaram a elaboração de visões inovadoras e criativas do processo histórico latino-americano. Juntamente com essa nova diretriz, aparece

---

[45] Conforme vemos nas "Tesis sobre el movimiento revolucionario en las coloniais y semicolonias": "Somente se os partidos comunistas dos países imperialistas respaldam realmente o movimento nas colônias, e se seu respaldo amplia realmente a luta dos respectivos países coloniais contra o imperialismo, sua posição na questão colonial pode ser reconhecida como realmente bolchevique" (*VI Congreso de la Internacional Comunista*, cit., Parte I, p. 240).

[46] "Os comunistas devem desmascarar o real caráter de rapina do *regime colonial capitalista* [...]" (*VI Congreso de La Internacional Comunista*, cit., p. 240; grifos nossos).

também o combate aos chamados "desvios de direita" no continente, o que significou a intervenção direta de um Komintern stalinizado nos partidos comunistas
latino-americanos. Uma das consequências mais desastrosas do esquematismo
teórico do Komintern e, posteriormente, do Birô Latino-Americano, foi a marginalização e exclusão de formulações originais e importantes de pensadores e militantes
latino-americanos[47]. A "Carta aberta aos Partidos Comunistas da América Latina
sobre os perigos da direita" critica fortemente as alianças com frações de classes da
burguesia e segmentos da pequena burguesia e configurará o novo direcionamento
da luta de massas, caracterizando a esquerdização do Komintern. Posteriormente,
com a política das frentes populares, reforçada após o VII Congresso da IC, altera-se
o direcionamento político que vinha sendo desenvolvido.

Na América do Sul, a linha de ação política que estava sendo implementada por
vários partidos comunistas sofre duras repreensões. Subordina-se toda a ação e formulação teórica à *teoria dos quatro blocos* – que eram o proletariado, os camponeses, a
pequena burguesia e a burguesia nacional –, na qual, segundo essa visão, a revolução
socialista deveria estar subordinada à "etapa" democrático-burguesa. O fato é que,
juntamente com a *teoria dos quatro blocos*, aplica-se mecanicamente na América Latina
a experiência das *frentes populares* desenvolvida no contexto europeu para conter o
avanço do fascismo, mas que não correspondia necessariamente às situações vividas
pelas formações sociais latino-americanas como um todo. Isso significa também que
a adoção da política de Frente Popular por parte dos partidos comunistas latino-
-americanos não se constituía num "erro" ou num problema *per si*, conforme a concepção, também esta de viés generalista, de Trótski[48]. *O problema estava em impor
uma política de cima para baixo, sem levar em consideração as particularidades históricas
das formações sociais do continente, e no consequente esvaziamento de sua historicidade,*
que será responsável por vários equívocos políticos, como o ocorrido no Peru, onde

---

[47] Como acentua Löwy, paralelamente à existência de "pensamentos autenticamente revolucionários
e internacionalistas, mas, ao mesmo tempo, capazes de uma reflexão autônoma, como Mella e
Mariátegui, o comunismo latino-americano do final dos anos 1920 começa a conhecer, também,
outros tipos de dirigentes rigorosamente vinculados, do ponto de vista intelectual e político, ao
aparelho do Komintern [...]" (*Le marxisme en Amérique Latine*, cit., p. 22 [ed. bras.: *O marxismo na América Latina*, cit., p. 22]). No Brasil, podemos ressaltar a marginalização de Astrojildo
Pereira e Octávio Brandão.

[48] Sobre esta questão, ver Leon Trótski, "La lezione della Spagna", em Livio Maitan (org.), *Per
conoscere Trotskij*, cit., p. 291-312. Ver também a análise de Marta Dassú, "Frente Única e Frente
Popular: o VII Congresso da Internacional Comunista", em Eric Hobsbawm, *História do marxismo*,
cit., v. 6, p. 293-336.

o PC apoiou a candidatura de um representante das oligarquias (Manuel Prado), ou ainda a experiência colombiana em 1938, quando o PC rompeu com a esquerda do partido liberal e apoiou o candidato da direita liberal, ou então a dura crítica de que será alvo a experiência do Bloco Operário e Camponês (BOC), quando o PCB foi acusado de estar vivendo um processo de "degeneração oportunista". Assim, abre-se o período que marcará o início de uma subordinação estrutural dos partidos comunistas latino-americanos, inclusive do PCB, às decisões do Komintern.

II

Somente dois anos após sua organização, e depois de ter superado e esclarecido o conhecido "caso Canellas"[49], o PCB foi admitido como membro efetivo do Komintern. Nesse período, o partido tem suas primeiras experiências com a repressão governamental, sendo posto na ilegalidade e tendo sua primeira publicação, a revista *O Movimento Comunista*, proibida[50]. Além disso, o PCB iniciava suas tentativas para traçar uma linha de ação mais incisiva no movimento operário, sem, contudo, deixar de procurar ampliar sua base de alianças políticas. Já em 1924 (assumindo a noção da revolução em "etapas", o que marcará profundamente a visão teórica do partido), definia a revolução brasileira como sendo de caráter "democrático--pequeno-burguesa"[51], com base em estudo de Octávio Brandão, *Agrarismo e industrialismo,* no qual era desenvolvida a tese de uma disputa interimperialista no Brasil entre Inglaterra e Estados Unidos, a qual passava pelas várias frações da burguesia brasileira, e pela qual a burguesia industrial estaria sendo cooptada pelo projeto imperialista estadunidense.

---

[49] Sobre o "caso Canellas", ver Edgard Carone, *A República Velha: instituições e classes sociais* (São Paulo, Difel, 1972); John W. F. Dulles, *Anarquistas e comunistas no Brasil* (trad. César Parreiras Horta, Rio de Janeiro, Nova Fronteira, 1977); Everardo Dias, *História das lutas sociais no Brasil* (São Paulo, Edaglit, 1962); Ronald H. Chilcote, *Partido Comunista Brasileiro: conflito e integração* (trad. Celso Mauro Paciornik, Rio de Janeiro, Graal, 1982); Moisés Vinhas, *O Partidão: a luta por um partido de massas* (São Paulo, Hucitec, 1982); e Dario Canale, *O surgimento da seção brasileira da Internacional Comunista (1917-1928),* cit.

[50] O PCB será legal de 25 de março a 22 de julho de 1922. Após esse período, volta à legalidade por um curto momento, no início de 1927, quando é novamente posto na clandestinidade. Sua revista circula legalmente apenas por um ano, de 1922 a 1923. Ver Astrojildo Pereira, "A formação do PCB", em *Ensaios históricos e políticos* (São Paulo, Alfa-Ômega, 1979).

[51] Ver Octávio Brandão, *Agrarismo e industrialismo: ensaio marxista-leninista sobre a revolta de São Paulo e a guerra de classes no Brasil* (org. Augusto Buonicore, João Quartim de Moraes e José Carlos Ruy, Campinas/São Paulo, Editora da Unicamp/AEL/Anita Garibaldi, 2006).

Partindo de estudos sobre as revoltas militares de 1922 e 1924, Brandão estruturou uma análise que realçava alguns dos importantes elementos conformadores da *particularidade* histórica brasileira, como a vinculação da burguesia nacional aos interesses do imperialismo – no caso, o estadunidense. Ainda segundo essa concepção, as camadas médias apresentavam uma relação contraditória com o imperialismo, pois constituíam-se em portadoras de uma visão nacionalista. Assim, o PCB inicia uma movimentação que visava construir uma política fundada numa visão de centralidade operária, ainda que alargada para o que chamou de "campo progressista e das forças populares"[52]. Essa formulação estava condicionada à ideia da possibilidade de uma terceira revolta tenentista. No texto publicado na *Tribuna de Debates* para o III Congresso do PCB, "O proletariado perante a revolução democrático-pequeno-burguesa", Brandão explicita a visão teórica que permeará a elaboração da linha dos comunistas: a) a natureza socioeconômica do Brasil é *semicolonial*; b) o proletariado urbano e rural deve buscar a aliança política com a pequena burguesia revoltosa e a grande burguesia liberal, contra o Partido Republicano e os fazendeiros produtores de café. Esse bloco político "conjuntural" deveria estar subordinado às seguintes condições: 1) essa seria uma frente única momentânea das forças que lutavam contra o Partido Republicano e o Estado burguês vigente; 2) a aliança ideológica com os revoltosos pequeno-burgueses se daria dentro de determinados parâmetros; 3) possibilidade de ação paralela de forças independentes; 4) combate a influências ideológicas burguesas e pequeno-burguesas sobre o proletariado; 5) crítica séria a vacilações e oscilações da pequena burguesia em geral e da militar em particular[53].

Como podemos perceber, essa tentativa de Brandão estava fortemente permeada pelas teses da IC, que definiam a necessidade de incorporar os movimentos burgueses e pequeno-burgueses de caráter nacionalista ao bloco operário e camponês. De acordo com essa diretriz, o PCB procurou organizar o Bloco Operário (logo transformado em Bloco Operário e Camponês), lançando seu manifesto em 25 de janeiro de 1927 no jornal comunista *A Nação*, no qual propunha uma frente

---

[52] Articulando a linha da IC com a realidade brasileira, no final de 1927 os comunistas tentam entrar em contato com o líder dos tenentes, Luiz Carlos Prestes, com a esperança de estruturar uma aliança política com os militares revoltosos e, ao mesmo tempo, garantir a independência do partido. Ver Astrojildo Pereira, "A formação do PCB", cit., p. 127 e seg.; Marcos Del Roio, *A classe operária na revolução burguesa*, cit.; Marly de Almeida Gomes Vianna, *Revolucionários de 35: sonho e realidade* (São Paulo, Companhia. das Letras, 1992), p. 52 e seg.; e Michel Zaidan, *Comunistas em céu aberto* (Belo Horizonte, Oficina de Livros, 1989), p. 20 e seg.

[53] Octávio Brandão, *Agrarismo e industrialismo*, cit., p. 121 e seg.

proletária para concorrer às eleições parlamentares, na perspectiva de construir a unidade das forças proletárias e de suas diversas organizações[54]. De acordo com a tática frentista estabelecida pelo PCB, o Bloco Operário e Camponês teria o papel de organizar o polo proletário da "frente ampla momentânea", do qual emergiriam as condições políticas para a construção da hegemonia do proletariado. Por meio do BOC, o PCB elegeu dois membros para a Câmara de Vereadores do Rio de Janeiro: o marmorista negro Minervino de Oliveira e o farmacêutico Octávio Brandão; a partir daí, como ressalta Chilcote, todo o debate interno do partido se dará em torno do problema organizativo do BOC e de sua relação com o PCB. No processo preparatório para o III Congresso, de dezembro de 1928 a janeiro de 1929, iniciou-se uma intensa discussão (e divisão interna) sobre o caráter dessa frente que terminou com a expulsão de um grupo dissidente, o qual havia organizado a facção da "oposição sindical"[55].

Assim, em linhas gerais, a elaboração teórica dos comunistas estava basicamente de acordo com as diretrizes da IC. Entretanto, o que nos parece interessante é que são visíveis as influências das resoluções do IV Congresso, que enfatiza a necessidade da independência do proletariado em face da pequena burguesia nacionalista e das alianças com a burguesia "progressista" e anti-imperialista, num período em que, no MCI, vigoravam as resoluções do V Congresso. Nesse sentido, podemos concluir que essa formulação é produto do esforço do partido para construir uma direção política, tentando levar em consideração os elementos constitutivos da realidade específica do país, sem a interferência direta da IC, apesar de toda a influência da experiência chinesa e da ideia de construir o "Kuomintang brasileiro". De modo que não podemos ceder a reducionismos mecanicistas que atribuem as formulações do PCB, realizadas no período de 1922 a 1927, à interferência direta do Komintern, como faz Paulo Sérgio Pinheiro, que não diferencia a elaboração do PCB realizada em 1922-1927 da que será implementada posteriormente[56]. É somente

---

[54] Ver Astrojildo Pereira, "A formação do PCB", cit., p. 123.

[55] Ver Ronald H. Chilcote, *Partido Comunista Brasileiro*, cit., p. 64-5; e Astrojildo Pereira, "A formação do PCB", cit., p. 151-2.

[56] Como acentua Marcos Del Roio, "a elaboração teórica dos comunistas brasileiros, consubstanciada no texto de Octávio Brandão, por seus erros e acertos, está longe de ter sido diretamente imposta pela IC, cujo Secretariado Sul-Americano (SSA-IC), naquele momento, estava, aliás, desativado em função de uma crise no PC da Argentina" (*A classe operária na revolução burguesa*, cit., p. 43). Ver também as interpretações que vão nessa mesma direção em Michel Zaidan, *Comunistas em céu aberto*, cit.; e Marly de Almeida Gomes Vianna, *Revolucionários de 35*, cit.

depois da instalação do SSA-IC e da I Conferência dos partidos comunistas da América Latina que será efetivada a interferência explícita nas linhas políticas dos partidos latino-americanos. Portanto, em 1928 o PCB realiza seu III Congresso (sob a égide do VI Congresso da IC), no qual, apesar de todas as críticas de que é alvo (fundamentalmente, pela diluição do partido na frente de massas), o BOC é reafirmado, assim como a necessidade de estreitamento de uma aliança política com os tenentes revoltosos. Em última análise, confirma-se a linha que vinha sendo implementada, com algumas "correções" de rota.

Mas é imediatamente após a realização do III Congresso que começam as interferências mais incisivas do Komintern sobre o partido. Já em Moscou, em 1929, as análises do PCB são tachadas de "menchevistas e antileninistas"[57]. Na Conferência Latino-Americana, a política que vinha sendo desenvolvida pelo partido é duramente criticada. Humbert-Droz enfatizará a crítica à linha do partido e, particularmente, à implementada pelo BOC, que, segundo ele, não possibilitava a criação de condições para a autonomia dos comunistas e, ao mesmo tempo, abria espaço para a criação de um partido paralelo, que, no desenrolar da luta, voltar--se-ia contra o próprio PCB. Também é alvo de apreciação crítica a aproximação do partido com os tenentes, vistos como aventureiros e politiqueiros[58].

---

[57] "A interferência da IC na vida do PCB foi reforçada quando, em dezembro de 1929, aproveitando a estada de Astrojildo Pereira e outros membros do Comitê Central em Moscou, o secretariado da Internacional resolveu discutir a 'questão brasileira'. A avaliação foi a pior possível: a linha política do Partido colocava-o a reboque da burguesia, o BOC era uma organização deletéria, o contato com os tenentes, uma submissão ao revolucionarismo inconsequente de caudilhos pequeno-burgueses" (Marly de Almeida Gomes Vianna, *Revolucionários de 35*, cit., p. 54).

[58] No relatório de Humbert-Droz, essa crítica é explicitada: "Aos nossos partidos está colocada a questão de se formar um bloco das forças revolucionárias, bloco da classe trabalhadora agrícola e industrial, da classe camponesa sem terra – também dos colonos, arrendatários etc., e da pequena burguesia revolucionária. Neste bloco de todas as forças, é necessário que o partido comunista mantenha sua independência, devendo fazer uso de sua liberdade de crítica, devendo esforçar-se por afastar as massas da influência dos politiqueiros da pequena burguesia e atraí-las para a influência do partido comunista, para impulsioná-las na direção do avanço da revolução" ("Sobre los países de América Latina", cit., p. 316). Sob essa visão, Luiz Carlos Prestes será considerado um pequeno-burguês não confiável (ver Marly de Almeida Gomes Vianna, *Revolucionários de 35*, cit., p. 44 e seg.). Conforme nos aclara Paulo Sérgio Pinheiro, "as linhas delineadas na Conferência Latino-Americana, em relação ao caráter da 'etapa' da revolução, destacavam como fundamental a luta contra a grande burguesia nacional e o imperialismo, nas suas vertentes inglesas e americanas. [...] E deve ter os seguintes objetivos: a luta contra os latifúndios; a entrega da terra a quem nela trabalhe; a luta contra os governos nacionais, agentes do imperialismo; a luta contra o imperialismo

80 SINFONIA INACABADA

O que ficou conhecido como "o segundo período de bolchevização" dos partidos ligados à IC realizou-se no contexto da ascensão do segmento dogmático do PC russo, liderado por Stálin. Tal fato, refletindo-se diretamente no Komintern, acaba expandindo a "stalinização" a todas as organizações vinculadas a ele, reforçando o reducionismo dogmatizador e possibilitando a implementação das *análises esquemáticas* realizadas pelo Komintern. De modo que a interferência da IC na América Latina realiza-se sob o fogo da campanha contra Trótski (os "desvios de esquerda") e Bukharin (os "desvios de direita"), expressos pela "Carta Aberta" escrita para os partidos latino-americanos. A destituição de Humbert-Droz do cargo de responsável pelo SSA, em razão de sua ligação com Bukharin[59], e a indicação do lituano August Guralski para o cargo nos permitem compreender a profundidade e o caráter das alterações na linha político-organizativa do PCB[60]. Guralski seria responsável pelo aprofundamento do sectarismo no comitê central do partido, apoiando as tendências "obreiristas", hostis aos intelectuais, e contribuindo para o afastamento de Astrojildo Pereira da secretaria-geral do PCB, e, consequentemente, pela desagregação do núcleo dirigente que vinha sendo construído sob sua liderança[61]. Em outubro de 1929, realiza-se o II Pleno do Comitê Central do PCB, que irá renegar as teses que orientaram o II e o III Congressos. Astrojildo

---

e pelo governo operário e camponês. [...] Clodovilla critica uma possível superestimação do papel da pequena burguesia industrial nascente como possível aliada da revolução anti-imperialista. O imperialismo controla todas as classes, com exceção dos operários e camponeses, o que implica descartar qualquer possibilidade de alianças fora da classe operária: as forças motrizes da América Latina são os proletários e camponeses" (Paulo Sérgio Pinheiro, *Estratégias da ilusão*, cit., p. 181).

[59] Ver Jules Humbert-Droz, "Sobre los países de América Latina", cit., p. 395 e seg.

[60] Como lembra Leandro Konder: "Convém não perdermos de vista o que se passava fora do Brasil. A situação do movimento comunista mundial não era boa: de 1921 a 1928 o número de comunistas nos países capitalistas baixara de 900 mil para 450 mil e o número de sociais-democratas subira de 3 milhões para 6 milhões. Os resultados alcançados pela social-democracia ameaçavam lançar sementes de dúvidas no espírito de setores de massa próximos aos PPCC e por isso tais partidos passaram a expulsar dirigentes acusados de 'desvio de direita': em dezembro de 1928, o PC alemão expulsou Brandler e Paul Fröhlich; em setembro de 1929, o PC italiano expulsou Angelo Tasca. Sob pressão direta da IC, o PC húngaro afastou de sua direção Georg Lukács, que vinha defendendo nas Teses de Blum ideias cujo espírito coincidia com a política que Astrojildo vinha esboçando no Brasil [...]" ("Astrojildo Pereira: o homem, o militante, o crítico", *Memória & História*, n. 1, 1981, nota 25, p. 61).

[61] "Astrojildo e Octávio Brandão compareceram a uma conferência dos comunistas da América Latina, em maio de 1930, na cidade de Buenos Aires, e foram severamente criticados. Quando voltou da Argentina, Astrojildo já podia prever que não continuaria como secretário-geral durante

Pereira e Octávio Brandão são afastados da direção partidária e inicia-se o processo de "proletarização" do partido, considerado fundamental para combater os "perigos de direita". No bojo dessa avalanche de intromissões do Komintern, o BOC será dissolvido. Com essa violenta intervenção da IC no partido, encerrava-se o primeiro período do PCB e inaugurava-se um segundo, cuja tônica era uma política obreirista estreita[62]. Esse é o contexto da indicação pela IC de José Villar, que substituiu Heitor Ferreira Lima na secretaria-geral do partido e era o último elo com o antigo núcleo dirigente, iniciando-se a virada em direção ao processo dogmatizador do partido.

A virada à esquerda da IC, com suas repercussões no PCB, dentro do contexto da "proletarização", encontrará também o MCI bastante marcado pela derrota na China, o que estimulará a desconfiança do Komintern em relação aos movimentos revolucionários de extração pequeno-burguesa. Esse novo direcionamento, já apontado pelo relatório de Humbert-Droz, será desenvolvido de maneira mais esquemática sob a direção de Guralski, homem que não possuía a mesma sofisticação teórica de seu antecessor, sendo um aplicador dogmático das novas diretrizes da IC. Nesse escopo, rejeita-se definitivamente a ideia, traçada por Brandão, de aproximação com o tenentismo, fazendo com que o PCB rume para posições cada vez mais sectárias e, diga-se, *não por priorizar a necessidade da hegemonia operária na construção revolucionária*, mas exatamente por deixar de lado possíveis alianças com setores da pequena burguesia revolucionária. Nesse sentido, é necessário dizer que a aproximação da IC com Prestes se deu num contexto individual – feita à revelia do PCB, que passa a recusar qualquer ligação com o líder da Coluna –,

---

muito tempo [...]" (Leandro Konder, "Astrojildo Pereira: o homem, o militante, o crítico", cit., p. 60).

[62] Como ressalta Vianna, com "possibilidades mínimas de realizar as irreais diretivas políticas da IC e sem condições de refutá-las, o Partido passou a seguir à risca, segundo sua capacidade de interpretação, as diretrizes orgânicas da 'proletarização'; segundo o item 7 da resolução da IC; isso significava lutar contra o liquidacionismo (o BOC e a perspectiva de aliança com os tenentes) e expurgar o Partido 'dos quadros de direita'. Assim, enquanto se desenvolvia no país a campanha presidencial, com a alternativa da Aliança Liberal de conquistar Luiz Carlos Prestes para o movimento, o PCB iniciava um processo de autodestruição: os intelectuais foram afastados da direção e substituídos por 'operários autênticos', de preferência que andassem sujos, mal vestidos e falassem errado [...] Tais posturas, apesar de atenuadas em 1933, marcaram muito a mentalidade partidária e influíram sobremaneira em 1935 na reverência dos quadros militares 'pequeno-burgueses' a alguns dos 'proletários autênticos' do Partido" (*Revolucionários de 35*, cit., p. 55-6).

não como o representante da pequena burguesia militar radicalizada, mas como o líder que rompia com seu passado e estava disposto a assumir o comunismo como ideologia[63]. Apesar de contar com o apoio do Komintern, Prestes só conseguiu entrar no PCB por ordem explícita de Manuilski[64].

No entanto, mesmo com a implementação de uma linha sectária, a relação do PCB com possíveis alianças fora dos segmentos do proletariado se altera, determinada pela fermentação política nacional, na qual a radicalização política faz com que a esquerda do movimento tenentista funde a Aliança Nacional Libertadora (ANL). O PCB participará de sua organização informalmente, já que o núcleo central do partido estava em Moscou. O fundamental é que a presença do partido na ANL será acentuada com a vinda da Comissão Executiva para o Brasil e, também, com a integração de Prestes na frente política. Marly Vianna nos aclara que a ida de Luiz Carlos Prestes para o Brasil parte exclusivamente de sua vontade – apesar das objeções de Dimitri Manuilski à sua volta – e não por determinação da IC. Também esclarece que havia planos de mudança da sede do SSA, que funcionava em Montevidéu, para o Brasil. Daí estarem presentes, no país, membros da IC como Arthur Ewert e Rodolfo Ghioldi. Assim, os quadros do Komintern não teriam ido ao Brasil para organizar uma insurreição, e sim o escritório do SSA, sob a recomendação de não interferência na vida interna do partido[65]. Aliás, a participação e a posterior hegemonização da ANL pelo PCB não alterará a linha de frente única desenhada pelo partido e pela IC. A junção do tenentismo de esquerda com a linha que vinha sendo desenvolvida pelo partido

---

[63] Como asseverou Vianna: "A Internacional, que até então havia considerado Prestes como um Chiang Kai-shek brasileiro (o próprio Guralski assim se expressava em dezembro de 1929 em Moscou [ao criticar a linha política do PCB de se aproximar dos tenentes], procurava agora aproximar-se dele. Era um interesse cauteloso, mas a IC parecia disposta agora a investir nele" (*Revolucionários de 35*, cit., p. 89). Sobre a aproximação de Prestes com a IC, ver ibidem, p. 69 e seg.; e Anita Leocadia Prestes, *Luiz Carlos Prestes e a Aliança Nacional Libertadora: os caminhos da luta antifascista no Brasil (1934-35)* (Petrópolis, Vozes, 1997), p. 43 e seg.; *Luiz Carlos Prestes, um comunista brasileiro* (São Paulo, Boitempo, 2015), p. 129 e seg.

[64] Sobre essa passagem, Vianna destaca: "Manuilski mandou verificar a correspondência do PCB e viu que os comunistas brasileiros continuavam a opor-se intransigentemente à entrada de Luiz Carlos Prestes no Partido. Mostrando-se contrariado, deu um soco na mesa e disse: 'Telegrafem!' Que publiquem imediatamente que Luiz Carlos Prestes é membro do PCB!'" (*Revolucionários de 35*, cit., p. 94).

[65] Ibidem, p. 108 e seg.

(a frente única), mais o prestismo, serão os elementos conformadores do núcleo ideológico da Insurreição de 1935.

A necessidade da luta armada, presente no programa e na linha política do partido, e a unidade com os tenentes de esquerda – com seu forte viés *putchista*, presente também na mentalidade de Prestes – acabaram desencadeando o processo insurrecional. Avaliando o "segundo período" do PCB, podemos concluir, na direção de Vianna – que entende ser o movimento produto da conjunção do prestismo e, diríamos, de toda a tradição golpista presente no pensamento nacional –, com a visão da teoria da revolução do partido. A isso acrescenta-se todo um entendimento imaginário sobre a existência de massas populares prontas para apoiar a revolução – o que, no clássico jargão comunista, nomeia-se "baluartismo" –, repetido várias vezes nas reuniões da Comissão Executiva do Comitê Central com Manuilski, em Moscou. Assim, naquele contexto histórico,

> a IC não passou de ator coadjuvante no drama de novembro de 1935 – que não planejou nem sugeriu –, mantendo sobre as anunciadas possibilidades revolucionárias do país uma expectativa conivente. Além do mais, na segunda metade de 1935, houve total dissonância entre as posições políticas do PCB (com seus constantes chamamentos à luta armada) e a política preconizada pela IC a partir de seu VII Congresso (de amplas frentes populares).[66]

---

[66] Ibidem, p. 18-9. Como acentua Michel Löwy: "A ação de 1935 é produto de um período de transição: seu programa é de frente popular, mas seu método insurrecional corresponde mais diretamente ao 'terceiro período' [da IC]" (*Le marxisme en Amérique Latine*, cit., p. 30 [ed. bras.: *O marxismo na América Latina*, cit., p. 27]). Ver também Paulo Sérgio Pinheiro, *Estratégias da ilusão*, cit., p. 291.

CAPÍTULO 2
ADAGIO
RUPTURAS E CONTINUIDADES: A CONSTRUÇÃO DO REFORMISMO

1945: a gênese

Após a reconstrução do partido – quase liquidado com a violenta repressão desencadeada depois do fracasso do movimento insurrecional de 1935 –, o PCB lança as bases de sua linha política mais duradoura e que conformará seu *terceiro período*, caracterizado pela absorção das diretrizes do VII Congresso da IC e, consequentemente, da política de amplas alianças de classe – com o pequeno interregno que foi o *"Manifesto de Agosto"*, *quando o partido dá uma nova guinada à esquerda e, por algum tempo, desenvolve uma política que irá além da prática de conciliação.* Essa nova diretriz tinha por norte a política das *frentes populares*, que punha de lado a tese da classe contra classe e apontava para unidades políticas de caráter pluriclassista dentro de um largo leque, genericamente chamado de "setores democráticos" da sociedade, no qual se situava a burguesia "nacional". Esses aspectos eram tidos como fundamentais dentro da concepção tática para a construção da primeira "etapa" da revolução, cujo caráter seria "nacional democrático--burguês"; nesse momento, o proletariado não deveria ter a hegemonia política, o que significava também abandonar a antiga linha da independência de classe. Essa nova política, denominada União Nacional, além de apoiar o governo Vargas contra o nazifascismo – caracterizando a versão do PCB do pacto entre a União Soviética e os Estados Unidos –, vinha acompanhada da campanha pela legalidade, pela anistia geral dos presos políticos e pelo envio de tropas brasileiras para lutar ao lado do povo soviético no cenário da Segunda Guerra Mundial. O elemento fundamental dessa nova política era a *ideia de que o proletariado deveria colaborar para a construção do capitalismo nacional.* De fato, esse delinear político representava a adequação das diretrizes da IC, que mesmo depois do fim do Komintern continuaria a ser a política implementada pelos comunistas de todo o mundo – obviamente, adaptada às respectivas realidades nacionais –, sendo posteriormente reforçada e ampliada pelo Kominform. De modo que as alianças plenas com a burguesia "progressista" e "nacional" faziam parte de uma tática geral do MCI e estavam presentes no bojo da política comunista desde 1935, quando do VII Congresso do Komintern. Nesse sentido, constitui-se em um simplismo atribuir a viragem de direita do PCB apenas ao resultado da derrota da Insurreição de 1935 ou à debilidade política de seus quadros dirigentes.

No entanto, essa viragem na condução política da linha partidária será realizada em meio a grandes disputas e divergências internas. No processo de reconstrução formaram-se três grupos: um primeiro, de São Paulo, constituído por antigos militantes que não confiavam em Prestes e propunham reconstruir o PCB nos moldes antigos; um segundo, também de São Paulo, que englobava comunistas da Bahia e pretendia hegemonizar o Comitê Central; e um terceiro, denominado Comissão Nacional de Organização Provisória (CNOP), composto por comunistas novos e antigos. Os dois últimos grupos acabaram convocando a histórica Conferência da Mantiqueira, em 27 de agosto de 1943, com a participação de comunistas do Paraná, Distrito Federal, Pará, Bahia, Rio de Janeiro, São Paulo, Rio Grande do Sul e Minas Gerais. Nessa conferência de reorganização partidária foram aprovadas uma política de unificação nacional em apoio ao governo Vargas contra o nazifascismo e a reorganização do PCB[1]. Com o fim do governo Vargas e a implantação da *legalidade burguesa*[2], em 1945 o PCB concorre às eleições e elege uma bancada federal

---

[1] Ver Ronald H. Chilcote, *Partido Comunista Brasileiro: conflito e integração* (trad. Celso Mauro Paciornik, Rio de Janeiro, Graal, 1982), p. 89. Também foi eleito um novo Comitê Central. Para a secretaria-geral, foi indicado *in absentia* (porque ainda se encontrava preso) Luiz Carlos Prestes. Os outros membros eram: Francisco Gomes, Júlio Cesar, Sérgio Holmos, Lindolfo Hill, Diógenes Arruda Câmara, Maurício Grabois, Pedro Pomar, Amarílio Vasconcelos, Dinarco Reis, José Militão, Armênio Guedes, José Medina Azevedo, Milton Cayres de Brito, Ivan Ribeiro, Leivas Otero, Celso Cabral, João Amazonas e Álvaro Ventura. Ver Moisés Vinhas, *O Partidão: a luta por um partido de massas* (São Paulo, Hucitec, 1982), p. 75.

[2] Assim defino a legalidade burguesa na *particularidade histórica* brasileira: "A configuração da *legalidade burguesa* e não da democracia plena está no fato de que a própria 'redemocratização' *não rompe com a autocracia burguesa*. Articulada pela habilidade histórica dos políticos burgueses, a 'redemocratização' realizou-se 'pelo alto', cooptando os setores populares, que se organizavam em grupos políticos incipientes. Uma vez estruturada a transição e a legitimação desse processo, novamente as organizações populares seriam postas à margem, como ocorreu com a cassação do PCB e de sua bancada. O mais revelador dessa legalidade burguesa está na manutenção das formas de controle sindicais que permaneceram ao sabor dos mecanismos de repressão e da CLT [...] Em realidade, essa legalidade burguesa nada mais é do que o próprio liberalismo amputado e às avessas, com origem na sociedade colonial, lógica e historicamente reelaborado, sem, no entanto,

de catorze deputados e um senador[3] (além de uma expressiva bancada de deputados estaduais por todo o país), sob a plataforma de aliança com a burguesia "nacional" e de colaboração com a "reconstrução democrática" implementada pela burguesia. No plano internacional, as relações do MCI estavam cada vez mais confusas. Se, de um lado, a política desenvolvida por Moscou era a de colaboração com a reconstrução do pós-guerra dentro da ordem capitalista, de outro, a dissolução do Komintern, em maio de 1943, deixava os comunistas do mundo extremamente perplexos, a ponto de alguns partidos comunistas proporem também sua auto-dissolução, como sucedeu no PC dos Estados Unidos, cujo secretário-geral, Earl Browder, eufórico com os acordos entre os Estados Unidos e a União Soviética, propõe a dissolução do PC e sua transformação numa associação política. Obviamente, essa postura, conhecida como *browderismo*, será violentamente rechaçada pelo MCI e caracterizada como liquidacionista em um discurso de Jacques Duclos, em abril de 1945[4]. Essas mudanças no panorama do MCI, que incidiam fortemente em todos os partidos comunistas do mundo[5], não poderiam deixar

---

perder o ranço autocrático, típico de uma burguesia débil que nasceu, cresceu e se multiplicou na esteira da contrarrevolução permanente" (Antonio Carlos Mazzeo, *Burguesia e capitalismo no Brasil*, 2. ed., São Paulo, Ática, 1995, p. 38; grifos nossos).

[3] Senador: Luiz Carlos Prestes; deputados: Abílio Fernandes (RS), Alcides Sabença (RJ), Agostinho Dias (PE), Alcedo Coutinho (PE), Batista Neto (DF), Carlos Marighella (BA), Claudino José da Silva (RJ), João Amazonas (DF), José Maria Crispin (SP), Jorge Amado (SP), Gregório Bezerra (PE), Maurício Grabois (DF), Osvaldo Pacheco (SP) e Mário Scott (SP). Este último renunciou ao mandato em benefício de seu primeiro suplente, Milton Cayres de Brito, por determinação do Comitê Central.

[4] Ver Michel Löwy, *Le marxisme en Amérique Latine: Anthologie* (Paris, Maspero, 1980), p. 37 e seg. [ed. bras.: Michael Löwy (org.), *O marxismo na América Latina: uma antologia de 1909 aos dias atuais*, trad. Cláudia Schilling e Luís Carlos Borges, 4. ed., São Paulo, Expressão Popular/Perseu Abramo, 2016, p. 33]. No Brasil, o browderismo evidenciou-se no dirigente Fernando de Lacerda, durante muito tempo dogmático e implacável inimigo dos intelectuais do partido, sendo um dos responsáveis pela destituição de Astrojildo Pereira da secretaria-geral do partido e um dos "intelectuais" do anti-intelectualismo do PCB. Posteriormente, Lacerda passará a defender a diluição do PCB numa frente ampla e democrática. Ver Moisés Vinhas, *O Partidão*, cit.; e Marcos Del Roio, *A classe operária na revolução burguesa: a política de alianças do PCB* (Belo Horizonte, Oficina de Livros, 1990).

[5] Como podemos verificar na atuação do PCI: sob o comando de Palmiro Togliatti, o partido ajudou a desmontar os exércitos guerrilheiros do Norte da Itália, que controlavam as principais cidades da região, obrigando-os a entregar suas armas ao Exército americano e devolvendo as terras confiscadas pelos camponeses aos latifundiários e as fábricas controladas pelos operários aos seus antigos donos. A disposição de colaborar dentro da ordem burguesa fica explícita nas palavras de Togliatti: "Não nos orientamos para uma solução catastrófica e pensamos que seria

de influir na condução política do PCB. A aplicação mecânica – sem as mediações necessárias – dos delineamentos do VII Congresso da IC, realizado no contexto de uma guerra mundial, em que a necessidade de uma aliança ampla contra o fascismo fez com que o MCI se apresentasse defensivamente (também levando em conta a justa preocupação de preservar a integridade da União Soviética), seria responsável por uma questionável política do PCB que acabaria por priorizar sua transformação em partido de *esquerda institucional*. No período Dutra (1946-1951), o PCB procurará reforçar a imagem de partido da ordem e da tranquilidade, defensor do "apertar o cinto", chegando a colocar-se, em muitas ocasiões, contra os movimentos grevistas para "evitar as provocações"[6]. *Sem dúvida, nessa nova política implementada pelo núcleo dirigente do PCB estão as raízes históricas que irão determinar a política de conciliação imposta muitas vezes sectariamente pelo Comitê Central às bases do partido*, como demonstravam as preocupações em expurgar do partido os "elementos sectários ainda existentes" e reforçar a "democracia interna" em suas fileiras[7]. O eixo da ação do PCB era permeado por um *politicismo taticista*[8], que privilegiava a unidade ampla para a consolidação da democracia, por meio de uma luta "ordeira e pacífica"[9].

---

um delito estarmos orientados hoje nesse sentido. Estamos, ao contrário, orientados para soluções construtivas, seja no campo político, seja no econômico. Essa nossa posição corresponde ao fato de que, no atual desenvolvimento da luta política na Itália, nós nos posicionamos e continuamos no terreno da organização de um regime democrático" (citado em Giorgio Galli, *Storia del PCI: il Partito Comunista Italiano: Livorno 1921-Rimini 1991*, Milão, Kaos, 1993, p. 166). Ver também Fernando Claudin, *A crise do movimento comunista: a crise da Internacional Comunista* (São Paulo, Global, 1985), v. 2.; Paolo Spriano, *Storia del Partito Comunista Italiano*, v. 5: *la Resistenza, Togliatti e il partito nuovo* (Turim, L'Unitá/Einaudi, 1975), p. 386 e seg.

[6] Ver Luiz Carlos Prestes, *União Nacional para a Democracia e o Progresso* (Rio de Janeiro, Vitória, 1945), p. 26; e Eliezer Pacheco, *O Partido Comunista Brasileiro* (São Paulo, Alfa-Ômega, 1984), p. 188.

[7] Ver *Informe Político à III Conferência Nacional do PCB*, julho de 1946, citado em Ronald H. Chilcote, *Partido Comunista Brasileiro*, cit., p. 98-9.

[8] Nesse sentido, concordamos com a definição de José Chasin quando afirma que a "autonomização do político e sua consequente hiperacentuação é, de fato, seu esvaziamento numa entidade abstrata, a perda de sua concretude, e decorrentemente de sua potência e eficácia. De todo modo, a *politicização* da totalidade pelo discurso é pelo menos um grosseiro gesto simplificador que, no mínimo, desconhece, desrespeita e/ou elimina a qualidade própria das *demais componentes* que integram a totalidade" ("'A politicização' da totalidade: oposição e discurso econômico", *Temas de Ciências Humanas*, n. 2, 1977, p. 147; grifos do autor).

[9] Ver as resoluções aprovadas na III Conferência Nacional do PCB, em 15 de julho de 1946, em Edgard Carone, *A República Velha: instituições e classes sociais* (São Paulo, Difel, 1972), p. 68.

No entanto, essa política de colaboração sofreria uma brusca interrupção. Mas não por iniciativa dos comunistas. Ao contrário, como pudemos perceber, estes estavam empenhados em construir um partido para atuar dentro da *legalidade burguesa*, na qual haviam crescido. Além de expressiva bancada federal, o PCB contava com 200 mil filiados, e sua influência no movimento sindical aumentava visivelmente. Mais do que isso, o PCB havia se constituído na terceira força eleitoral do país e no maior partido comunista da América Latina, fato que seguramente lhe possibilitaria uma atuação bastante positiva em futuras eleições e o tornava, aos olhos de uma burguesia autocrática e golpista como a brasileira, uma agremiação ameaçadora – mesmo tendo em sua plataforma uma posição de colaboração com a burguesia "nacional". A colocação do PCB na ilegalidade interromperá, por certo tempo, a política de conciliação de classes e colaboração iniciada após 1945.

1950: sonhos de ruptura

O "Manifesto de Agosto" será um hiato na linha política implementada pelo PCB após 1945. Não podemos restringir os fatores determinantes da viragem de esquerda do partido a apenas um ou outro elemento. O "Manifesto de Agosto" foi o resultado de uma série de complexas conjunções que se precipitaram no quadro político nacional, internacional e, obviamente, nas próprias relações internas do PCB. No quadro internacional, após um curto período de convivência pacífica entre os Estados Unidos e a União Soviética, recrudesceu a tensão, o que desestabilizou momentaneamente as relações diplomáticas entre os dois países: a crise foi determinada pela ofensiva estadunidense na Europa, que buscava criar um campo de influência antissoviética, e isso trouxe consequências imediatas no plano do MCI. A própria política reformista e de colaboração imposta por Moscou, o fim da guerra e, diríamos, *a não revisão dessa política após o conflito* acabariam impondo perdas à estratégia do Kremlin, visto que alguns partidos comunistas foram "mais realistas do que o rei" na disposição de colaborar com a reconstrução mundial dentro da ordem burguesa, como o Partido Comunista Italiano (PCI) e o Partido Comunista Francês (PCF), e acabaram permitindo a ampliação de uma política antissoviética por parte dos aliados, particularmente dos estadunidenses[10].

---

[10] Na primeira reunião de constituição do Kominform, os comunistas iugoslavos fazem uma crítica áspera aos partidos comunistas da Itália e da França. Como ressalta Claudin, a crítica dos comunistas iugoslavos partia da sincera intenção de apontar a falta de empenho por parte dos franceses e, principalmente, dos italianos em realizar a revolução em condições extremamente

Isso, naturalmente, revigorou a ação dos comunistas de todo o mundo contra o imperialismo, especialmente contra os Estados Unidos. No que se refere ao Brasil, o bloco hegemônico burguês recomposto no período pós-Vargas começa também a buscar formas de pressão sobre os comunistas. Mesmo com a política de convivência pacífica e as demonstrações de que o PCB se transformaria em "partido da ordem", a burguesia brasileira, assim como a de todo o mundo, mostrava-se assustada ante a possibilidade de eclosões revolucionárias de cunho proletário.

Posto na ilegalidade por Eurico Gaspar Dutra, com o apoio da maioria reacionária do Congresso Nacional, o PCB, pressionado também por suas bases, girou à esquerda e abandonou a linha colaboracionista e conciliadora de união nacional. Em 1948 lança o "Manifesto de Janeiro", fazendo profunda e dura autocrítica de suas posições. No documento, reconhece que se deixara seduzir por "ilusões reformistas"[11]. Também denuncia os vínculos do governo com o imperialismo estadunidense e com sua política internacional pró-Guerra Fria. Em sua autocrítica, chega a vislumbrar que o processo pós-1945 não destruíra as bases da autocracia burguesa no Brasil, caracterizada como "base do fascismo": "É certo que, com os golpes cada vez mais sérios contra a democracia, o perigo fascista que jamais deixou de estar presente, já que não foram destruídas e nem mesmo de leve golpeadas suas raízes objetivas, torna-se hoje particularmente agudo no país"[12]. Nesse sentido, o PCB afasta-se da lógica seguida até então, que era a de apostar na possibilidade de construção de uma democracia burguesa dentro de condições histórico-objetivas em que tais tarefas não seriam realizadas jamais por uma burguesia de extração colonial.

O que podemos caracterizar como fundamental nesse período é a procura de uma intervenção política realizada segundo a concepção de frente única que fora definida no IV Congresso da IC. Essa nova formulação alterava objetivamente o leque das alianças, que deixava de ser tão amplo. Isso fazia com que o partido se voltasse para composições políticas que privilegiassem o proletariado, o campesinato e os setores da pequena burguesia, além de, marcadamente, buscar uma ação independente de classe. Portanto, o novo direcionamento buscava *centrar* sua política nos segmentos subalternos da sociedade civil, no sentido de construir uma

---

favoráveis. Mas os soviéticos acabaram realizando uma censura pragmática, isto é, o fato de os comunistas franceses e italianos não terem conseguido impedir que seus respectivos países ficassem de fora de um bloco ocidental antissoviético, articulado e hegemonizado pelos Estados Unidos. Ver Fernando Claudin, *A crise do movimento comunista*, cit., v. 2, p. 438 e seg.

[11] Citado em Edgard Carone, *O PCB*, v. 3: *1964 a 1982* (São Paulo, Difel, 1982), p. 73.

[12] Ibidem, p. 78.

hegemonia alternativa. Evidencia-se também a disposição do partido de estruturar a Frente Democrática de Libertação Nacional, o que caracterizará claramente a disposição da formação de um *bloco político marcadamente de classe*, sob comando do proletariado e composto por seus aliados, principalmente as camadas médias, como vemos no documento do PCB:

> Isto significa que só o proletariado sob a direção de seu partido de vanguarda pode efetivamente dirigir e realizar o bloco nacional-revolucionário capaz de resolver os dois grandes problemas da revolução brasileira, através da instauração no país de um governo constituído em sua primeira etapa pela aliança de todas aquelas classes e camadas revolucionárias, além dos elementos anti-imperialista que sempre ainda existem na burguesia nacional, especialmente suas camadas médias e progressistas.[13]

Mesmo *não rompendo com a visão da revolução realizada em "etapas" e com a ideia de impulsionar a "etapa nacional-libertadora"*, essa virada, presente no "Manifesto de Agosto", permite ao PCB chegar a uma compreensão mais realista do caráter do capitalismo brasileiro e sua condição de associação subordinada ao imperialismo, enfatizando a inserção do Brasil no quadro do reordenamento da economia mundial. O "Manifesto de Agosto" explicita as alterações das formas de exploração imperialista e ressalta que as empresas monopolistas passam a atuar no exterior em busca de custos de produção mais baixos e, ao mesmo tempo, controlam o mercado interno, o que propicia um desenvolvimento capitalista subordinado aos interesses dos monopólios internacionais.

Essa nova formulação elaborada pelo PCB, no plano analítico, aproximava-se da reflexão lenineana – *ainda que de modo acentuadamente intuitivo* –, que entendia a realização da revolução democrática e a revolução socialista inseridas em um mesmo processo, ou, no dizer de Lênin, uma condicionava a outra. Desse modo, a linha política desenhada no "Manifesto de Agosto" privilegiou a *centralidade operária* na construção da democracia e na luta para criar um polo político que proporcionasse as condições para ruptura com as formas institucionais da autocracia burguesa e do prussianismo colonial, mediante a priorização da luta de massas como instrumento de conquista do poder. Essa perspectiva, que apontava para uma interpretação *particularizada* da realidade sócio-histórica do Brasil, tinha em si, *potencialmente*, a *possibilidade* de superar a formulação genérica de construção

---

[13] "Informe Político de maio de 1949", citado em idem, *O PCB*, v. 2: *1943 a 1964* (São Paulo, Difel, 1982), p. 101.

da "etapa" da revolução democrático-burguesa que precedia a proletária. *É nesse sentido que essa formulação se aproximava da realizada por Lênin*, exatamente quando analisava as tarefas do proletariado russo na revolução democrática. No entender de Lênin, a realização da revolução democrática, num país de capitalismo tardio e tradição autocrática, estaria a cargo do proletariado e de seus aliados, os camponeses e parte da pequena burguesia[14]. Dentro dessas diretrizes, o "Manifesto de Agosto" enfatizava a ideia de que a democracia deveria ser realizada sob o comando do proletariado e de seus aliados, por meio da Frente Democrática de Libertação Nacional, com a construção de organizações políticas sob o controle das massas[15].

A despeito dos equívocos do PCB nesse período – na maioria das vezes em consequência do alto grau de sectarismo em sua aplicação prática, provocado principalmente pela *deficiência nas mediações teóricas* de sua política –, podemos dizer que o partido chegou a praticar, até mesmo no que se refere ao aspecto central do confronto com a autocracia burguesa, uma oposição que se travava na *base material da sociedade*, isto é, a disputa pela hegemonia do movimento operário consubstanciava-se na luta pela organização sindical independente do proletariado, numa tentativa de construir um sindicalismo descolado do Estado, consolidando os centros operários como sindicatos autônomos. Posteriormente, em julho de 1952, o

---

[14] Discorrendo sobre o caráter da revolução burguesa na Rússia, Lênin enfatiza: "Devemos formar uma ideia exata das forças sociais reais que se confrontam com o tsarismo (que é uma força real e tangível para todos) e são capazes de obter uma 'vitória decisiva' sobre ele. Essas forças não podem ser a grande burguesia, os latifundiários, os fabricantes, a 'sociedade' que segue os adeptos de *Osvobzhdenie*. Vemos que eles nem sequer desejam uma vitória decisiva. Sabemos que são incapazes, por sua posição de classe, de desenvolver uma luta decisiva contra o tsarismo: para ir à luta decisiva, a propriedade privada, o capital, a terra são um lastro demasiado pesado. Possuem demasiada necessidade do tsarismo, com suas forças policiais, burocráticas e militares, que utilizam contra o proletariado e os camponeses, para que possam desejar sua destruição. Não, a força capaz de obter a 'vitória decisiva sobre o tsarismo' só pode ser o povo, isto é, o proletariado e os camponeses, se tomamos as forças grandes e fundamentais e distribuímos entre elas a pequena burguesia rural e urbana (assim mesmo parte do 'povo'). 'A vitória decisiva da revolução sobre o tsarismo é a ditadura revolucionária democrática do proletariado e do campesinato'" (Vladímir I. Lênin, "Dos tácticas de la socialdemocracia en la revolución democrática", em *Obras completas*, Madri, Akal, 1977, t. IX, p. 51).

[15] Como acentua o "Manifesto de Agosto de 1950": "Para realizar esta tarefa histórica, saibamos organizar e unir nossas forças em ampla Frente Democrática de Libertação Nacional, organização de luta e de ação em defesa do povo, com raízes nas fábricas e nas fazendas, nas escolas e repartições públicas, nos quartéis e nos navios, em todos os locais de trabalho, enfim, nos bairros das grandes cidades e nas aldeias e povoados" (em Moisés Vinhas, *O Partidão*, cit., p. 152).

partido determinou a dissolução dos centros operários e a volta dos comunistas aos sindicatos oficiais. Como lembra Jacob Gorender, o trabalho dos comunistas vinculados aos sindicatos e às atividades nas fábricas possibilitou ao PCB assumir a liderança de inúmeras greves e manifestações populares contra a carestia. Também sob essa orientação, o PCB esteve à frente da campanha pela nacionalização do petróleo e em lutas de trabalhadores rurais, como em Porecatu, no Paraná, e em Formoso e Trombas, em Goiás e no noroeste paulista[16]. Obviamente, não estava nos planos dos comunistas a tomada imediata do poder. O que constitui o aspecto fundamental do "Manifesto de Agosto" é, sem dúvida, a tentativa de lançar as bases de uma plataforma que acumulasse politicamente e criasse as condições para a construção de um governo de transição, partindo do entendimento da necessidade de uma *democracia radicalizada e centrada no proletariado*. Nessa direção, a democracia pretendida deveria ir além do jogo institucional burguês. O "Manifesto" é claro nesse ponto: a democracia deveria ser construída e realizada diretamente pelo povo, por meio de organismos populares, como os tribunais populares e os núcleos organizados da Frente Democrática. Os pontos programáticos indicados para a Frente de Libertação Nacional apontam para uma plataforma de acúmulo que visava à construção de um bloco político de contraposição ao bloco hegemônico burguês. Nesses pontos, destacam-se os seguintes tópicos: 1) governo democrático e popular-revolucionário, emanado diretamente do povo, e instituição de tribunais populares; 2) confisco e nacionalização dos bancos, empresas estrangeiras e dos monopólios nacionais e internacionais; 3) confisco de grandes propriedades latifundiárias com todos os bens móveis e entrega da terra a quem a trabalha, nacionalização do subsolo, nacionalização do comércio interno e imposto progressivo sobre a renda; 4) ensino público e gratuito e estímulo às atividades científicas; 5) controle popular das forças armadas[17].

---

[16] Ver Jacob Gorender, *Combate nas trevas. A esquerda brasileira: das ilusões perdidas à luta armada* (2. ed., São Paulo, Ática, 1987), p. 22-3. Ver também, dentre outros, Paulo Ribeiro da Cunha, *Aconteceu longe demais: a luta pela terra dos posseiros de Formoso e Trombas e a política revolucionária do PCB (1950-1964)* (São Paulo, Editora Unesp, 2007); Angelo Priori, *O protesto do trabalho: história das lutas sociais dos trabalhadores rurais do Paraná (1954-1964)* (Maringá, Eduem, 1996); Marcelo Oikawa, *Porecatu: a guerrilha que os comunistas esqueceram* (São Paulo, Expressão Popular, 2011); Vagner José Moreira, *O levante comunista de 1949: memórias e histórias da luta pela terra e da criminalização dos movimentos sociais de trabalhadores no Noroestes paulista* (Cascavel, Edunioeste, 2012).

[17] Ver "Manifesto de Agosto de 1950", em Moisés Vinhas, *O Partidão*, cit., p. 140-58.

Entretanto, na política do "Manifesto" também estavam presentes muitos elementos irrealistas e redutores da realidade. Em sua linha de aplicações mecânicas de concepções e resoluções políticas, o PCB não conseguiu adequar os aspectos positivos de interpretação teórico-analítica presentes em suas diretrizes à necessária habilidade para flexibilizar a condução política de seu projeto e, com isso, transformou a *tática* a ser construída pela Frente Democrática em ação *principista-imediatizada*, que, aliás, seria realizada com enorme grau de sectarismo e acabaria tendo muito mais a função de "agitação e propaganda" do que de elementos programáticos a serem desenvolvidos por meio da articulação de um bloco político democrático e popular. De modo que a aplicação de uma política realizada sem as *necessárias mediações* acabou por contribuir para o isolamento do PCB no que se refere ao conjunto das forças populares.

Apesar disso, não podemos absolutizar e atribuir a responsabilidade pelo decréscimo de sua inserção social à política implementada pelo "Manifesto"[18]. Objetivamente, foram três os elementos determinantes para a diminuição da presença do PCB na sociedade, notadamente no movimento sindical: 1) a própria política de conciliação que o partido vinha desenvolvendo, inclusive com o desincentivo às greves – o que afastava os trabalhadores do partido – e também a existência do sindicalismo oficial, que contribuíra para a redução da implantação do PCB nos sindicatos; 2) o sectarismo e a política "principista", implementada sem ajustes e elasticidade, principalmente no movimento sindical; 3) e, *constituindo-se no aspecto mais relevante*, o maior responsável pela queda da influência do PCB na sociedade, em particular no movimento sindical urbano, *foi a decretação de sua ilegalidade pela autocracia burguesa, e a própria ação repressiva desencadeada pelo governo*. À ilegalidade do partido e à cassação de suas bancadas parlamentares seguiu-se violenta repressão aos comunistas, inclusive com a destituição de dirigentes sindicais ligados ao PCB, além da proibição da imprensa oficial do partido. Aliada a essas medidas, e como resultado direto da Guerra Fria, a intensa propaganda anticomunista desencadeada pelos meios de comunicação, assim como pela Igreja Católica etc., contribuiu decisivamente para a retração do partido. *Além disso, o fator de maior importância foi que o partido não estava preparado para a clandestinidade, pois até então havia, equivocadamente, apostado na legalidade burguesa.*

---

[18] Visão generalizada entre os estudiosos desse período do PCB, notadamente Moisés Vinhas, *O Partidão*, cit., e também Dinarco Reis, *A luta de classes no Brasil* (São Paulo, Novos Rumos, 1987), e as análises oficiais e "oficiosas" do partido – principalmente os documentos de autocrítica escritos após 1954.

A viragem do PCB, proporcionada pelo "Manifesto de Agosto", em que se apresentavam inúmeras possibilidades de restruturação teórica e superação de entendimentos superficiais da realidade brasileira, não foi seguida de uma reflexão de fundo, por parte de seu núcleo dirigente, que pudesse consubstanciar essa nova linha, principalmente pela debilidade teórica do grupo diretivo. Não foram elaboradas análises sobre a questão agrária, na qual o partido continuava a ver relações *semifeudais*. Também não foram elaborados estudos sobre a base econômica da sociedade que permitissem aprofundar seu entendimento sobre a nova realidade, o grau de desenvolvimento do capitalismo e o novo proletariado que se formava. Não foram elaborados estudos sobre o caráter da política externa das grandes potências que emergiram da Segunda Guerra Mundial, assim como não houve preocupação em adaptar o programa político proposto a uma ação consequente, que fosse permeada com uma conduta realista de composições políticas no campo democrático-popular. Nesse contexto, o PCB continuou oscilando entre seu viés nacional-libertador e a necessidade de dar um passo adiante em relação a seus referenciais analíticos. A falta de formulação teórico-política mais sofisticada sobre essas questões ligava-se diretamente à própria *fragilidade do núcleo dirigente comunista*.

Ao analisar a fisionomia intelectual do PCB, Gildo Brandão ressalta a permanente ausência de análises substanciais sobre a realidade brasileira, exceto as realizadas por Caio Prado Júnior[19] – que de certa forma irá sistematizar e aprofundar algumas das análises enunciadas na linha política do "Manifesto de Agosto" e algumas reflexões elaboradas por Humbert-Droz (que, de algum modo, o próprio "Manifesto" absorve, ainda que *perifericamente*, como, por exemplo, o problema da subordinação da burguesia "nacional" ao imperialismo). Mas com o retrocesso e a volta do partido à linha política praticada em 1945, esses avanços interpretativos da realidade brasileira acabaram influindo não no PCB, e sim diretamente nos grupos de esquerda que optaram pela luta armada nos anos 1960[20].

---

[19] Ver Gildo M. Brandão, "Sobre a fisionomia intelectual do Partido Comunista", *Lua Nova*, Cedec, n. 15, 1988, p. 140 e seg.

[20] Ver Caio Prado Jr., *A revolução brasileira* (6. ed., São Paulo, Brasiliense, 1978). Não podemos deixar de mencionar, no entanto, os textos de Nelson Werneck Sodré, que foram, sem dúvida, as mais criativas e originais adaptações analíticas das teorias desenvolvidas pela IC, principalmente na questão do entendimento "etapista", mas que não saíram do campo definido e estruturado teoricamente pelo Komintern e se constituíram no referencial analítico do PCB. Ver do autor o clássico e importante livro *História da burguesia brasileira* (Rio de Janeiro, Civilização Brasileira, 1964).

Caio Prado Júnior polemizou, dentro do PCB, com as teses que acabaram por se estruturar como guia teórico permanente do partido. Prado Júnior já apontava os equívocos das interpretações teóricas do PCB em seu IV Congresso, fazendo uma profunda crítica do que chamou de "teoria consagrada" da revolução brasileira, e demonstrando que a visão da existência de "relações feudais de produção" no campo era uma grosseira transposição mecanicista das realidades europeias. Prado Júnior não só deixava clara a origem capitalista do Brasil, desde a colonização, como também demonstrava a falácia da existência de uma burguesia "nacional" autônoma no Brasil e na América Latina como um todo. Nesse caso, essas teses aproximam-se das de Humbert-Droz. Mas a posição de Prado Júnior era isolada, e acabaram prevalecendo as análises "consagradas", apoiadas pela maioria do Comitê Central.

Obviamente os escritos pioneiros de Astrojildo Pereira e Octávio Brandão, apesar de sua importância, principalmente deste último, careciam de profundidade e sofisticação de análise – o que, aliás, é bastante compreensível, em se tratando do momento histórico em que foram escritos e das limitações encontradas no Brasil dos anos 1920 e 1930. De modo que a linha política esboçada no "Manifesto de Agosto" terminava esbarrando em grandes dificuldades, sobretudo para desenvolver teoricamente esse desenho analítico *particularizador* que estava intuitivamente presente nas formulações do PCB. Essas dificuldades eram de várias ordens. A principal, como dissemos, era a ausência de uma sistematização teórica, o que se refletia diretamente na própria estrutura da conformação do núcleo dirigente do partido. Martins Rodrigues, ao analisar o perfil do núcleo dirigente do PCB, acentua o constante *turnover* na direção partidária como reflexo das diversas viragens que o PCB sofreu ao longo de sua história[21]. Vimos que o núcleo histórico que conformou uma linha original, na primeira fase do partido, foi totalmente alijado do Comitê Central após intervenção direta da IC, no período da bolchevização – o que resultou no afastamento do PCB de Astrojildo Pereira e Octávio Brandão e interrompeu originais reflexões sobre a realidade brasileira, assim como a linha política que vinha sendo desenvolvida por aquele grupo dirigente, mesmo que se tenham em conta suas enormes debilidades no plano teórico. Como já observamos, após a desestruturação do *núcleo dirigente histórico*, poucas foram as elaborações analíticas do partido não calcadas em reproduções das fórmulas do Komintern.

Além do mais – e nisso estamos inteiramente de acordo com Martins Rodrigues –, um dos grandes problemas do PCB foi a composição social dos

---

[21] Leôncio Martins Rodrigues, "O PCB: os dirigentes e a organização", em Boris Fausto (org.), *O Brasil republicano* (São Paulo, Difel, 1981), v. 3, p. 262 e seg.

quadros dirigentes, em sua maioria oriundos da pequena burguesia[22]. Não que a maior presença de operários ou camponeses em organismos diretivos do partido evitasse os "erros de condução" ou os reducionismos analítico-políticos cometidos, isso seria incorrer numa visão extremamente simplista. Mas esse aspecto é de importância *complexiva* para que possamos explicar a rota política seguida pelo PCB. Os estratos médios que compunham a direção partidária eram, em geral, provenientes de famílias de profissionais liberais, de militares ou da tradicional oligarquia brasileira, quase sempre arruinada, e, via de regra, educados num meio cultural que muito caracterizou o Brasil. Em outras palavras, além da permanente ausência de tradição democrático-institucional, determinada por uma formação social de caráter prussiano-colonial, esses dirigentes acabaram sendo o reflexo da *determinação social objetiva* que em *seu ser-precisamente-assim* propiciou também a constante ausência de membros das classes subalternas nos organismos dirigentes do partido. De certo modo, e ironicamente, o PCB pagou o preço imposto por uma forma de sociabilidade que ele, ao longo de sua história, buscou alterar, procurando construir formas alternativas de hegemonia. Num tipo de sociabilidade de extração prussiano-colonial, como bem acentua Carlos Nelson Coutinho, a forte presença de aparatos pertencentes à sociedade política (quer dizer, mais especificamente ideopolíticos) emperram o fortalecimento da sociedade civil em geral[23] *e, fundamentalmente, dos segmentos subalternos, que compõem a maioria dessa mesma sociedade civil (bürgerliche Gesellschaft).*

Um outro elemento constitutivo da forma de sociabilidade nacional foi a marcante presença do pensamento positivista na cultura do Brasil republicano, o qual dará as bases da formação intelectual brasileira e, como ressaltou Michel Zaidan, será um aspecto atuante na mentalidade dirigente do Partido Comunista, mesmo se levarmos em conta a preocupação de Gildo Brandão em demonstrar a influência decisiva da absorção do marxismo de viés soviético nas elaborações comunistas[24].

---

[22] "Os dados disponíveis indicam uma proporção elevada de membros das classes baixas [sic] entre os militantes do PC, embora os principais dirigentes fossem geralmente 'intelectuais'. A partir de 1930, aumentou ainda mais a influência dos membros das classes médias nos organismos de direção do PCB. Essa influência 'pequeno-burguesa' tem sido ressaltada inclusive pelos dirigentes comunistas" (Leôncio Martins Rodrigues, "O PCB: os dirigentes e a organização", cit., p. 384).

[23] Ver Carlos Nelson Coutinho, *Cultura e sociedade no Brasil* (Belo Horizonte, Oficina de Livros, 1990), p. 33 e seg.

[24] Ver Michel Zaidan, *PCB (1922-1929): na busca das origens de um marxismo nacional* (São Paulo, Global, 1985), p. 20; e Octávio Brandão, *Agrarismo e industrialismo: ensaio marxista-leninista sobre a revolta de São Paulo e a guerra de classes no Brasil* (org. Augusto Buonicore, João Quartim de Moraes e José Carlos Ruy, Campinas/São Paulo, Editora da Unicamp/AEL/Anita Garibaldi, 2006), p. 144.

Pensamos que ocorre exatamente a junção desses dois elementos, um atuando sobre o outro, isto é, a predominância de uma razão positivista na *intelligentsia* brasileira aliada à visão de um marxismo permeado, também ele, de cores positivistas e esvaziado de sua dialeticidade, pela tendência marcante de abolir as mediações e, como diria Lukács, pela instituição da conexão imediata entre os fatos crus e as posições teóricas mais gerais[25]. Nesse sentido, a *ausência de continuidade no núcleo dirigente*, a forte presença de um marxismo vulgarizado e absorvido inicialmente por intermédio do Komintern e, posteriormente, pelo viés stalinista que se agregará ao tenentismo – no qual também estavam disseminados os conceitos positivistas e os vícios *putchistas* –, aliado à marcante presença de uma pequena burguesia intelectualizada e impregnada de uma razão pragmático-positiva, permitem-nos alcançar os nexos explicativos da debilidade das formulações teóricas do PCB, assim como as oscilações, ora à direita, ora à esquerda, de suas diretrizes políticas.

Objetivamente, a falta de continuidade na construção da política, que, como dissemos, era produto do constante *turnover* e da debilidade de seus quadros dirigentes, acabou levando o partido não somente a praticar uma política oscilatória, como também a aplicar mecanicamente as diretrizes políticas estruturadas pelo Komintern – o que constitui o aspecto mais problemático. Para fazermos uma análise comparativa: o PCI, como todos os partidos comunistas, sofrerá em sua fase inicial uma grande influência do Komintern, assim como de suas oscilações políticas. No entanto, conseguirá manter a presença constante de um núcleo dirigente que desenvolverá uma linha política com certa continuidade, a partir da manutenção de um *centro ativo*, ainda que se verifiquem cisões em seu Comitê Central e em sua Comissão Política, como foi o caso da expulsão de Angelo Tasca e do grupo dos "três" – Alfonso Leonetti, Pietro Tresso e Paolo Ravazzoli – e, posteriormente, em 1930, de Amadeo Bordiga. No entanto, a partir de uma unidade teórico-política desenhada por Gramsci e de uma unidade organizativa efetuada por Togliatti (junto com Ruggero Grieco e, posteriormente, Luigi Longo, ue por algum tempo foi responsável pela juventude comunista), que conformarão o núcleo dirigente histórico, o PCI desenvolverá uma ação política no contexto do que chamaram de *continuità nella discontinuità* (continuidade na descontinuidade) que será responsável pelo "partido novo" que emergirá no pós-guerra[26].

---

[25] Ver György Lukács, "Carta sobre o stalinismo", *Revista Temas de Ciências Humanas*, n. 1, 1977, p. 6.

[26] Ver Ernesto Ragionieri, *La Terza Internazionale: storia documentaria* (Roma, Editori Riuniti, 1972); Giorgio Galli, *Storia del PCI*, cit.; Paolo Spriano, *Storia del Partito Comunista Italiano*, cit.,

De modo que as próprias oscilações e *descontinuidades* da linha política do PCB terminavam, em última instância, reproduzindo as alterações da política externa do PCUS e, consequentemente, da União Soviética, assim como do próprio MCI. Essa debilidade e essa descontinuidade em sua formulação política determinarão também a nova viragem "à direita", já a partir de 1954. Assim, o PCB irá retomar a política que havia realizado no período da legalidade de 1945, quando novamente busca se transformar num partido *institucional de esquerda*, seguindo direcionamentos externos – a teoria da coexistência pacífica da União Soviética. Muitos foram os aspectos que contribuíram para a volta à fase reformista dos anos 1940 e que, de certo modo, só não permitiram que o PCB se aprofundasse na direção de se tornar um partido comunista institucionalizado nos moldes reformistas europeus ocidentais (como o PCI ou o PCF) em razão dos acontecimentos políticos que culminaram no golpe de Estado militar-bonapartista de abril de 1964.

A retomada da linha política do terceiro período inicia-se no IV Congresso do PCB, realizado em novembro de 1954. Ainda ambíguo em relação ao "Manifesto de Agosto", o PCB começa a se distanciar de sua linha esquerdizante. Ressaltemos que no âmbito internacional, apesar da vigência da intensa disputa entre os Estados Unidos e a União Soviética, o MCI estava implementando uma política de colaboração com os governos burgueses, principalmente na Europa Ocidental, após o término da guerra[27]. No plano interno, o Brasil vivia a crise desencadeada pelo suicídio de Getúlio Vargas, o que obriga o PCB a rever sua linha de confronto com os trabalhistas, ampliando o espectro das alianças políticas e já alterando os fundamentos do programa estabelecido pelo "Manifesto de Agosto"[28]. De qualquer modo, as divergências se agravaram dentro do Comitê Central, a ponto

---

Parte I; e Renzo Martinelli, "Il gruppo dirigente nazionale (1921-1943)", em Massimo Ilardi e Aris Accornero (orgs.), *Il Partito Comunista Italiano: struttura e storia dell'organizzazione* (Milão, Fondazione Giangiacomo Feltrinelli, 1982).

[27] Como lembra Ernest Mandel, "a viragem à direita dos partidos comunistas da Europa Ocidental de nenhum modo indispõe o Kremlin. Essa viragem inscreve-se na política de 'coexistência pacífica' e de 'desanuviamento', isto é, do congelamento na Europa das respectivas esferas de influência do capital mundial e da burocracia soviética tais como foram estabelecidas em Yalta e Potsdam" (*Crítica do euro-comunismo*, Lisboa, Antídoto, 1978), p. 49.

[28] O informe de balanço do Comitê Central para o IV Congresso do Partido é bastante esclarecedor sobre as alterações na linha programática: "No que concerne às relações com a burguesia nacional, o Programa do Partido não só não ameaça seus interesses como defende suas reivindicações de caráter progressista, em particular, o desenvolvimento da indústria nacional" (Edgard Carone, *O PCB*, v. 2: *1943 a 1964*, São Paulo, Difel, 1982, p. 32).

de o IV Congresso ser realizado segundo métodos de exclusão de seus membros, inclusive de delegados que não haviam sido eleitos em conferências preparatórias, e sim indicados por organismos vinculados ao Comitê Central[29]. Mas o impacto maior, e o qual incidirá diretamente na reconfiguração do núcleo dirigente, será o resultante do XX Congresso do PCUS e do Relatório Kruschev. De fato, o relatório somente fez acelerar as alterações que vinham ocorrendo na União Soviética e, por extensão, no próprio MCI, inaugurando, como bem acentua José Paulo Netto, a crise do marxismo-leninismo oficial, que culminaria na derrocada global do campo socialista[30].

1958-1960: o retorno ao reformismo e as origens da nova teoria consagrada

A crise do PCB será de grande intensidade, como vão demonstrar as diversas divisões internas que se efetivarão, após o IV Congresso. Constituiu-se na *particularidade brasileira* de uma crise geral do movimento comunista, inaugurada com a desarticulação do Komintern, mas objetivamente determinada pela falência da perspectiva de uma revolução socialista na Europa a curto e médio prazos. Era a adaptação brasileira às resoluções do Kominform sobre a nova política soviética. Mais do que isso, era também a inauguração do quarto período do partido, que *produziu um núcleo dirigente coeso* – sujeito a defecções, mas sem alteração da continuidade de suas formulações teórico-políticas – e conformou um *grupo dirigente-tardio* no PCB. Com isso, queremos dizer que ao longo de 26 anos (após a destituição de Astrojildo Pereira e Octávio Brandão, o primeiro *núcleo dirigente histórico* do partido), o PCB não havia conseguido construir um núcleo diretivo perene, que realizasse uma ação política de continuidade, acumulação e centralidade teórica. A partir da Conferência da Mantiqueira, com a entrada de novos quadros nos organismos de direção do partido e, mais precisamente, no contexto

---

[29] José Antonio Segatto, baseando-se no depoimento de Leôncio Basbaum, ressalta: "O IV Congresso do PCB teve a sua preparação e realização problematizadas por procedimentos pouco democráticos. A indicação de delegados foi manipulada pela direção, não havendo praticamente discussões sobre as teses. Os delegados não foram eleitos pelas bases, mas escolhidos a dedo pelos dirigentes do Comitê Nacional [secretaria do Comitê Central] entre seus amigos de mais confiança [...] os delegados foram instruídos para não criar embaraços, fazer alguns discursos sobre o 'marxismo criador' e aprová-lo sem mais delongas" (*Breve história do PCB*, São Paulo, LECH, 1981, p. 70).

[30] Ver José Paulo Netto, *Crise do socialismo e ofensiva neoliberal* (São Paulo, Cortez, 1993), p. 28.

da luta travada após 1954 – principalmente após a crise provocada pelo Relatório Kruschev –, conforma-se um núcleo diretivo que dará sustentação à política desenvolvida pelo PCB até sua outra grave crise, em 1992[31].

Nesse sentido, esse grupo diretivo coeso que será responsável pela "identidade" política do PCB constituirá, de fato, um *novo grupo histórico, que se estruturará tardiamente*, isto é, no período em que o MCI sofria suas mais profundas transformações e fragmentações, como a fratura iugoslava e, mais grave, a chinesa. Esse *grupo dirigente-tardio* tem sua origem no núcleo que se constrói na luta interna, em torno do "centro pragmático", um dos três grupos que se estruturam nas fileiras do PCB – os outros dois grupos eram compostos por "renovadores" e "conservadores. O "centro pragmático" alia-se a princípio com os que resistiam às mudanças contra os renovadores, que tinham como maior expressão Agildo Barata, e posteriormente passa a combater o núcleo stalinista até sua expulsão do partido[32]. O decorrer da luta interna, que será travada na perspectiva da renovação partidária e terá como pano de fundo as denúncias de Nikita Kruschev sobre os crimes de Stálin, mas cujo elemento central será a nova política, acabará reagrupando correntes internas em torno do apoio ao núcleo que hegemonizará o partido e constituirá o *grupo dirigente-tardio* – aquele que conseguirá atrair Prestes com uma política conciliatória, o que, aliás, é uma prática constante e tradicional da lógica dos partidos comunistas em momentos de luta interna[33].

É importante que nos detenhamos um pouco mais nesse processo, porque dele sairá a linha mestra de ação política do PCB. O que é fundamental reter nessa

---

[31] Ver, neste volume, *Posfácio: una sinfonia in discontinua continuità*: PCB, do *"racha" de 1992 à reconstrução revolucionária*.

[32] Os renovadores tinham suas bases na juventude comunista e na intelectualidade que atuava nos órgãos da imprensa partidária. O grupo que se opunha às mudanças era composto, entre outros, por Luiz Carlos Prestes, João Amazonas, Maurício Grabois e Carlos Marighella. O "centro pragmático" tinha como expressão Giocondo Dias, Mário Alves e Jacob Gorender. Ver José Antonio Segatto, *Reforma e revolução: as vicissitudes do PCB (1954-1964)* (Rio de Janeiro, Civilização Brasileira, 1995), p. 63-4.

[33] "Com uma política conciliatória e com a incorporação de Prestes, mais adiante, com seu prestígio, atrairá parte da corrente renovadora (Roberto Morena, Francisco Gomez, Zuleika Alambert, Armênio Guedes, Horácio Macedo e muitos outros) e, por outro lado, boa parte da corrente conservadora (Marighella, Luiz Teles, Orlando Bonfim Júnior, Apolônio de Carvalho e grande número de dirigentes nacionais, regionais e de base), tornando-se majoritária. Vitoriosa na luta interna, absorve as teses fundamentais dos renovadores (que antes haviam criticado impiedosamente), mas conservando e adaptando-as aos elementos, noções e princípios da doutrina marxista-leninista" (José Antonio Segatto, *Reforma e revolução*, cit., p. 65).

análise é que, a partir da "Declaração de Março de 1958", o PCB realizará plenamente uma linha política dentro da lógica delineada pelo próprio Kominform no escopo dos interesses da política externa da União Soviética, obviamente adaptada às circunstâncias da realidade e do momento histórico brasileiro. Apesar de manter o viés nacional-libertador – presente em todas as formulações do partido, desde as que foram pioneiramente realizadas por Octávio Brandão e Astrojildo Pereira e correspondiam à visão da revolução em "etapas" –, uma das características da "Declaração" é a reestruturação da análise sobre o caráter do capitalismo brasileiro, considerado com condições de se desenvolver autonomamente.

Segundo a "Declaração", o desenvolvimento das forças produtivas fez surgir no país uma burguesia "nacional e progressista", em contradição com o imperialismo, além de ter aumentado o contingente do proletariado urbano e rural. Assim, o Estado que emergiu após 1945 não se constituía mais como um Estado hegemonizado por latifundiários e grandes capitalistas a serviço do imperialismo. Sob esse ponto de vista, o desenvolvimento do capitalismo constituía-se em um elemento progressista que permitira alterações expressivas na vida nacional, bem como possibilitaria a ampliação dos espaços democráticos da sociedade nacional. Portanto, no contexto da "etapa" democrático-burguesa da revolução brasileira, a nova contradição fundamental se dava entre a burguesia "nacional e progressista" e os segmentos tradicionalmente vinculados ao imperialismo estadunidense, que estariam constituindo os núcleos antidemocráticos do país[34]. Além do mais, privilegiava-se a ação legal, por meio da "via pacífica" para o socialismo, que passava a ser o elemento central da política dos comunistas. Portanto, a atuação do partido deveria ser realizada por meio da Frente Nacionalista, constituída por "patriotas da burguesia nacional", da pequena burguesia e do proletariado urbano e rural[35]. Deslocava-se, assim, o fulcro da política do PCB, que deixava de privilegiar a base material da sociedade, ou seja, a luta *econômica politizada* travada na disputa pela hegemonia do movimento sindical, para favorecer um campo de amplas alianças, que subordinava a luta do proletariado ao *politicismo de viés liberal* e instituciona-

---

[34] Ver PCB, "Declaração sobre a política do Partido Comunista Brasileiro, março de 1958 ['Declaração de Março']", em *PCB: vinte anos de política (1958-1979)* (São Paulo, LECH, 1980), p. 3.

[35] "Buscando formar amplas coligações eleitorais, que levem à vitória os nacionalistas e os democratas, é necessário ter em vista a composição de classe mais ou menos heterogênea dos partidos políticos brasileiros, sem, entretanto, estabelecer identidade entre eles. Os comunistas apoiam os elementos nacionalistas e democratas que existem em todos os partidos" (PCB, "Declaração sobre a política do Partido Comunista Brasileiro", cit., p. 25).

ADAGIO – RUPTURAS E CONTINUIDADES: A CONSTRUÇÃO DO REFORMISMO 103

lista. Essa formulação do *grupo dirigente-tardio* configurava-se nitidamente como *gradualista*, na medida em que a hegemonia do proletariado seria conseguida mediante graduais conquistas democráticas, que estariam sendo favorecidas pelo desenvolvimento econômico do país[36].

Na lógica da política externa soviética, e na própria concepção que se configura no pós-guerra, o mundo estava organizado em dois blocos de influência, o que correspondia à realidade. A grande preocupação de Stálin foi a de impedir que os Estados Unidos estruturassem uma aliança política na Europa que ameaçasse o Estado soviético, o que *per se* era um entendimento mais do que justo. O aspecto problemático dessa posição foi exatamente atrelar os partidos comunistas a essa política – o que não era nenhuma novidade, desde a hegemonização russa na IC –, fato que bloqueou o avanço das forças revolucionárias na Europa já no fim da guerra, como demonstraram, entre outras coisas, a ação desmobilizadora do PCI e os trágicos acontecimentos na Grécia, que culminaram com o massacre dos comunistas gregos. De acordo com essa lógica, o mundo dividido em blocos seria, na realidade, um mundo regido por campos ideológicos, ou seja, um democrático e o outro imperialista, sendo o democrático liderado pela União Soviética, o que em si não deveria ser estranho ao MCI, se ele não estivesse subordinado à lógica da política externa soviética. *Nessa óptica, diluíam-se a luta de classes e a contradição entre socialismo e capitalismo.* E mais, apostava-se na possibilidade da realização da democracia dentro da ordem burguesa e, desse modo, os partidos comunistas deveriam se constituir como força auxiliar de apoio à manutenção da ordem capitalista[37]. Após a dissolução do Kominform, em 1956, a gravitação dos partidos

---

[36] Como destaca José Antonio Segatto sobre a "Declaração": "Apesar de a burguesia ser uma força revolucionária inconsequente, vacilante, conciliadora e temerosa da ação independente das massas, os comunistas não 'condicionam' sua participação na frente única a uma prévia direção do movimento. A conquista da hegemonia do proletariado seria um processo de luta árdua e paulatina" (*Reforma e revolução*, cit., p. 81).

[37] A respeito do informe de Andrei Zhdanov na conferência dos nove partidos comunistas, que preparou a instalação do Kominform, lembra Claudin: "Nem no informe de Zhdanov nem na Declaração dos nove se diz uma palavra sobre a luta pelo socialismo nos países do Capital – sequer como uma perspectiva remota com alguma ligação com os objetivos imediatos. Omissão desse tipo não pode ser tomada como casual, tendo-se em conta que era a primeira definição da estratégia mundial do movimento comunista depois da dissolução da IC. [...] As duas ações revolucionárias de maior envergadura que estavam em curso no instante da fundação do Centro de Informações dos Partidos Comunistas [Kominform] e que encerravam uma promessa mais imediata de desembocar numa revolução socialista – a guerra civil chinesa e a insurreição grega – são totalmente silenciadas. O seu significado não é analisado, sua luta não é apresentada como

104 SINFONIA INACABADA

comunistas em torno da União Soviética se realizará sem as intermediações de um organismo político de ação internacional, o que irá apenas concluir um melancólico processo que se iniciara com a hegemonização do grupo stalinista na IC – que, em última instância, acabou transformando a maioria dos partidos comunistas em instrumentos auxiliares da política externa de "coexistência pacífica" da União Soviética. Na América Latina, aplicou-se uma política de sustentação aos governos burgueses considerados "progressistas" e democráticos – Juscelino Kubitschek no Brasil, Arturo Frondizi na Argentina etc. –, cujo fundamento teórico, como acentua Michel Löwy, é a "Declaração de Março de 1958"[38]. Assim, a "Declaração de Março", ao expressar essa subordinação, *realiza no plano interno o que no plano externo constituía a estratégia soviética*, ou seja, executava uma política de conciliação de classes que defendia uma democracia "genérica" dentro da ordem capitalista e sua burguesia "progressista", vista como "defensora da paz e do progresso" nacional.

Traçando o caminho reformista da chamada "via pacífica" para o socialismo, a "Declaração de Março de 1958", além de ser o instrumento justificador da aliança com a "burguesia nacional", revela a modificação das análises interpretativas sobre a realidade brasileira, que o *grupo dirigente-tardio* acaba tomando dos "reformadores" para tentar responder à necessária revisão de suas formulações plenas de dogmatismo e aplicação mecânica da linha política do VII Congresso da IC. Essa nova formulação aparece claramente no documento assinado por Prestes, em 20 de março de 1958, no qual se explicita o conteúdo da linha política do PCB. Por um lado, esse "novo" direcionamento ressalta importantes elementos de autocrítica na condução política, basicamente no que se refere à aplicação mecânica das formulações teóricas do MCI à realidade brasileira[39], além de ampliar o espectro teórico-referencial

---

exemplo para outros povos e não se convocam os partidos comunistas e as forças democráticas mundiais para auxiliar os combatentes chineses e gregos. Um silêncio tão mais eloquente quando do se recorda que nestas duas batalhas as armas e os recursos americanos estavam diretamente envolvidos" (*A crise do movimento comunista*, cit., v. 2, p. 497).

[38] Nesse sentido, ressalta Löwy: "O fundamento teórico dessa política é resumido pela declaração do PC brasileiro, de março de 1958, na qual afirma que a contradição entre o proletariado e a burguesia 'não mais exige uma solução radical, na etapa atual. Nas presentes condições do país, o desenvolvimento capitalista corresponde aos interesses do proletariado e de todo o povo [...] O proletariado e a burguesia aliam-se em torno de objetivos comuns de luta por um desenvolvimento independente e progressista contra o imperialismo norte-americano'" (*Le marxisme en Amérique Latine*, cit., p. 48 [ed. bras.: *O marxismo na América Latina*, cit., p. 41]).

[39] "[...] transformamos os ensinamentos do marxismo-leninismo em dogmas abstratos, em fórmulas gerais, uniformemente aplicáveis a todos os países, sem exame das particularidades concretas de

ADAGIO – Rupturas e continuidades: a construção do reformismo   105

partidário, com a introdução "oficial" nos meios comunistas brasileiros de autores marxistas que até então eram considerados "heréticos", como o filósofo húngaro György Lukács e o dirigente comunista italiano Antonio Gramsci[40]. Por outro lado, o partido confirmava e sofisticava a linha anterior, no que diz respeito à sua postura nacional-libertadora, enfatizando o papel "progressista" da "burguesia nacional" – e de setores capitalistas em "contradição" com o imperialismo estadunidense –, que deveria servir de ponto de apoio para a destruição de "resquícios feudais" no país.

Podemos perceber, então, que a tentativa de atualização do instrumental teórico utilizado pelo partido não permitiu a ruptura com a sua raiz dogmática e de aplicação mecânica das velhas concepções forjadas pela IC. Ao contrário, *reafirmava-a em seu núcleo teórico mais negativo, isto é, o "etapismo" e a visão arquetípica da realidade nacional*, que foram elaborados a partir do V Congresso de um Komintern contaminado pelo pseudomarxismo necrosado do grupo de Stálin, que progressivamente transformou a tática de manutenção e defesa da União Soviética (que deveria servir de acúmulo político para a realização da revolução mundial) em estratégia dos interesses de uma burocracia *apparatchik* que passa a hegemonizar o Estado soviético e o PCUS. A "Declaração de Março" será a expressão de um instrumental teórico exaurido, adequado a um *grupo dirigente-tardio* que materializava em sua concepção política a *via stalinista de socialismo*. Esse instrumental teórico presente na "Declaração de Março" será consubstanciado no V Congresso do PCB, realizado em setembro de 1960. O V Congresso ratificará as análises e conclusões da "Declaração de Março" – que se constituiu no referencial teórico-político de suas resoluções – e o apoio à candidatura

---

seu desenvolvimento histórico. Por outro lado, menosprezamos o estudo da realidade brasileira, perdemos de vista o movimento real, os processos que estavam em curso na vida econômica e política do país […] Não víamos que a burguesia interessada no desenvolvimento independente da economia nacional ganhava força não só nos partidos políticos e no parlamento como no próprio governo. Com a participação destes setores da burguesia no Poder do Estado, mudava parcialmente o seu caráter, bem como, em particular, do governo. […] Objetivamente, acumulavam-se os fatores que levam à formação de uma frente única contra o imperialismo norte-americano e os seus agentes internos, frente única que pode e deve abranger o proletariado, os camponeses, a pequena burguesia urbana, a burguesia, os latifundiários que têm contradições com o imperialismo norte-americano e os capitalistas ligados a grupos imperialistas rivais dos monopólios norte-americanos. Nestas condições, o golpe principal do proletariado e de todas as forças progressistas do país deve-se dirigir contra o imperialismo norte-americano e os seus agentes internos" (Edgard Carone, *O PCB*, cit., v. 2, p. 196-202).

[40] Ver o texto de Celso Frederico, "A presença de Lukács na política cultural do PCB e na Universidade", em João Quartim de Moraes (org.), *História do marxismo no Brasil* (Campinas, Editora da Unicamp, 1995), v. 2.

do marechal Lott à Presidência da República. O aspecto mais importante é a *rejeição radical e a crítica reducionista* às formulações contidas no "Manifesto de Agosto", que, segundo as resoluções, eram baseadas no "esquerdismo sectário e inconsistente diante da realidade brasileira" e refletiam a condução stalinista do PCB.

No processo de preparação do congresso fervilhavam divergências, não somente entre os organismos diretivos, mas também entre as bases partidárias: opunham-se à nova linha política João Amazonas, Maurício Grabois e Pedro Pomar, e contraditavam-nos Jacob Gorender, Mário Alves, Carlos Marighella e Moisés Vinhas[41]. Mais uma vez a viragem da diretriz política do PCB resultava num grande confronto interno, consequência da própria forma dogmática de sua estrutura organizativa e do sectarismo com que eram encaminhadas as discussões partidárias, que impediam aprofundamentos ou análises críticas[42]. Sobre esse processo de luta interna, que foi travada no bojo da recomposição do núcleo diretivo e findou com a constituição do *grupo dirigente-tardio* – cujo início se dá com o processo de reconstrução partidária, em 1943, e seu término, com a "Declaração de Março" e o V Congresso –, é necessário que nos detenhamos um pouco mais.

Como dissemos anteriormente, todo o processo de revisão da linha político-teórica do PCB se realiza sem ruptura estrutural com as formulações do Komintern e sem as "aprimorações" efetuadas pelo Kominform e pelos manuais soviéticos. A "Declaração de Março", juntamente com o V Congresso, constituem a versão comunista brasileira da política implementada não somente pela União Soviética, mas por todos os partidos comunistas historicamente vinculados ao MCI. Isso significa que, em nenhum momento, a chamada "renovação" do PCB, realizada após 1958, rompeu com o aspecto estrutural do MCI. Nem poderia ser diferente, pois essa era a lógica imanente que configurava historicamente o movimento comunista e as "renovações" que se processavam internamente nos partidos comunistas. A política de "coexistência pacífica" que fora implementada por Kruschev, e que daria o tom da política dos comunistas ocidentais, nada mais era do que o desenvolvimento natural da velha política desenhada por Stálin com base em Yalta e Potsdam. Ainda que, no processo que se segue ao XX Congresso do PCUS, existissem indícios de críticas – que efetivamente existiam, até serem abortadas pela nova *nomenklatura* que subiu ao poder com o grupo liderado por Brejnev –, essas

---

[41] Ver Moisés Vinhas, *O Partidão*, cit., p. 183.

[42] Sobre as formas de condução dos debates internos a respeito do Relatório Kruschev e o processo congressual, ver Moisés Vinhas, *O Partidão*, cit.; Ronald H. Chilcote, *Partido Comunista Brasileiro*, cit.; Jacob Gorender, *Combate nas trevas*, cit.; e José Antonio Segatto, *Reforma e revolução*, cit.

ADAGIO – RUPTURAS E CONTINUIDADES: A CONSTRUÇÃO DO REFORMISMO 107

críticas eram incipientes e rudimentares, e alguns dos que desejavam realizar a crítica do passado queriam, como ressaltou Lukács, apenas "pespegar etiquetas novas nas coisas velhas inalteradas"[43], como a história acabou demonstrando. De modo que não podemos deixar de dizer que a "renovação" do PCB realizou-se como ajuste, retoque e atualização das velhas e consagradas fórmulas construídas no período da hegemonia stalinista. Assim, sua contrapartida aparece também nesse escopo. Quer dizer, a crítica realizada pelo grupo liderado pelos membros do Comitê Central do PCB que irão efetuar a ruptura com a política construída a partir de 1958-1960 situa-se, *rigorosamente*, no mesmo campo ou, melhor dizendo, no campo dos que não se propuseram nem mesmo a "pespegar etiquetas novas" e, após o insucesso da tentativa de serem reconhecidos por Moscou, acabaram voltando-se para a China como o novo "farol do mundo" e para Mao Tsé-tung como o novo "timoneiro" do proletariado[44]. Não há, na crítica ao reformismo efetuada pelos dissidentes do Comitê Central, nenhuma reavaliação das teorias elaboradas pelo Komintern, nem sequer da revolução em "etapas", que, ao contrário, é reafirmada[45]. Esses velhos e experientes dirigentes, como João Amazonas, Pedro Pomar e Maurício Grabois – que acabaram expulsos do PCB sob a acusação de articular uma fração interna que se contrapunha à maioria do Comitê Central e tinha como bandeira política imediata a luta contra a mudança do nome de Partido Comunista do Brasil para Partido Comunista Brasileiro –, organizam a Conferência Nacional Extraordinária do Partido Comunista do Brasil em fevereiro de 1962, consumando a primeira divisão importante nas fileiras do PCB. O PCdoB, como será conhecida a nova organização comunista, assumirá as resoluções do IV Congresso e algumas das formulações do "Manifesto de Agosto de 1950"[46].

---

[43] György Lukács, "Carta sobre o stalinismo", cit., p. 17.

[44] Como acentuou Gorender: "Em julho de 1963, um artigo de Maurício Grabois chamou o PCCh de destacamento de vanguarda e força dirigente da revolução mundial. Mao Tsé-Tung recebeu de Grabois o reconhecimento de maior teórico vivo do movimento comunista internacional, colocado no nível hierárquico de Marx, Engels, Lênin e Stálin. O maoismo ganhava difusão institucionalizada no Brasil e atuava como força aglutinadora contra o PCB" (*Combate nas trevas*, cit., p. 34).

[45] Ver Ronald H. Chilcote, *Partido Comunista Brasileiro*, cit., p. 126-7; Daniel Aarão Reis Filho, *A revolução faltou ao encontro: os comunistas no Brasil* (São Paulo, Brasiliense, 1990), p. 37-8; e Jacob Gorender, *Combate nas trevas*, cit., p. 34 e seg.

[46] Sobre essa cisão do PCB, assim resume Aarão Reis Filho: "Não se tratava, contudo, de uma questão de nomes. Os que se rebelavam denunciavam o abandono de tradições e de princípios. E o que era pior: o Partido nem sequer era consultado. Alegaram que o Congresso de 1960

Concluído esse processo traumático de divisão interna, sumariamente descrito, o PCB consolidará sua ação política alicerçado nas formulações elaboradas em 1958 e 1960, Estas constituirão o fundamento político do PCB ao seu apoio ao governo de João Goulart, acreditando na possibilidade de um grande avanço rumo ao desenvolvimento autônomo do capitalismo nacional e da democracia, o que permitiria a criação de condições favoráveis para o combate ao imperialismo e a preparação da etapa seguinte: a tomada do poder pela classe operária. No entanto, podemos dizer que tanto o PCB como Goulart estavam em descompasso com o real projeto burguês. A burguesia brasileira não estava perseguindo uma via autônoma de desenvolvimento capitalista, mas, ao contrário, queria criar as condições para um desenvolvimento associado com o imperialismo. E foi justamente essa proposta que determinou o combate a Jango e aos comunistas por parte da própria burguesia "nacional", um combate expresso por meio do golpe militar-bonapartista de 1º de abril de 1964. Assim, o PCB acabou derrotado por sua própria linha teórico-política, na medida em que se preparou para viver uma disputa pelo poder no terreno institucional-burguês, apostando na legalidade burguesa e desconsiderando a história de uma burguesia permanentemente golpista e reacionária, de viés bonapartista, como é a burguesia brasileira.

---

não outorgara autorização para modificações de tamanho vulto. O protesto não repercutiu no Partido e não sensibilizou a direção. Ao contrário. Foi caracterizado como manifestação de uma contradição insanável. Poucos meses depois, acusados de organizarem uma fração, proibida pelos Estatutos, os principais responsáveis pela Carta dos 100 começaram a ser expulsos do Partido. As cabeças rolavam, mas os atingidos não admitiam a legalidade do ato. Convocaram uma Conferência Extraordinária, constituindo organização própria, e reivindicando as tradições, as datas comemorativas, as experiências e até mesmo as alianças internacionais do velho Partido fundado em 1922. E expulsaram os que os haviam expulsado, em manobra surpreendente, mas que faria escola. Estava fundado um novo Partido Comunista, embora seus dirigentes designassem o ato da fundação como momento de reorganização" (*A revolução faltou ao encontro*, cit., p. 37).

SEGUNDO MOVIMENTO
ANDANTE MAESTOSO
O CONTEXTO POLÍTICO DA AÇÃO DO PCB

Al tornar de la mente, che si chiuse [...]
che di trestizia tutto mi confuse
novi tormenti e novi tormentati
mi veggio intorno, come ch'io mi mova
e ch'io mi volga, e come che io guati
Io sono al terzo cerchio, de la piova
eterna, maledetta, fredda e greve:
regola e qualità mai non l'è nova.[1]

Dante Alighieri, "Inferno",
La divina commedia, Canto VI

---

[1] "Do soçobro tornando a aflita mente [...]/ Havia tanto o padecer pungente,/ Achei-me novamente circundado/ De outros míseros, de outras amarguras,/ Que via em toda parte, ao longe e ao lado./ Sou no terceiro círculo, onde escuras,/ Eternas chuvas, gélidas caíam,/ Pesadas, sempre as mesmas, sempre impuras" (trad. José Pedro Xavier Pinheiro (1822-1882), publicada postumamente, Rio de Janeiro, Typographia Carlos Gaspar da Silva, 1888).

CAPÍTULO 3
PIZZICATO
PARTICULARIDADES SÓCIO-HISTÓRICAS DA FORMAÇÃO SOCIAL BRASILEIRA

Aspectos históricos do capitalismo no Brasil: breves considerações

O Brasil, após 1945, passará por grandes e profundas transformações em seu parque produtivo e, por consequência, na composição de seu tecido social. No entanto, essas transformações modernizadoras não significarão uma ruptura com a subordinação do país aos polos centrais do capitalismo. Ao contrário, o redimensionamento de sua estrutura socioprodutiva, que reintegrou o país ao conjunto de uma economia mundial reordenada no pós-guerra, reinsere a sociedade brasileira nos quadros da economia mundial, nos moldes de sua *subordinação estrutural*. Reafirma-se, assim, o *caminho colonial* das formas de sociabilidade do capitalismo brasileiro que, desde suas origens, organizou-se como uma economia complementar dos centros econômicos ativos ocidentais, tendo sido, num primeiro momento, forma econômico-social – *de caráter histórico-particular* – de impulsionamento do processo de acumulação primitiva de capitais, no período mercantil-manufatureiro-escravista[2] e, posteriormente, exportador de matérias-primas para a produção industrial dos centros desenvolvidos do capitalismo ao longo da primeira metade do século XX[3].

---

[2] Ver, entre outros, Caio Prado Jr., *História econômica do Brasil* (14. ed., São Paulo, Brasiliense, 1971); Fernando Novais, *Portugal e o Brasil na crise do antigo sistema colonial (1777-1808)* (São Paulo, Hucitec, 1979); Antonio Carlos Mazzeo, *Estado e burguesia no Brasil: origens da autocracia burguesa* (São Paulo, Boitempo, 2015), cap. 2; e *Os portões do Éden: igualitarismo, política e Estado nas origens do pensamento moderno* (São Paulo, Boitempo, 2019), Parte II.; Manuel Moreno Fraginals, *O engenho: complexo socioeconômico açucareiro cubano* (São Paulo, Ed. Unesp/Hucitec, 1988), 3 v.

[3] Ver Caio Prado Jr., *A revolução brasileira* (6. ed., São Paulo, Brasiliense, 1978); e Francisco de Oliveira, *A economia de dependência imperfeita* (Rio de Janeiro, Graal, 1977).

114 Sinfonia inacabada

Esse caminho brasileiro de objetivação do capitalismo, desencadeado, ainda que de forma incipiente, no fim do século XVIII, com o surgimento de um débil mercado interno colonial, iniciado com a atividade mineradora e ampliado após a emancipação política no século XIX, conformará o caráter da acumulação interna de capitais e a própria morfologia da formação social brasileira[4], notadamente com a produção cafeeira de base escravista, a partir da segunda metade do século XIX[5], o que configura um processo de acumulação de capital numa *via não clássica* de objetivação do capitalismo. Essa forma de capitalismo de *extração colonial* irá estruturar também um Estado *específico*, à sua imagem e semelhança, de acordo com seu fundamento econômico-social, muito mais como um produto da crise mundial da estrutura mercantil-escravista do que como um projeto nacional articulado pela burguesia agrário-exportadora brasileira.

Podemos dizer que a ação da burguesia agrário-mercantil brasileira, na tentativa de construir um "projeto" de Estado nacional, foi circunscrita principalmente pela *impossibilidade* de continuar a pertencer ao Reino Unido com Portugal e Algarve. Nesse sentido, a independência do Brasil aparece como resultante da desconexão dos interesses da burguesia e das frações de classes dominantes lusitanas com os da burguesia brasileira, desencadeada a partir de 1815 pelas pressões políticas em Portugal. Estas culminariam na Revolução Liberal de 1820[6], na qual se adaptam às ideias liberais de reimplantação do arrocho colonial no Brasil, o que nos permite dizer que "foram as propostas recolonizadoras que determinaram, em última instância, o desenvolvimento do processo emancipador, por parte da burguesia,

---

[4] Ver Antonio Carlos Mazzeo, *Estado e burguesia no Brasil*, cit., especialmente cap. 3.

[5] Como diz João Manuel Cardoso de Mello: "A economia mercantil-escravista cafeeira nacional é obra do capital mercantil nacional, que se viera formando, por assim dizer, nos poros da colônia, mas ganhara notável impulso com a queda do monopólio de comércio metropolitano e com o surgimento de um muito embrionário sistema monetário nacional, consequências da vinda, para o Brasil, da Família Real, o passo decisivo para a formação de Estado Nacional" (*O capitalismo tardio: contribuição à revisão crítica da formação e do desenvolvimento da economia brasileira*, 3. ed., São Paulo, Brasiliense, 1984), p. 54.

[6] A esse respeito, ver José Honório Rodrigues, *Independência: revolução e contra-revolução* (São Paulo/ Rio de Janeiro, Edusp/Livraria Francisco Alves, 1975-1976), v. 5; Nelson Werneck Sodré, *As razões da independência* (Rio de Janeiro, Civilização Brasileira, 1978); Caio Prado Jr., *Evolução política do Brasil e outros estudos* (7. ed., São Paulo, Brasiliense, 1971); Carlos Guilherme Motta, *1822: dimensões* (São Paulo, Perspectiva, 1972); e Márcia R. Berbel, *Deputados do Brasil nas cortes portuguesas (1821-1822): um estudo sobre o conceito de nação* (tese de doutorado em história, São Paulo, FFLCH-USP, 1997).

pois enquanto as intenções lusas não se tornavam nítidas, muitos componentes da liderança política do país eram partidários da união com Portugal"[7].

A burguesia agrário-mercantil brasileira defrontou-se com a necessidade de construir uma estrutura política que atendesse aos seus interesses, isto é, que mantivesse intacta a forma produtiva agrário-escravista. A liderança política brasileira, representada principalmente pelos ex-deputados paulistas nas cortes portuguesas, articula a construção de um Estado nacional moldado de acordo com as estruturas produtivas assentadas na forma-trabalho-forçado/escravo, em consonância com a economia colonial. Se o governo de D. Pedro I e, sobretudo, o período regencial lançam as bases sociais e políticas para o processo de concentração de capitais no país, o reinado de D. Pedro II consolidará a via *prussiano-colonial* de desenvolvimento capitalista, tanto em suas formas econômicas como em sua face política, materializada em um tipo *particular* de autocracia burguesa: um governo de caráter bonapartista e *de viés colonial*, do qual trataremos adiante.

Para que possamos definir melhor nosso entendimento sobre as formas histórico-sociais do desenvolvimento capitalista brasileiro, é necessário, ainda que a largos traços, caracterizar conceitualmente as *vias* históricas de objetivação do capitalismo[8], ressaltando que a caracterização de *vias* de desenvolvimento histórico do capitalismo *não significa* o enquadramento dos processos históricos em *modelos* esquemáticos ou predeterminados. Ao contrário, a especificação das formas capitalistas de sociabilidade, engendradas em seus contextos histórico-particulares, permite que realcemos as dimensões ontológicas dos processos socialmente determinados, sem desrespeitar suas legalidades imanentes, como totalidade articulada por infinitas complexidades, tendo em conta que os complexos sociais possuem legalidades objetivas nas quais seus elementos constitutivos, enquanto essências ontológicas próprias, conformam-se em outros complexos que são as categorias e, assim, dão historicidade e concretude às formações sociais e às categorias econômicas[9]. Essa historicidade das categorias

---

[7] Antonio Carlos Mazzeo, *Estado e burguesia no Brasil*, cit., p. 104.

[8] Sobre essa questão, ver, entre outros, José Chasin, *O integralismo de Plínio Salgado* (São Paulo, Lech, 1978); Carlos Nelson Coutinho, *Cultura e sociedade no Brasil: ensaio sobre ideias e formas* (Belo Horizonte, Oficina de Livros, 1990); Antonio Carlos Mazzeo, *Estado e burguesia no Brasil*, cit., cap. 2 e 2; Luís Werneck Vianna, *Liberalismo e sindicato no Brasil* (2. ed., Rio de Janeiro, Paz e Terra, 1978), e Ricardo Antunes, *A rebeldia do trabalho* (2. ed., Campinas, Ed. Unicamp, 1992).

[9] Ver György Lukács, *Ontologia dell'essere sociale* (Roma, Editori Riuniti, 1981), v. 1, p. 283-4. [ed. bras.: *Para uma ontologia do ser social I*, trad. Carlos Nelson Coutinho, Mario Duayer e Nélio Schneider, 2. ed., São Paulo, Boitempo, 2018, p. 302-4.]

"quando elevada às suas dimensões ontológicas – imanentes ao próprio real (com efeitos histórico-concretos na morfologia das formações sociais) – nos permite eliminar qualquer reducionismo dogmatizador do real caráter que a estrutura produtiva assume na conformação da totalidade"[10]. Esse pressuposto nos possibilita situar as diversas formações sociais capitalistas no âmbito *histórico-concreto* da relação *universal-particular*, isto é, no espectro do modo de produção capitalista que as conformam e que se constitui como universalidade.

Portanto, as formações sociais constituem-se como *particularidades* históricas que materializam e *contêm* o modo de produção capitalista, pondo e repondo os nexos ontogenéticos *específicos* à universalidade dentro de uma interação dialética indissolúvel, e, nesse sentido, aparecem como a *concretude mesma* do modo de produção. Isso nos permite analisar as *singularidades* que se encontram articuladas dialeticamente com o universal e com o particular[11], isto é, nas formas político-econômicas que se consubstanciaram nas formações sociais capitalistas, e, assim, captar a *diferentia specifica* entre os particulares constitutivos da universalidade capitalista. O processo de entificação do capitalismo, entendido por suas *formas particulares de materialização* nas diversas formações sociais, deve ser apreendido dentro dos nexos histórico-sociais de sua objetivação, elevando-se às dimensões *concretas* do momento de sua construção histórico-objetiva.

O capitalismo, aqui compreendido histórica e conceitualmente como uma *particularidade* que se dilata rumo à universalidade, objetiva-se inicialmente, enquanto processualidade, na Europa Ocidental e engendra o que chamamos de sua *via clássica de objetivação*. Nesta ocorre um largo processo acumulador de

---

[10] Antonio Carlos Mazzeo, *Estado e burguesia no Brasil*, cit., p. 17.

[11] Como ressalta Lukács, a "análise profunda e refinada, que leva em conta todos os traços irrepetíveis da singularidade de uma situação política, social e econômica, é ligada inseparavelmente [...] com a descoberta e a aplicação das leis mais universais do desenvolvimento histórico; basta pensar nas exigências continuamente colocadas por Lênin, de analisar concretamente situações concretas. Se se consideram mais de perto estas análises dos clássicos do marxismo, tem-se sempre a impressão de que a unicidade (a singularidade) de uma tal situação pode ser elevada à clareza teórica, e tornar-se portanto utilizável praticamente, tão-somente mostrando como as leis universais se especificam (o particular) no caso em questão de tal modo que esta situação característica, que por princípio jamais se repete nesta mesma forma, pode ser compreendida na relação total recíproca de leis conhecidas, universais e particulares" (*Prolegómenos a una estética marxista: sobre la categoría de la particularidad*, Barcelona, Grijalbo, 1969, p. 105 [ed. bras.: *Introdução a uma estética marxista: sobre a categoria da particularidade*, trad. Carlos Nelson Coutinho e Leandro Konder, Rio de Janeiro, Civilização Brasileira, 1978, p. 92-4]).

capitais – gerado nas entranhas de um feudalismo em decomposição – que, num primeiro momento, acopla massas de braços e de instrumentos de trabalho preexistentes sob sua hegemonia (a *subsunção formal* do trabalho ao capital – Marx) e, posteriormente, dá forma e conteúdo próprio aos processos produtivos (a *subsunção real* do trabalho ao capital – Marx) no momento do salto para o capitalismo industrial. Esse processo de desagregação de uma forma social arcaica, de um lado, e de conformação estrutural de uma nova forma de sociabilidade, de outro, será permeado, durante vários séculos, por profundas comoções sociais e revoluções que darão as condições objetivas para a construção e a consolidação do mundo burguês e de sua cosmovisão (*Weltanschauung*).

É nesse contexto que Moore Jr., ao analisar a Inglaterra do século XVII, ressalta que as "lutas sociais de que irrompeu a Guerra Civil inglesa do século XVII têm suas origens num complicado processo de transformação que começou alguns séculos antes"[12]. Essas transformações atingem diretamente o próprio conceito da "ideologia da terra", de conteúdo feudal, ou seja, gradativamente a relação determinada pelos elementos ideológicos terra-senhor-obrigações para com os servos vai se metamorfoseando para a relação arrendatário-senhor, que exclui e posteriormente expulsa o servo. Ou seja, a terra deixa de ser o elo entre o senhor e seus dependentes. A propriedade feudal se converte lentamente em propriedade capitalista, assim como seu senhor transmuta-se em burguês, o que não significa que todos os membros da nobreza transformam-se em *bourgeois gentilhomme*. Mas a *tendance majeure* aponta para isso, especialmente a *gentry*, que acaba encarnando uma tendência histórica decisiva, a qual alterará profundamente a sociedade inglesa e desembocará na revolução burguesa do século XVII, na Inglaterra. Como acentuou Poulantzas:

> [a] característica de classe deste processo revolucionário, e em particular da revolução de 1640, consiste em marcar, de maneira clara, o início do processo de estabelecimento

---

[12] Barrington Moore Jr., *As origens sociais da ditadura e da democracia* (trad. Maria Ludovina Figueiredo Couto, São Paulo, Martins Fontes, 1978), p. 14. Como analisa Marx: "A revolução agrícola, que ocorre no último terço do século XV e se estende por quase todo o século XVI (com exceção, porém, de suas últimas décadas), enriqueceu o arrendatário com a mesma rapidez com que empobreceu a população rural" (*O capital*, Livro I: *O processo de produção do capital*, trad. Rubens Enderle, São Paulo, Boitempo, 2013, p. 814). Ver também Maurice Dobb, *A evolução do capitalismo* (5. ed., Rio de Janeiro, Zahar, 1976); Christopher Hill, *God's Englishman: Oliver Cromwell and the English Revolution* (Londres, Penguin, 1970); *A Revolução Inglesa de 1640* (trad. Wanda Ramos, 2. ed., Lisboa, Presença, 1981).

da dominância do MPC [modo de produção capitalista] por meio da capitalização da renda fundiária: trata-se aqui do caso característico em que se constata o funcionamento concreto dos proprietários de terras de renda fundiária. A Revolução de 1640, e a sua viragem de 1688, marcam precisamente o começo da transformação de uma parte da classe da nobreza feudal em classe capitalista.[13]

Assim, a nobreza aburguesa-se e acaba reforçando o processo de concentração de capitais; concomitantemente, constrói um aparelho estatal de acordo com seus interesses e projetos.

Já na França, a situação de atraso das relações capitalistas determinará a radicalização política de uma burguesia mais amadurecida ideologicamente, que, assim como na Inglaterra, alia-se a outras classes sociais (o campesinato, a pequena burguesia, as classes populares urbanas, isto é, a *sans-culotterie*, e outras) para pôr abaixo os entraves ao pleno desenvolvimento capitalista. "Como na França a revolução burguesa se dá um século mais tarde que na Inglaterra, onde as condições históricas para o pleno capitalismo já estão postas, poderemos chamar esse processo como o mais 'tipicamente' burguês"[14], no qual o liberalismo se constitui na expressão ideológica mais acabada de uma classe social que comanda um momento de modificações revolucionárias nas formas de sociabilidade. Nesse contexto de ascensão revolucionária da burguesia, surgem também os espaços históricos de organização das massas populares. Portanto, o elemento presente na *via clássica* de objetivação do capitalismo é a ruptura revolucionária com a velha ordem, em que se evidencia o confronto violento entre as classes sociais que disputam a hegemonia social e a consequente eliminação radical das classes e frações de classes derrotadas.

---

[13] Nicos Poulantzas, *Poder político e classes sociais* (trad. Francisco Silva, Lisboa, Portucalense, 1971), v. 1, p. 202.

[14] Antonio Carlos Mazzeo, *Estado e burguesia no Brasil*, cit., p. 96. Como ressalta Friedrich Engels: "a França é o país onde, mais do que qualquer outro lugar, as lutas de classe foram sempre levadas à decisão final, e onde, por conseguinte, as formas políticas mutáveis nas quais se condensam seus resultados tomam os contornos mais nítidos [...] a França desmantelou o feudalismo na Grande Revolução e instaurou o domínio da burguesia com uma pureza clássica inigualada por qualquer outro país europeu" (Karl Marx, "Prefácio à Terceira Edição Alemã", em *O 18 brumário de Luís Bonaparte,* São Paulo, Abril Cultural, 1978. p. 327 [ver também: ibidem, trad. Nélio Schneider, São Paulo, Boitempo, 2011, p. 21-2]). Conferir Albert Soboul, *Précis d'histoire de la Révolution Française* (Paris, Éditions Sociales, 1966).

Num segundo caminho de objetivação do capitalismo, denominado por Lênin de *via prussiana* do desenvolvimento burguês[15], diferentemente do ocorrido na *via clássica*, não há uma ruptura revolucionária com as antigas classes dominantes de proprietários rurais. A fazenda medieval transforma-se lentamente numa fazenda burguesa *junker*[16]; nesse sentido, a revolução burguesa dá lugar a um processo de reforma modernizadora que permite à nobreza *junker* apropriar-se da estrutura do aparelho de Estado e transformá-lo em uma poderosa alavanca de concentração de capitais e em coordenador da modernização capitalista. Nessa forma de sociabilidade, percebemos que o *novo* (representado pelo capitalismo) paga um pesado tributo ao *velho* (as antigas estruturas produtivas pré-capitalistas, consubstanciadas no *pacto transformista*) "pelo alto", isto é, entre a burguesia e os antigos senhores de terras, o que determinará uma conformação ideológica bem distanciada da que se desenvolve na Inglaterra e, principalmente, na França[17]. Como afirmei em outro lugar, se a burguesia francesa, em sua luta contra o *Ancien Régime*, encontra

uma massa socialmente informe e pôde englobá-la no amplo espectro do "terceiro Estado", a burguesia alemã, ao contrário, em seu caminho para a industrialização ampliada e para a consolidação da unidade nacional, encontra um proletariado moderno, apesar de incipiente. Surge, desse modo, a necessidade de um

---

[15] Ver Vladímir I. Lênin, "El programa agrario de la socialdemocracia en la primera Revolución Rusa de 1905-1907", em *Obras completas* (Madri, Akal, 1977), t. 8.

[16] Ver ibidem, p. 241.

[17] Como acentua György Lukács: "Em primeiro lugar, a extraordinária mesquinhez, a estreiteza, a falta de horizontes da vida nos pequenos principados alemães, comparada com a da Inglaterra ou França. Em segundo lugar – e em relação estreita com o já apontado –, a subsunção muito maior e mais tangível dos súditos ao monarca e ao aparato burocrático, e a margem objetiva muito mais estreita que isso deixa para uma atitude ideológica de oposição ou simplesmente critica. A isso é preciso acrescentar que o luteranismo (e, mais tarde, o pietismo etc.) reduz, ainda que de maneira mais subjetiva, essa margem, converte a submissão externa em servilismo interior e inocula, assim, aquela mentalidade de súditos que Friedrich Engels chamava de 'lacaia'. [...] Isso explica por que os alemães não tomam parte dos movimentos revolucionários burgueses chamados a substituir a forma de governo da monarquia absolutista, que ainda não alcança uma Alemanha unida, por outra forma de Estado mais alta e em sintonia com um desenvolvimento mais progressivo do capitalismo. [...] Num país assim não pode surgir, naturalmente, uma burguesia rica, independente e poderosa, nem uma intelectualidade progressista e revolucionária em sintonia com seu desenvolvimento" (*El asalto a la razón*, México, Grijalbo, 1972, p. 32-3). [ed. bras.: *A destruição da razão*, trad. Bernard Herman Hess, Rainer Patriota e Ronaldo Vielmi Fontes, São Paulo, Instituto Lukács, 2020, p. 40-1].

controle centralizado do aparelho estatal; um Estado autocrático, conduzido por uma ideologia que expresse a conciliação de classes e a manipulação de massas. Daí, para os setores da burguesia alemã mais determinados em eliminar possibilidades de comoções sociais, principalmente na Prússia, abria-se o caminho mais cômodo de uma articulação de classe, que permitia alijar a perspectiva de uma revolução democrático-burguesa e, ao mesmo tempo, atingir as metas de desenvolvimento de forças produtivas capitalistas, ainda que renunciando à hegemonia política dentro do aparelho de Estado.[18]

Essa "opção" histórica, por parte da burguesia alemã, conformará uma ordem modernizadora sob o manto de um chauvinismo nacionalista e contrarrevolucionário, materializado no Estado bismarckiano, ou seja, uma variante mais radicalmente reacionária do bonapartismo francês em que, diferentemente do bonapartismo *clássico*, o Estado aparece não como a representação do poder popular, mas como a encarnação do *Volksgeist*, isto é, como a materialização do *espírito comum* da nação alemã. Nesse sentido, o capitalismo alemão encontrará as condições favoráveis para um rápido e expressivo desenvolvimento de forças produtivas no fim do século XIX, fato que permitirá sua chegada à fase imperialista[19].

Visto sob a óptica conceitual das *particularidades*, o caminho brasileiro para o capitalismo, por sua vez, apresenta uma especificidade determinada por sua gênese num contexto histórico-objetivo que o qualifica como um caso "clássico" de formação social de *extração colonial*. O processo emancipador do Brasil engendra uma nova forma de subsunção aos centros capitalistas e, ao mesmo tempo, um tipo *particular* de desenvolvimento de forças produtivas e relações sociais de produção. Mas é exatamente nesse ponto que podemos localizar claras semelhanças com os processos *transformistas* ocorridos em países que vivenciaram o desenvolvimento capitalista no contexto da *via prussiana*, ainda que *trilhando direções opostas*, ou seja, relevando-se as formas histórico-concretas de sociabilidade capitalista no sentido de buscar as *diferenças particulares* do processo de acumulação de capitais. Nesse

---

[18] Antonio Carlos Mazzeo, *Estado e burguesia no Brasil*, cit., p. 98.

[19] Analisando o desenvolvimento capitalista alemão, Jeffrey Herf acentua: "Comparada com Inglaterra e França, a industrialização era tardia, rápida e completa. As unidades econômicas eram grandes e a intervenção estatal extensiva. O mais importante era que a industrialização capitalista ocorreu sem uma revolução burguesa exitosa. A burguesia, o liberalismo político e a ilustração seguiam débeis" (*El modernismo reaccionario*, México, FCE, 1990, p. 26). Ver também György Lukács, *El asalto a la razón*, cit. [ed. bras.: *A destruição da razão*, cit.].

sentido, entendemos que a contribuição de José Luís Fiori[20] é da maior importância, na medida em que, ao polemizar com as análises que situam o Brasil no contexto de um desenvolvimento capitalista em moldes *puramente* prussianos, demonstra essa impossibilidade histórica, dado o caráter associativo da burguesia nacional brasileira. Assim, a análise de Fiori nos remete a uma questão mais profunda, por nós já enunciada, que é a necessidade de transcender as análises interpretativas fundamentadas em modelos predeterminados. Efetivamente, não podemos apreender o processo de objetivação do capitalismo no Brasil sob a ótica da *via prussiana*, ainda que em seu desenvolvimento histórico-objetivo estejam presentes *elementos de prussianismo*, principalmente no que se refere à estruturação política do Estado nacional. No entanto, mesmo acentuando as *diferenças particulares*, não podemos desconsiderar aspectos histórico-sociais que nos remetem às semelhanças encontradas nas formações sociais de capitalismo retardatário. Esse tem sido o contexto teórico do debate sobre o caráter do capitalismo brasileiro[21]. O *elemento prussiano* presente na formação social brasileira expressa-se, ainda que *limitado ao plano fenomênico*, exatamente nas formas de acumulação de capitais pelo campo, ou seja, por identidades nos processos tardios de desenvolvimento capitalista. É por essa razão que, se temos:

> um processo acumulador pelo campo que se aproxima do "caso alemão", podemos ir ainda mais além. Na Alemanha, a unidade nacional é imposta de cima para baixo; no Brasil esta unidade também o é. A nobreza *junker* constitui-se, na verdade, numa burguesia com título de nobreza e algo similar teremos com a "nobreza" brasileira que herda o aspecto da fidalguia portuguesa. O processo de construção do Estado nacional é excludente para as massas, tanto na Alemanha como no Brasil. No entanto, essas semelhanças formais guardam diferenças de cunho estrutural e, aí, a dimensão colonial se coloca com toda a legitimidade e legalidade que a história lhe confere. Entretanto, o aspecto formal, que não se dissocia de seu conteúdo, como dizia Marx, elevado à sua expressão concreta, dá à morfologia brasileira sua real dimensão. O aspecto prussiano aparece, assim, no sentido da caracterização de um processo

---

[20] José Luís Fiori, "Sonhos prussianos, crises brasileiras: leitura política de uma industrialização tardia", em *Em busca do dissenso perdido: ensaios críticos sobre a festejada crise do Estado* (Rio de Janeiro, Insight, 1995).

[21] Ver José Chasin, *O integralismo de Plínio Salgado*, cit.; Luís Werneck Vianna, *Liberalismo e sindicato no Brasil*, cit.; Carlos Nelson Coutinho, *Realismo e anti-realismo na literatura brasileira* (Rio de Janeiro, Paz e Terra, 1974); e Antonio Carlos Mazzeo, *Estado e burguesia no Brasil*, cit., cap. 4.

tardio de acumulação de capital, consagrado na análise lenineana como uma *forma de desenvolvimento burguês, que se enquadra nas grandes tendências gerais de análise da entificação do capitalismo.* Pensamos então que, para melhor conceituar o processo brasileiro, a noção de *via prussiano-colonial* é a que mais expressa sua geneticidade, porque respeita a legalidade histórica de sua condição colonial e, ao mesmo tempo, considera a configuração tardia [...] e agrária do processo de acumulação e posterior industrialização do Brasil.[22]

Ocorre que as formações sociais que poderiam ser definidas como "classicamente" prussianas chegam ao capitalismo tardiamente, isto é, no último quartel do século XIX, mas ainda dentro das possibilidades históricas de desenvolvimento de uma burguesia nacional autônoma, alcançando o período imperialista, como são exemplo as burguesias da Alemanha, do Japão (Revolução ou Restauração Meiji, 1868) e, em menor grau, a burguesia italiana. No caso brasileiro, o impulso industrializador, mesmo iniciando-se no fim do século XIX, ganha força no início do século XX, e o desenvolvimento capitalista se realiza subordinadamente, num processo industrializador que se dá hipertardiamente. Isso acentua e determina o caráter do caminho colonial da sociabilidade capitalista brasileira e de sua burguesia, que, por sua raiz colonial e fragilidade histórica, utilizará a estrutura do aparelho de Estado para a expansão e o desenvolvimento das forças produtivas[23] – que se intensificam no período inaugurado com a Revolução de 1930, quando são lançadas as bases para um salto qualitativo nas formas de produção brasileiras, e ampliam-se no segundo período Vargas (1950-1954)[24]. Assim, as modificações estruturais da economia brasileira ocorrerão no período subsequente à Segunda Guerra Mundial.

---

[22] Antonio Carlos Mazzeo, *Estado e burguesia no Brasil,* cit., p. 105.

[23] Como acentua Chasin, "a industrialização principia a se realizar efetivamente muito mais tarde, já num momento avançado da época das guerras imperialistas, e sem nunca, com isto, romper sua condição de país subordinado aos polos hegemônicos da economia internacional. De sorte que o verdadeiro capitalismo alemão é tardio, enquanto o brasileiro é hipertardio" (*O integralismo de Plínio Salgado,* cit., p. 628).

[24] Como define Francisco de Oliveira: "O financiamento da acumulação de capital naquela fase sustentava-se basicamente em três pontos: em primeiro lugar, na manutenção da política cambial e de sua filha primogênita que era a política de confisco cambial, tentando-se utilizar o mecanismo de transferência de excedentes do setor agroexportador para o setor industrial; em segundo lugar, na nacionalização dos setores básicos do Departamento I, mais propriamente nos setores de bens intermediários: essa nacionalização realizava o processo do financiamento interno do Departamento I, enquanto a política cambial realizava o processo do financiamento interno

A reorganização da economia capitalista altera a política dos centros hegemônicos para as áreas de capitalismo subordinado. As grandes empresas passam a operar no exterior, substituindo a antiga luta por mercados pela produção direta, agora realizada nos próprios países de economia periférica. A infraestrutura industrial desenvolvida anteriormente possibilitou aos oligopólios internacionais, já nos anos 1960, transferir para o Brasil grandes setores de produção – que chegaram juntamente com abundantes investimentos de capitais, dos quais 48% eram originários dos Estados Unidos[25] –, e estabeleceu-se um novo tipo de acumulação capitalista e de subordinação, principalmente por meio do Plano de Metas do governo Kubitschek. Essa recomposição da economia brasileira, que a reintegrava na nova divisão internacional do trabalho, longe de aprofundar o programa econômico desenhado por Vargas (que, de forma inversa, buscou ampliar o DI[26] da economia e, consequentemente, o processo de concentração interno mediante investimentos públicos de infraestrutura, visando dar à economia brasileira certa autonomia em relação aos países centrais do capitalismo), acentua e reafirma o caminho colonial da estrutura econômica do país, priorizando os departamentos de bens de consumo, o DII e *principalmente* o DIII, em detrimento do DI. Isso ocorre como resultado da não realização de todo o projeto de Vargas e da profunda recomposição das relações entre o Estado e a estrutura econômica, o que propicia ao governo Kubitschek realizar uma guinada radical na economia, isto é, o "padrão de acumulação de capital imposto no novo ciclo concentrava-se, agora, numa expansão sem precedentes do chamado Departamento III da economia; em si mesma, a viabilidade dessa forma de expansão era, até certo ponto, previamente assegurada pela concentração de renda que se havia gestado no período anterior"[27]. Isso nos

---

e externo nos dois Departamentos. Era claramente posto de lado o recurso tanto ao endividamento externo quanto ao capital estrangeiro de investimento. O terceiro ponto de sustentação do padrão de acumulação residia numa contenção relativa do salário real dos trabalhadores, atenuada pela função que assinalava às empresas do Estado: produzir certos bens e, sobretudo, serviços abaixo do custo, transferindo em parte, por essa forma, poder de compra aos assalariados" (*A economia de dependência imperfeita*, cit., p. 79).

[25] Ver Heitor Ferreira Lima, *História político-econômica e industrial do Brasil* (São Paulo, Companhia Editora Nacional, 1973).

[26] Adotaremos os conceitos utilizados por Francisco de Oliveira para definir os departamentos produtivos: DI: produtor de bens de capital; DII: bens de consumo não duráveis; e DIII: bens de consumo duráveis. Ver Francisco de Oliveira, *A economia de dependência imperfeita*, cit., nota 1, p. 77.

[27] Ibidem, p. 84.

autoriza a dizer que o Brasil transita de um projeto em que havia elementos de capitalismo nacional, elaborado no período Vargas, para uma perspectiva – muito mais adequada às condições históricas da burguesia brasileira – de capitalismo de *associação subordinada* com as burguesias monopolistas internacionais, o que determina uma expansão jamais vista do DIII mediante financiamento externo, sob a forma de investimento direto de capitais. Esse *boom* industrial também determinará o crescimento do proletariado urbano, em um novo e qualitativo patamar que se acentuará no período militar.

O período ditatorial, que implantará sucessivos governos militares de caráter bonapartista, aprofunda a política iniciada por Kubitschek ao favorecer uma penetração acelerada e *sans phrase* dos oligopólios. Afirma e radicaliza o padrão anterior de acumulação de capitais, realizando as transformações e adequações necessárias, tanto das formas econômico-financeiras como da relação Estado e economia, para o amplo desenvolvimento do capitalismo de *associação subordinada*. O direcionamento da política econômica dos governos militar-bonapartistas tem como pressuposto a readequação do papel do Estado, aprofundando-se o vínculo do aparelho de Estado com o capital internacional. No âmbito da ação político-econômica interna, será implementada uma forte compressão salarial, desarticulando as pequenas empresas e atingindo diretamente o DII da economia, na medida em que, como sabemos, o Departamento II é o responsável pelo fornecimento de bens de consumo ao proletariado[28]. Juntamente com essa forma de ação econômica, os governos militares realizaram, como é fartamente conhecido, violentas intervenções no movimento sindical, prendendo e afastando do sindicato seus principais líderes.

Esse novo padrão de acumulação capitalista, cuja base se situou, de um lado, no amplo investimento de capitais estrangeiros – notadamente no setor DIII da economia – e, de outro, em uma política de forte compressão salarial como forma de acumulação interna – na medida em que rebaixa o valor da força de trabalho – não só viabiliza uma política favorável aos oligopólios (internacionais e nacionais associados) como também permite ao Brasil concorrer no mercado externo com produtos industrializados e preços competitivos. No âmbito interno, cria-se um mercado de bens de consumo de produtos sofisticados direcionados a um pequeno segmento, aproximadamente 20% da população. Cerca de 30% da população tinha acesso aos bens de consumo de forma parcial, isto é, podia comprar uma

---

[28] "Mesmo nos ramos e setores do Departamento II, a contenção de salários joga um papel fundamental para o processo de concentração: as falências e concordatas são o prelúdio das fusões, incorporações e, no limite, exclusão do mercado das empresas mais débeis" (ibidem, p. 93).

pequena parte dos bens de consumo produzidos. O restante da população estava simplesmente à margem da estrutura econômica do país.

A nova forma de acumulação gerou dois aspectos articulados, extremamente interessantes, no que se refere ao desenvolvimento das forças produtivas: de um lado, e como *elemento determinante*, vemos o crescimento de um tipo de industrialização que aprofunda a subsunção da economia nacional brasileira aos polos centrais do capitalismo internacional; de outro, no entanto, vemos que esse processo gera dinamização do mercado interno, criando setores produtivos menores que atuam no DI da economia, ainda que sob os contornos de *função periférica* e *complementar* do conjunto da estrutura econômica. Essa política econômica de priorização do DIII, que absorve todos os investimentos e faz o DI da economia estar permanentemente defasado em relação ao DIII, determinará uma contradição: o modelo acumulativo implantado pelos governos militar-bonapartistas é imobilizado pela própria dinâmica das demandas do DI. Essa contradição é posta pela intensificação do crescimento industrial direcionado ao mercado interno e o controle externo da propriedade do capital do DIII, o que exige o retorno permanente dos lucros à circulação do capital[29]. A política econômica dos governos ditatoriais entrou em crise e, juntamente com isso, desencadeou-se o processo de desagregação do regime bonapartista no Brasil.

Apesar de ter aprofundado a subordinação do país aos polos centrais do capitalismo, esse padrão acumulativo gerou não somente um desenvolvimento das forças produtivas, mas também um novo proletariado urbano e rural, ou seja, recompôs qualitativamente a sociedade civil (entendida aqui sob a óptica marxiana), agudizando antigos problemas sociais e gerando novas contradições, em compasso com a nova realidade do tecido social brasileiro.

Elementos histórico-políticos do colonial-bonapartismo

Como já observamos, a crise da *forma Estado* bonapartista é determinada pela contradição que se estabelece na organização do "modelo" de desenvolvimento econômico. Ocorreu a exaustão de um tipo de padrão acumulador, o que não significou o abandono dessa diretriz político-econômica por parte da burguesia brasileira, mas sim a necessidade de recomposição das frações de classe, componentes do *bloco burguês*, que davam sustentação ao governo militar-bonapartista. A crise econômica,

---

[29] Ver ibidem, p. 107.

cujos sinais despontam em fins de 1973, atinge imediatamente as estruturas do Estado, além dos setores diretamente ligados à produção, e abre uma crise interna no bloco burguês, composto pelos setores monopolistas do capital financeiro, externo e interno, da indústria, tanto a "nacional" como as diretamente ligadas às grandes corporações monopolistas internacionais, e o segmento da burocracia articulada aos setores produtivos estatais. Isso gerou a necessidade de recomposição das frações de classe da burguesia que soldavam a ditadura militar-bonapartista[30].

Historicamente, desde o surgimento do Estado nacional, em 1822, a burguesia brasileira, determinada por suas debilidades genético-estruturais, orientou sua ação política e organizou o aparelho de Estado de forma autocrática, oscilando entre a forma política bonapartista e a *autocrática institucionalizada*. Essa tradição autocrática da burguesia brasileira aparece como determinação de sua base material, isto é, *como produto da via pela qual o capitalismo se objetivou no Brasil*. O prussianismo colonial, característica da *via brasileira* para o capitalismo, não proporcionará condições materiais para o desenvolvimento de uma sociedade civil (*bürgerliche Gesellschaft*) que rompa com a *via colonial* mediante uma revolução de caráter burguês, nos moldes das que surgiram nas formações sociais histórico-particulares que passaram por revoluções burguesas, como a Inglaterra, a França e os Estados Unidos.

Fazendo uma rápida e necessária retrospectiva histórica, vemos que, no Brasil, ao contrário do ocorrido nas formações sociais de *via clássica*, o processo de formação do Estado nacional se dá sob a égide das formas econômicas e sociais já existentes. Objetivamente, não houve uma ruptura com a velha economia colonial estruturada no trabalho escravo e no latifúndio.

> A inexistência de relações capitalistas industriais [...] e, consequentemente, do proletariado, impossibilitava a implantação de quaisquer aproximações, ao nível das relações sociais, com as reais perspectivas liberal-revolucionárias. Diversa da liberdade pessoal que o universalismo burguês apregoava, a estrutura escravista criava, dentro

---

[30] Como afirmou Florestan Fernandes: "A crise do poder burguês se repõe no circuito histórico com todos os seus fatores e efeitos-chave agravados, pois as classes sociais dominantes saem desmoralizadas da aventura e as classes trabalhadoras empunhavam novas bandeiras, que abrem a transição para o século XXI, exigindo de imediato que a sociedade capitalista não seja apenas a *pátria do capital* e que contemple o trabalho com todas as garantia sociais, jurídicas e políticas que lhe têm sido sonegadas, negadas ou proibidas" (*A ditadura em questão*, São Paulo, T. A. Queiroz, 1982, p. 8).

das relações sociais e no aspecto ideológico, a manipulação que sustentava o controle e o alijamento social das massas populares.[31]

Assim, o liberalismo, enquanto ideologia que norteou a emancipação política brasileira, aparece permeado de um *conteúdo particularizado* e como produto da determinação material de uma sociedade escravista, um liberalismo que no Brasil assume sua face mesquinha e amputada dos elementos sociais e do universalismo abstrato democrático-burguês, contraditos pela escravidão. Nesse contexto *histórico--particular*, ele se materializa restrito aos aspectos do livre comércio de mercadorias, o que impossibilitou o surgimento de condições históricas para que a burguesia brasileira desse o salto na direção de romper com a via *prussiano-colonial* – pela via revolucionária – e organizar uma sociedade e um Estado em moldes plenamente burgueses, como ocorreu no caso da revolução estadunidense do século XVIII.

Os elementos político-culturais existentes no período da dominação lusitana, como o centralismo administrativo e a predominância do idioma português e do catolicismo, cumpriram um eficiente papel na construção de um Estado nacional moldado à imagem e semelhança de uma burguesia de extração agrário-escravista, de tradição autocrática e vezo colonial. Nesse sentido, os elementos políticos, culturais e econômicos presentes na ideia da construção da unidade nacional não foram produto do esforço da burguesia para o processo emancipador. De fato, o Estado nacional é construído sobre as bases existentes no Reino Unido, ao qual a burguesia colonial brasileira sentia-se, como dissemos anteriormente, perfeitamente integrada e do qual saiu não por vontade própria, mas pela impossibilidade da permanência da monarquia dual, mantendo, no entanto, a continuidade da herança do mercantilismo ilustrado português[32]. *In limine*, o rompimento da burguesia agrária brasileira com a metrópole se dá pela própria incapacidade portuguesa de atender as premissas adaptadoras das classes que detinham o poder no Brasil e, obviamente, pelo quadro econômico geral engendrado pela consolidação do capitalismo industrial. De modo que o elemento desencadeador do processo emancipacionista é a própria crise do sistema colonial. A sociedade colonial compunha-se de três segmentos sociais que formavam o povo: o latifundiário, o trabalhador escravizado e o "homem livre" sem posses. Se a sociabilidade estruturante caracteriza-se

---

[31] Antonio Carlos Mazzeo, *Estado e burguesia no Brasil*, cit., p. 106.

[32] Ver Fernando Novais, *Portugal e o Brasil na crise do antigo sistema colonial*, cit.; e José Honório Rodrigues, *Independência: revolução e contra-revolução*, cit.

128 SINFONIA INACABADA

explicitamente pelas relações sociais escravo/senhor, como diz Roberto Schwarz, é a "multidão dos terceiros que nos interessa":

> Nem proprietários nem proletários, seu acesso à vida social e a seus bens depende materialmente do *favor*, indireto ou direto, de um grande. O agregado é a sua caricatura. O favor é, portanto, o mecanismo através do qual se reproduz uma das grandes classes da sociedade, envolvendo também outra, a dos que têm. [...] Assim, com mil formas e nomes, o favor atravessou e afetou no conjunto a existência nacional, ressalvada sempre a relação produtiva de base, esta assegurada pela força.[33]

Esses elementos histórico-constitutivos da sociedade brasileira – a inexistência de uma burguesia industrial e, por conseguinte, de um proletariado urbano, a fragilidade das estruturas de participação democrática dos reduzidos segmentos médios urbanos da sociedade – nos permitem ver a face real do liberalismo brasileiro, no contexto de uma incipiente e *gelatinosa* sociedade civil (*bürgerliche Gesellschaft*) limitada aos proprietários de escravos, aos comerciantes e a um incipiente setor manufatureiro, que se *objetiva* na *ideologia do favor*, produto de uma base material em que a única forma de participação da maioria do povo era dada pela expropriação violenta do trabalho, realizada por meio da forma-trabalho-forçado/escravo ou pela expropriação da autonomia individual, determinada pelo *favor*. Nessas condições históricas em que se organizam as estruturas sociais brasileiras, e *relevadas as diferenças particulares objetivas*, notamos uma aproximação com o caso italiano. Ainda que não tenha havido dissoluções de formas produtivas anteriores, como se deu na Itália, podemos dizer que foi exatamente a necessidade de se manter as formas produtivas coloniais – uma forma econômico-corporativa – que impediu o desenvolvimento de uma força jacobina eficiente para organizar o projeto ideoburguês da "vontade coletiva". A condição de constituir uma burguesia com especificidades coloniais, em que também estavam presentes fortíssimos elementos aristocráticos oriundos da ordem social estabelecida no império português – do qual participou, diga-se, não como segmento débil, mas como o principal setor produtivo do Reino – permite-nos utilizar a mesma argumentação de Gramsci, quando define os aspectos históricos que retardaram a construção de uma sociedade burguesa moderna na Itália, isto é, ao analisar onde se encontravam os obstáculos sociais para o salto modernizador:

---

[33] Roberto Schwarz, *Ao vencedor as batatas: forma literária e processo social nos inícios do romance brasileiro* (São Paulo, Duas Cidades, 1977), p. 16.

Tradicionalmente, as forças opositoras foram a aristocracia terratenente e, mais genericamente, a propriedade fundiária em seu conjunto, com seu trato característico italiano, que é uma especial "burguesia rural" [...] As condições positivas [para o surgimento de uma vontade coletiva nacional-popular] devem ser procuradas nos grupos sociais urbanos, convenientemente desenvolvidos no campo da produção industrial e que tenham alcançado um determinado nível de cultura histórico-política. Toda formação de vontade coletiva nacional-popular é impossível se as grandes massas de camponeses cultivadores não irromperem simultaneamente na vida política.[34]

A ideia de nacionalidade aparecia, dessa forma, ligada a uma *noção restrita* de povo, ou seja, pratica-se a hegemonia político-ideológica dos proprietários de terras e de trabalhadores escravizados e dos ricos comerciantes que atuam em torno da atividade econômica principal. Portanto, a própria concepção clássico-burguesa de cidadania aparece subsumida à determinação material de uma sociedade agrário-escravista. Assim, o cidadão é aquele que integra materialmente a estrutura social dominante, como está explícito na introdução do voto censitário, já em 1824: quanto maior for a participação na vida política nacional, tanto maior será a integração do "cidadão" na esfera do poder econômico. A cidadania era "seletiva". Lembramos que, no sistema eleitoral censitário da Constituição de 1824, um eleitor que recebia 100 mil réis por ano podia votar apenas para eleger um eleitor de província. Já o eleitor de província, que devia receber 200 mil réis por ano, podia votar para deputados e senadores. Para ser deputado, o "cidadão" deveria ter uma renda de 400 mil réis por ano, e para ser senador, uma renda de 800 mil réis por ano. Esse elemento de exclusão da maioria do povo dos processos político-decisórios da vida nacional nos permite concluir que a objetivação do liberalismo numa *particularidade histórica de raiz colonial* dá-se pela *adequação particularizada* não só da ideia de universalidade burguesa, mas também da própria noção de *vontade coletiva*, presente nos pensadores liberais do século XVIII. No Brasil, ao contrário, essa ideia se aproxima da noção clássica de Maquiavel, na qual o príncipe encarna e expressa a vontade coletiva, organizando-a de acordo com seus interesses, que devem ser os interesses do "povo". O "povo", no entanto, não era o *popolo magro*, a maioria da população, formada pelos trabalhadores das

---

[34] Antonio Gramsci, *Quaderni del Carcere*, v. 4: *Note sul Machiavelli, sulla politica e sullo Stato moderno* (org. Valentino Gerratana, Roma, Editori Riuniti, 1979), p. 8). [ed. bras.: *Cadernos do cárcere*, v. 3, *Maquiavel. Notas sobre o Estado e a política*, trad. Carlos Nelson Coutinho, Luiz Sérgio Henriques e Marco Aurélio, 3. ed., Rio de Janeiro, Civilização Brasileira, 2007, p. 17-8.]

tecelagens florentinas, mas o *popolo grasso*, o togado, como eram os patrícios romanos, e ungido por sua condição de proprietário e aristocrata[35]. A instituição da monarquia, tendo à testa D. Pedro I, representou a solução política para o projeto da burguesia agrária brasileira.

Assim, o processo de emancipação apresentou-se como uma *continuidade reformada* do passado colonial. Excetuando-se as regiões em que a presença lusitana era mais forte, como a da Bahia, Pará e Maranhão, e em que se travaram lutas encarniçadas para a consolidação do movimento emancipacionista, a independência se fez, na maior parte da colônia, pela transferência pacífica do poder metropolitano para o poder brasileiro, executada competentemente pela classe dominante, que conscientemente *deixou de fora do processo toda a nação*. Optou-se pela forma monárquica, já que um governo republicano poderia abrir espaços não desejáveis e a experiência da metrópole demonstrara sua eficácia. A monarquia permitiu, assim, que se contivessem as possibilidades republicano-jacobinistas presentes nos estratos médios urbanos, como podemos observar nos movimentos de 1817 e, posteriormente, em 1824, em Pernambuco. De outro lado, consolidou o poder da burguesia agrária, dentro do espírito restaurador dominante nas consciências conservadoras da "aristocracia" brasileira.

A monarquia, nesse contexto, não só permitiu a construção de uma unidade política, centralizada na figura do imperador – que encarnou a continuidade reformada do período colonial –, como também se constituiu como uma *forma bonapartista de governo*[36], possibilitando a continuidade da economia agrário-mercantil-escravista e, ao mesmo tempo, o alijamento dos adversários

---

[35] Sobre o conceito de povo (*popolo*) em Maquiavel, ver Antonio Carlos Mazzeo, *Os portões do Éden*, cit., p. 245 e seg.

[36] Como define com grande eficiência Marcos T. Kaplan: "O Estado bonapartista mostra uma independência considerável de qualquer classe específica e da sociedade como um todo, mas não está suspenso no ar, e sua autonomia e neutralidade são, na verdade, mais aparentes que reais. Pretende ser um poder imparcial, encarnação da sociedade e representação simultânea ou sucessiva de várias ou de todas as classes. [...] o bonapartismo surge e funciona a partir de uma determinada ordem social, que – em última instância – não pretende modificar, mas estabilizar e consolidar. De fato, atua assim como essencialmente defensor das classes e frações hegemônicas e dominantes" (*Formação do Estado nacional*, Rio de Janeiro, Eldorado, 1974, p. 31-2). Ver também a clássica definição de Lênin: "O bonapartismo é uma forma de governo que surge do caráter contrarrevolucionário da burguesia, nas condições de transformações democráticas e de uma revolução democrática" ("Los árboles les impiden ver el bosque", em *Obras completas*, cit., v. 26, p. 337). Ver Karl Marx, *O 18 de brumário de Luís Bonaparte*, cit.; e Domenico Losurdo, *Tra Hegel e Bismarck: la Rivoluzione del 1848 e la crisi della cultura tedesca* (Roma, Editori Riuniti, 1988).

desse direcionamento político. Não por acaso, à proclamação da independência seguiram-se a violenta perseguição aos principais líderes liberais radicais, como Gonçalves Ledo, Clemente Pereira e Januário da Cunha Barbosa, que foram presos e exilados, e o *coup de main* que dissolveu a Assembleia Constituinte em novembro de 1823[37]. O império bonapartista brasileiro surge, desse modo, para frear qualquer tentativa de revolução ou radicalização de tendência republicana. Entretanto, apesar de ser inspirado pela experiência francesa, o bonapartismo brasileiro, até por suas identidades histórico-particulares, acaba aproximando-se da variante bonapartista alemã, expressa no bismarckismo.

Essa aproximação se dá, no entanto, no sentido inverso, pois *se apresenta com um conteúdo mais regressivo*. O bonapartismo alemão, assim como o brasileiro, tinha como objetivo a contenção dos movimentos populares, assumindo, assim, um caráter contrarrevolucionário. Além disso, ambos materializaram conciliações entre velhas e novas formas econômico-sociais, mas o bonapartismo brasileiro em muito menor grau, restrito apenas à sua nova forma político-organizativa do aparelho de Estado. Nesse sentido, o que diferencia a forma bonapartista alemã, o bismarckismo, da forma bonapartista brasileira é justamente o fato de que, no caso alemão, o bonapartismo – apesar de politicamente reacionário, na medida em que expressa a conciliação da burguesia com a antiga e transformista nobreza *junker*, que cedeu o poder do Estado para manter o poder econômico – propiciou o amplo desenvolvimento das forças produtivas, direcionou a economia da Alemanha para a industrialização, possibilitou a construção de um capitalismo não subordinado e criou, de fato, uma burguesia de perfil nacional e, depois, imperialista.

No Brasil, ao contrário, a forma bonapartista, materializada na monarquia, manteve a estrutura agrário-escravista intacta, como continuidade da economia colonial. A conciliação, nesse contexto, direcionou-se à subordinação, porque não rompeu com o arcaísmo das formas produtivas e das relações sociais de produção, e porque se conciliou com a nova metrópole imperialista, a Inglaterra, ou seja,

---

[37] Caio Prado Jr. aponta o "espírito" hipócrita e manipulador presente na face do *liberalismo particularizado* da via colonial da sociedade brasileira e que marcará o golpe que fechou a Assembleia Constituinte de 1823: a "ideologia da Assembleia de 1823 – que era a da classe dominante, por ela representada em grande maioria – reflete perfeitamente seus interesses. Isto explica porque, apesar de todo o seu tão apregoado liberalismo, não se embaraça com a questão dos escravos, adaptando-lhes a situação às exigências da filosofia rousseauísta, de que fazia timbre em não se afastar, com a eufêmica disposição do art. 265 do projeto: A Constituição reconhece os contratos (!) entre senhores e escravos; o governo vigiará sobre sua manutenção" (*Evolução política do Brasil e outros estudos*, cit., p. 52).

integrou-se subordinadamente ao conjunto da economia capitalista mundial. A burguesia brasileira, diferentemente da alemã, cedeu seu poder econômico para manter sua hegemonia e seus privilégios políticos. Daí essa forma de governo ser também um *bonapartismo particular de extração colonial,* que reflete a base material da sociedade brasileira e conforma uma burguesia débil, que construirá as estruturas de poder sob a égide de uma integração subsumida ao polos centrais do capitalismo cuja concepção de poder econômico e de gestão do Estado é a de permanente exclusão das classes subalternas, permeada de uma forma política que varia entre o bonapartismo e a *autocracia institucionalizada,* ao longo das diversas fases históricas da vida nacional brasileira. Se o Império constituiu-se numa forma clássica de governo bonapartista, especialmente no reinado de D. Pedro II, a República Velha viveu a experiência da *autocracia burguesa institucionalizada,* a partir da transição realizada em 1894, com a eleição de Prudente de Morais[38], momento real da consolidação da hegemonia das frações burguesas mais poderosas economicamente, isto é, da burguesia cafeeira até o golpe de Getúlio Vargas, em 1930.

---

[38] Ver Edgard Carone, *A República Velha: instituições e classes sociais* (São Paulo, Difel, 1970), v. 2.

CAPÍTULO 4
ALLEGRO MA NON TROPPO
CONSTRUÇÃO E CRISE DA FORMA
ESTADO MILITAR-BONAPARTISTA

Após uma necessária digressão, na qual buscamos recuperar a gênese material da processualidade da forma autocrático-burguesa brasileira, procuraremos, agora, analisar o quadro histórico-estrutural dos governos militar-bonapartistas que se instalaram no Brasil a partir da segunda metade da década de 1960. Vimos anteriormente que a crise dos governos militar-bonapartistas vincula-se ao bloqueio ocorrido pelas contradições do próprio padrão de acumulação baseado na predominância do DIII da economia. Interessa-nos, agora, analisar os desdobramentos dessa crise no âmbito do conjunto da sociedade e o aparelho de Estado, fazendo um paralelo com as análises realizadas pelo PCB.

A visão do PCB e seus limites

No bojo da crise política que antecedeu o golpe de Estado de 1964, o PCB desenvolvia a política de construção de uma frente nacionalista com a "burguesia nacional". Seu instrumental analítico constituía-se no maior obstáculo à percepção do processo de fratura que se processava no interior do bloco de poder burguês, assim como o rápido esvaziamento que ocorria nos reduzidos núcleos democráticos aglutinados em frações burguesas, que começavam a voltar-se na direção dos golpistas. Além disso, em face da crise em que mergulhava o governo Goulart, os comunistas esperavam que as Forças Armadas ficassem neutras, apostando em uma suposta tradição democrática dos militares brasileiros, certamente baseando-se em sua antiga inserção no meio militar, que fora totalmente desmantelada após 1935. No entanto, nas teses preparatórias para o VI Congresso, em que era reafirmada a política de frente ampla com a burguesia "nacional", o PCB, movido pela crise em que se encontrava o país, conseguia dar um passo à frente quando assinalava a necessidade de se construir uma hegemonia proletária no contexto das alianças políticas. Mas, em termos gerais, a linha preconizada para o VI Congresso – que seria adiado para 1967 – seguia os passos da política que vinha sendo implementada desde o V Congresso.

Com o golpe de Estado de 1º abril de 1964, o partido se vê obrigado a reavaliar suas posições, fazendo uma autocrítica de suas ilusões em relação aos militares e de sua exagerada submissão ao setor da "burguesia nacional" que estava no poder[1]. Em documento de 1967, no qual realiza um balanço analítico das razões do golpe de Estado, o PCB, apesar de ratificar as resoluções de 1958-1960, acentuava que havia falhado na construção e na soldagem de um bloco político nacionalista que desse maior apoio ao governo. Mas, segundo sua Resolução Política, a falha estava exatamente no fato de o partido "não ter aplicado corretamente" a linha do V Congresso[2] e ter se conciliado com setores à esquerda no processo de luta interna. No entanto, diante das dificuldades para estabelecer uma análise objetiva sobre os reais elementos determinantes do golpe de Estado, o partido se vê mergulhado em uma série de dissidências internas que ocorrem entre dirigentes e militantes de base e terminam em cisões.

Obviamente, havia um caldo de cultura favorável a questionamentos que apareciam como produto de toda uma época. O quadro mundial era extremamente complexo. Os comunistas do Vietnã lutavam contra a maior potência imperialista do mundo, de armas em punho. Em Cuba, um grupo de destemidos guerrilheiros revolucionários havia tomado o poder e instalado um governo socialista no país. "Che" pregava a revolução continental latino-americana, os comunistas chineses haviam tomado o poder, cercando as cidades, partindo do campo (pondo em xeque o modelo clássico da teoria revolucionária hegemônica do MCI); os negros estadunidenses marchavam por direitos civis; operários e estudantes se confrontavam com a polícia em várias partes do mundo. Especialmente nos Estados Unidos, a insatisfação de setores do proletariado com o *establishment* de um capitalismo altamente expropriador e manipulador (isto é, sua *base material objetiva*), e expressando a fragmentação da consciência da classe trabalhadora e as aproximações críticas de *consciência possível*[3]

---

[1] Lucas Romao, *Democratic and National Struggle in Brazil and its Perspectives*, citado em Ronald H. Chilcote, *Partido Comunista Brasileiro: conflito e integração* (trad. Celso Mauro Paciornik, Rio de Janeiro, Graal, 1982), p. 142.

[2] Ver a "Resolução política" de 1967, em *PCB: vinte anos de política (1958-1979)* (São Paulo, Lech, 1980).

[3] Aqui no sentido do conceito desenvolvido por Lucien Goldmann em *A criação cultural na sociedade moderna* (trad. João Assis Gomes e Margarida Sabino Morgado, São Paulo, Difel, 1972), espe-

ALLEGRO MA NON TROPPO – CONSTRUÇÃO E CRISE DA FORMA ESTADO MILITAR-BONAPARTISTA 135

(de caráter anticapitalista-romântico) de segmentos de uma intelectualidade pequeno-burguesa que se propunha "alternativa" ao mundo burguês (de viés existencialista), surgem movimentos político-culturais de crítica ao *american way of life*, seja na literatura, como *On the Road* (1957), de Jack Kerouac*, seja em filmes, já com visão crítica mais robusta, como *Sementes da violência* (1955), com direção e roteiro de Richard Brooks, *Sindicato de ladrões* (1954), com direção de Elia Kazan e roteiro de Budd Schulberg e Malcolm Johnson, ou ainda *O selvagem* (1953), com direção de László Benedek e roteiro de John Paxton e Ben Maddow. No que se refere ao proletariado, ganha robustez sua música, o rock'n'roll, cuja trajetória parte do simples "não" (1950-1960) e aproxima-se da utopia (anos 1970). Apesar de não conter mensagens politicamente explícitas, o rock'n'roll dos anos 1950 já denota o inconformismo em suas letras, como em *Whole Lotta Shakin' Goin' On*, de Little Richard, e *School Day*, de Chuck Berry, nas quais as críticas aos costumes sociais estadunidenses são claras. O rock alcança

> mais amplamente a classe média, até seus setores mais intelectualizados, [...] ganha contornos políticos mais definidos e explícitos. Surgem Bob Dylan, Joan Baez, o grupo Peter, Paul and Mary, entre outros, buscando retomar o espírito das *folk-musics* do século XIX, que falavam de lutas populares contra as injustiças. A sociedade estabelecida é alvo de violenta crítica, assim como seus heróis: "os índios foram mortos e o país era feliz, porque Deus estava do seu lado" (Dylan).[4]

Na América Latina, os militares e a burguesia estruturavam governos de corte militar-bonapartista. No Brasil o próprio PCB, escancarando suas questões antitéticas, estava na vanguarda das reflexões postas no âmbito de uma arte crítica, como as atividades desenvolvidas no Centro Popular de Cultura da União Nacional dos Estudantes (o CPC), sob hegemonia comunista, ou na produção teatral dos militantes comunistas, em especial os dramaturgos Oduvaldo Vianna Filho e Gianfrancesco Guarnieri (Gianfrancesco Sigfrido Benedetto Martinenghi De Guarnieri), assim como o poeta Ferreira Goulart, todos incisivos na demonstração das contradições sociais brasileiras, em reflexões artísticas que iam para além dos limites presentes nas análises sociais realizadas pelo PCB.

---

cialmente no capítulo: "A importância do conceito de consciência possível para a comunicação", p. 7 e seg.

* Ed. bras.: *Pé na estrada* (trad. Eduardo Bueno, Porto Alegre, L&PM, 2009). (N. E.)

4 Antonio Carlos Mazzeo, "O rock no balanço da história", *Voz da Unidade*, n. 328, 1987, p. 16.

Outros artistas, escritores, dramaturgos, cineastas e compositores independentes ou vinculados a grupos de esquerda também avançavam na crítica da realidade brasileira. Ainda que alguns autores tentem caracterizá-los como "românticos", influenciados pelo momento histórico e, principalmente, pela Revolução Cubana, esses artistas em nada se aproximavam do romantismo e daquele irracionalismo praticado pelo pensamento burguês do século XX. Ao contrário, alguns partiam de uma perspectiva anticapitalista, mesmo que idealizada, mas sob a óptica de um voluntarismo esquerdista, aqui entendida pelo vezo lenineano, de desvio da objetividade revolucionária[5]. Todas essas formas de expressão, reverberando as próprias contradições de uma época histórica e suas necessidades (*historische Notwendigkeit*), expressavam um momento de crise global – bem como do próprio contexto revolucionário – e certamente agitavam os corações e as mentes de inúmeros militantes comunistas.

No entanto, *o grupo dirigente-tardio* não conseguiu dimensionar a complexidade desses questionamentos gerais e do quadro político-cultural internacional, enfrentando-os com soluções "administrativas", o que levou ao cerceamento de qualquer perspectiva de debate interno e ao tangenciamento dessas questões, assim como dos aspectos e especificidades fundamentais que haviam determinado o golpe de 1964. Colocando-se na defensiva, ante a crise do projeto revolucionário mundial e nacional, a maioria do Comitê Central mostrou-se incapaz de enfrentar toda essa intrincada temática, limitando-se a reafirmar as velhas formas de ação política, matizadas por seu instrumental teórico cristalizado e exaurido. Agindo dessa forma, *o grupo dirigente-tardio* não assumiu a tarefa de desencadear a necessária discussão sobre as possibilidades de novos caminhos e novas formas de luta política. Essa postura acabou colocando o partido em uma encruzilhada perversa: o PCB, espremido entre um projeto de luta armada, descolado da concretude histórica, de viés idealista, e as velhas diretrizes, que vinham informando a ação prático-teórica do partido. Isso obrigou o conjunto partidário a optar por uma linha teórico-programática estática que, em sua debilidade, não possibilitava a compreensão das novas contradições e dos novos problemas que se estabeleciam no interior do processo do desenvolvimento das formas de sociabilidade capitalista, e em particular do capitalismo brasileiro, assim como do caráter histórico de sua burguesia "nacional".

---

[5]   Ver Vladímir I. Lênin, "El izquierdismo, enfermedad infantil del comunismo", em *Obras completas* (Madri, Akal, 1978), t. 33, p. 125 e seg. [ed. bras.: *Esquerdismo, doença infantil do comunismo*. São Paulo, Símbolo, 1978].

As resoluções do VI Congresso situam o golpe de Estado no contexto da contraposição que se estabeleceu entre o grupo "entreguista" e o grupo nacionalista e, dessa forma, conclamavam a burguesia "nacional" a formar uma frente anti-imperialista e antilatifundiária, ou seja, um frente dentro do mesmo quadro de alianças políticas que vinha realizando. Portanto, nessa análise, é mantida a ideia de que a contradição fundamental – da etapa nacional e democrática da revolução brasileira – localizava-se nas forças produtivas nacionais, que estavam buscando novas formas de desenvolvimento e progresso, e nos obstáculos que a estrutura da economia do país lhes impunha, sendo as forças sociais que defendiam a conservação dessa estrutura o imperialismo e os latifundiários[6] – em outras palavras, o imperialismo e o latifúndio constituíam-se num entrave ao desenvolvimento econômico e à democracia. No entanto, as resoluções acabaram reconhecendo certo desenvolvimento do capitalismo no Brasil, mas em "setores restritos". Outro aspecto relevante é que o partido *não havia conseguido estabelecer uma vinculação entre sua política de "reboquismo" em relação às frações burguesas que apoiavam o governo Goulart e a derrota política sofrida com o golpe, inclusive o atrelamento do movimento sindical à lógica de uma ação muito mais voltada para os aparatos sindicais institucionais, em detrimento da organização das bases de trabalhadores.* Ele também não dimensionava a inexistência de um campo democrático-popular vigoroso que pudesse efetuar a contraposição ao projeto burguês de soldagem de um novo bloco de poder. Efetivamente, as conclusões das resoluções resvalavam em enormes lacunas, que seu instrumental teórico--político estava incapacitado de preencher.

Como sabemos, o golpe de Estado de abril de 1964 responde às necessidades de ampliação do processo de concentração capitalista, dentro da tradição autocrática da burguesia brasileira, sob a forma específica de um bonapartismo assentado não em uma pessoa, mas em uma instituição, as Forças Armadas. O golpe militar--bonapartista constitui-se no operador da integração do Brasil ao capitalismo internacional como um país associado e dependente, reprimindo violentamente o movimento operário, assassinando ou jogando nas prisões os opositores, prática comum a todos os governos bonapartistas que existiram anteriormente, de D. Pedro I a Getúlio Vargas.

---

[6] Ver "Resolução política", cit., p. 171 ("Nosso objetivo estratégico").

Considerações críticas

Após 1945, o Brasil viveu algo próximo a uma "legalidade democrática" em moldes burgueses, não uma democracia de forma clássica, levando-se em consideração a particularidade histórica da formação social brasileira, em que prevaleciam as estruturas de poder local e o coronelismo e vigorava uma legislação trabalhista de inspiração fascista. Havia, portanto, uma forma política de *autocracia burguesa institucionalizada*. Se, de um lado, a política econômica empreendida pelo governo Kubitschek[7], como vimos, impulsionou o desenvolvimento de um novo perfil do proletariado brasileiro, determinando o surgimento de um setor altamente produtivo no parque industrial do país e, desse modo, o desenvolvimento de uma classe trabalhadora inserida nos moldes da moderna indústria capitalista, de outro lado, ao implementar o novo patamar de acumulação, em acordo com a Doutrina Truman, ela provocou enorme concentração de renda derivada da forma de acumulação de capital determinada pela estruturação de setores oligopolistas, dos quais a indústria automobilística e a construção naval são exemplos marcantes[8]. No final do período Kubitschek, a política de captação de recursos estrangeiros, que provocou grande endividamento externo e interno, deteriorou a já débil balança de pagamentos, propiciou a alta inflacionária e a corrosão no poder aquisitivo dos salários e culminou com uma recessão que durará até 1967. Nesse sentido, os

---

[7] No governo Kubitschek, e seguindo as diretrizes da Declaração de Março de 1958, o PCB desenvolverá uma linha política marcada pela oposição moderada, tentando caracterizar suas forças componentes como heterogêneas e contraditórias, compostas, de um lado, por "entreguistas" e reacionários, vinculados aos interesses do imperialismo, e, de outro, por democratas e progressistas, componentes da burguesia "nacional", que constituiriam o equilíbrio "positivo", juntamente com as forças populares e, particularmente, com o proletariado, sem entender que, como acentuava Caio Prado Jr., as "contradições" entre as frações burguesas, que poderiam estar trazendo a burguesia de caráter "nacional e democrático", não representavam mais do que *contradições menores*, determinadas por interesses imediatos e pelo esgarçamento do bloco do poder burguês. Ver Caio Prado Jr., "Panorama da política brasileira", *Revista Brasiliense*, n. 38, 1961, p. 1-15.

[8] Como ressalta Francisco de Oliveira, a "simples existência de um Departamento III numa economia subdesenvolvida já é, em si mesma, sinal de concentração da renda; as dimensões do Departamento III na economia brasileira, cujo tamanho inicial foi reiterado ampliado em parte pelos próprios resultados da concentração da renda que criou um mercado altamente seletivo, indicam mais que qualquer estudo de distribuição de renda o grau extremamente concentrado da riqueza na economia brasileira" (*A economia de dependência imperfeita*, Rio de Janeiro, Graal, 1977, p. 89-90).

governos Quadros e Goulart serão reféns dessa crise iniciada pelo padrão acumulador implementado por Kubitschek[9].

O fato é que Jânio Quadros assume o governo em meio à grave crise econômica. Como uma de suas primeiras medidas, Quadros desvaloriza a moeda. Reformando o sistema cambial, adota uma política de contenção salarial e congela os subsídios para a importação de produtos básicos, como o trigo e o combustível, gerando como efeito imediato o aumento do preço do pão e dos transportes[10]. Mas se as medidas de contenção repercutiram positivamente no exterior, sobretudo nos círculos vinculados ao Fundo Monetário Internacional (FMI), internamente elas contribuíram para o descontentamento crescente da sociedade, dos setores sindicalistas e empresariais, na medida em que elevavam ainda mais a taxa inflacionária. Nesse sentido, podemos dizer que o governo Quadros careceu de um planejamento eficaz, que levasse em conta a realidade da economia nacional e fizesse uma análise dos elementos positivos e negativos do Plano de Metas de Kubitschek. As medidas econômicas adotadas por Quadros revelaram um governo cuja ação no campo do planejamento econômico era determinada por improvisações[11]. Com a ampliação do descontentamento com o governo Quadros, que faz cair rapidamente sua

---

[9] Ver Francisco de Oliveira, *A economia de dependência imperfeita*, cit., p. 90. Como analisa Nelson Werneck Sodré, as "sucessivas injeções de papel-moeda impulsionaram, no período 1955-1961, o aumento de preços de maneira violenta: em 1959, o índice do custo de vida saltou para mais de 40%, marca máxima no século; ao mesmo tempo, a exportação do café não produzia as divisas necessárias para atender as importações e o serviço da dívida. Foi necessário, com as limitações da opção planificada, recorrer ao mais velho dos remédios: o dos empréstimos externos" (*Brasil: radiografia de un modelo*, Buenos Aires, Orbelius, 1973, p. 109).

[10] "O presidente prometeu reduzir o déficit governamental e fez novos investimentos no setor exportador a fim de ajudar a superar a 'insuficiência crônica das exportações' brasileiras. Essas reformas contribuíram para obter a aprovação do FMI, dando a Quadros o pré-requisito para renegociação das dívidas, coisa que Kubitschek não conseguira" (Thomas Skidmore, *Brasil: de Getúlio a Castelo*, 2. ed., Rio de Janeiro, Saga, 1969, p. 240).

[11] "No que diz respeito à economia do País, o Governo Quadros defrontou-se com problemas tais como: a crescente influência e importância do poder público no conjunto do sistema econômico nacional; o agravamento dos desequilíbrios econômicos setoriais e regionais; a ineficácia da administração pública; a necessidade e urgência de renegociação da dívida externa; a necessidade de propor e executar um programa de investimentos públicos e a necessidade de formular e executar uma política de incentivos à empresa privada, principalmente pequena e média. Nesse conjunto de problemas, entretanto, destacava-se a inflação, como o desafio maior, diante do qual se encontrava o governo" (Octavio Ianni, *Estado e planejamento econômico no Brasil*, Rio de Janeiro, Civilização Brasileira, 1971, p. 198).

popularidade nos segmentos urbanos, em particular no proletariado, o movimento sindical de oposição, sobretudo o ligado ao sindicalismo de influência comunista, sai fortalecido e passa a atuar de maneira mais incisiva por meio do Pacto de Unidade e Ação (PUA)[12], que culminará com a formação, em 1962, do Comando Geral dos Trabalhadores (CGT). Como analisa Octavio Ianni:

> Depois de alguns meses de exercício real de governo, tornou-se evidente que não era fácil combinar estabilidade financeira e desenvolvimento econômico. E muito menos era fácil combinar os compromissos financeiros externos, as concessões ao setor primário exportador, a política anti-inflacionária, a intenção de retomar o "desenvolvimento econômico" e as exigências da democracia representativa.[13]

Esse é o contexto político-econômico da tentativa de golpe de Estado, em agosto de 1961, em que Quadros visava instituir um governo ditatorial, algo próximo de um "bonapartismo carismático"[14]. Mas Quadros não inspirava confiança nem a amplos segmentos da burguesia nem aos militares. Tampouco articulou politicamente alternativas que pudessem sustentar sua tentativa de golpe. O plano de Quadros era resultado de uma conspiração solitária de um presidente isolado politicamente, sem apoio efetivo no Congresso, fato que desencadeou uma crise política típica da autocracia burguesa institucionalizada, mas terminou com a ascensão de João Goulart à Presidência[15].

---

[12] O PCB fará uma oposição ferrenha ao governo Quadros, enquadrando-o como entreguista e denunciando sua política de estabilização econômica. Ver "Os comunistas e o governo de Jânio Quadros", em Edgard Carone, *O PCB*, v. 2: *1943 a 1964* (São Paulo, Difel, 1982), p. 234.

[13] Octavio Ianni, *Estado e planejamento econômico no Brasil*, cit., p. 203.

[14] Como destacou Luiz Alberto Moniz Bandeira: "Não um golpe de Estado convencional, arrimado nas Forças Armadas, e sim um golpe de Estado aceito pelo consenso nacional, que lhe permitisse dirigir o país acima das classes sociais e dos partidos políticos [...] Seu plano consistia em renunciar ao governo, comovendo as massas, e levar as Forças Armadas, sob comando dos ministros reacionários, a admitir sua volta como ditador, para não entregar o poder a João Goulart [...]" (*O governo João Goulart: as lutas sociais no Brasil (1961-1964)*, Rio de Janeiro, Civilização Brasileira, 1977, p. 21).

[15] Sobre a crise que se desencadeia após a renúncia de Jânio Quadros, ver as análises detalhadas de Thomas Skidmore, *Brasil: de Getúlio a Castelo*, cit.; Hélio Silva, *1964: golpe ou contragolpe?* (Rio de Janeiro, Civilização Brasileira, 1975); Luiz Alberto Moniz Bandeira, *O governo João Goulart*, cit.; Evaldo Amaro Vieira, *A República brasileira: 1951-2010, de Getúlio a Lula* (São Paulo, Cortez, 2015), p. 257 e seg.; e José Paulo Netto, *Pequena história da ditadura brasileira (1964-1985)* (São Paulo, Cortez, 2014), p. 62 e seg.

A crise que se desencadeou com a renúncia de Quadros demonstra claramente duas questões interligadas. Em primeiro lugar, o esgotamento das alianças políticas das frações que compunham a burguesia e a necessidade de reordenamento da dominação política burguesa, como resultado imediato da crise das formas de acumulação instituídas no governo Kubitschek, o que punha em risco a continuidade da oligopolização da economia brasileira e sua permanência no quadro do redimensionamento da economia internacional. As transformações externas do capitalismo mundial e do imperialismo aprofundaram ainda mais as dificuldades dessa burguesia, forçando-a a entender que não podia reintegrar o Brasil à economia mundial sem romper também com a utopia da democracia burguesa em um país de tradição colonial – e com a ilusão de um nacionalismo burguês –, dada a subordinação estrutural da economia brasileira aos polos centrais do capitalismo. Em segundo lugar, *a fragilidade mesma* da democracia brasileira e das estruturas representativas institucionais, inclusive as político-partidárias, expressando o caráter, a tradição histórico-ontológica da formação social brasileira e os limites que uma autocracia burguesa institucionalizada impõe ao funcionamento das instituições, ainda que dentro de uma legalidade político-institucional totalmente hegemonizada pela burguesia[16].

Para entendermos melhor o esgarçamento das articulações e divisões de poder, por parte das frações de classe burguesas que apontavam para a necessidade de rearticulação do poder, deve ser considerado o fator primordial da alteração de rumo político no Brasil (da qual a própria candidatura de Quadros é resultante), ou da recomposição das alianças de poder das classes burguesas. E esse será o *elemento constitutivo* que determinará a crise após a renúncia de Quadros e toda a oposição sistemática que ocorrerá ao longo do governo Goulart, até a sua deposição

---

[16] Os indícios de uma crise institucional já apareciam no horizonte político brasileiro há muito, quando os segmentos hegemônicos da burguesia brasileira tentavam alterar o quadro de *legalidade burguesa* engendrado pelo pós-guerra, ou seja, a "democratização" de 1945. Uma de suas lideranças expressivas, Carlos Lacerda, vinha tensionando o cenário político nacional, no sentido de organizar um golpe de Estado, desde as eleições que levaram Eurico Gaspar Dutra à Presidência da República e o candidato de seu partido, a UDN, o brigadeiro Eduardo Gomes, ficou em segundo lugar, obtendo 34,7% dos votos. Na verdade, já naquele momento, setores da burguesia apontavam a necessidade de alterações do quadro econômico, no sentido de uma modernização da estrutura produtiva e da implantação de um governo "forte", de caráter bonapartista, exprimindo assim o temor, por parte da grande burguesia brasileira, da organização dos setores populares, principalmente do PCB. Ver Thomas Skidmore, *Brasil: de Getúlio a Castelo*, cit., em especial cap. 4 e 5.

com o golpe de Estado de abril de 1964. Os espaços democráticos abertos com a vigência da *legalidade burguesa*, que proporcionaram o avanço e a organização do movimento operário, e em particular o crescimento do PCB, são entendidos como uma "grande ameaça" à hegemonia de uma burguesia de tradição autocrática que, por isso mesmo, responderá politicamente com um novo projeto de *forma Estado* de caráter militar-bonapartista, não apenas como um instrumento de soldagem ideológica do seu bloco de classe, mas *fundamentalmente* para propiciar a implementação de uma nova etapa de desenvolvimento econômico, baseada na *pax autocrática*, testada com êxito para os interesses das classes dominantes em muitos momentos da história brasileira.

Portanto, o elemento que determinará o golpe de Estado e a opção pelo bonapartismo estará arrimado numa longa tradição autocrática, como procuramos demonstrar acima, determinado pelo próprio caráter histórico-ontológico do capitalismo brasileiro e, sem dúvida, de sua burguesia, elemento esse que se agudiza com as alterações ocorridas na organização mundial da economia, pois quanto mais se aprofundam as relações capitalistas, sob a fase monopolista, "mais as nações capitalistas centrais e hegemônicas necessitam de 'parceiros sólidos' na periferia dependente e subdesenvolvida – não só de uma burguesia articulada internamente em bases nacionais, mas de uma *burguesia bastante forte* para saturar todas as funções políticas autodefensivas e repressivas da dominação burguesa"[17].

Efetivamente, a burguesia brasileira movimentava-se dentro dessa possibilidade desde o fim da era Vargas. A crise das formas de articulação de poder e o hiato criado pelo esgotamento da forma política do bonapartismo varguista, assim como a derrota do nazifascismo na Europa com a participação do Brasil, obrigaram as classes dominantes a conviver com espaços democráticos nesse interregno de construção de um novo arranjo político hegemônico, mais adequado aos novos tempos.

Mesmo assim, após o governo Dutra, o Brasil já havia vivido pelo menos três tentativas de golpe, e uma delas, como é sabido, resultou no suicídio de Vargas. Mas nenhuma encontrou nas frações de classe burguesas um consenso, ou melhor, *condições objetivas para o fortalecimento da autocracia*. Foi exatamente a falência da alternativa Quadros que demonstrou, de um lado, a desarticulação política da burguesia e a não hegemonia da fração de classe burguesa vinculada mais diretamente ao projeto de um capitalismo associado – que não logrou soldar um bloco de classe em torno de suas posições que permitisse a ampliação da dominação burguesa –, além do controle direto do aparelho de Estado, e, de outro lado, a *necessidade de*

---

[17] Ver Florestan Fernandes, *A ditadura em questão* (São Paulo, T. A. Queiroz, 1982), p. 322.

aprofundar a política iniciada por Kubitschek, sem as pressões exercidas pelo movimento sindical, que, sem dúvida, dificultariam a implantação de medidas de contenção de salários, um dos recursos necessários para a acumulação interna do capital. A dificuldade da burguesia em construir uma nova hegemonia política e o consequente embate entre as frações de classe burguesas desagregavam permanentemente as condições de dominação política por parte da burguesia.

De fato, os elementos desarticuladores não estavam somente nas frações de classe burguesas; eles vinham também de fora, isto é, do movimento popular e sindical, ainda que essas pressões não se dessem no bojo de radical contestação ao capitalismo nem na senda de uma crise revolucionária. Nesse sentido, estamos de acordo com Florestan Fernandes, que entende essa crise muito mais como produto da paralisia da dominação burguesa, que terminava por restringir a eficácia política de seu próprio poder[18]. De modo que podemos dizer que as condições sócio-históricas presentes no governo Goulart forneceram os elementos para a soldagem do bloco de poder burguês. Não por uma política deliberadamente socializante por parte do governo ou por uma radical atuação anticapitalista do movimento sindical, mas porque o governo Goulart movia-se em meio ao esgarçamento da sociedade brasileira, retrato da desagregação política da hegemonia burguesa. O exemplo maior de que o governo Goulart expressa a crise de hegemonia determinada pela inserção do Brasil no novo quadro mundial do capitalismo é a tentativa de conciliação nacional implementada pelo governo para buscar equilibrar-se entre as pressões do campo popular e as do bloco político da burguesia[19]. Essa política de conciliação era tal que Goulart, em abril de 1962, vai aos Estados Unidos visitar o presidente Kennedy, objetivando arrefecer a ferrenha oposição de direita ao seu governo, *no qual o polo popular também não havia conseguido atingir o acúmulo histórico-político necessário para desmontar a hegemonia autocrática.* O movimento popular, especialmente os comunistas, agindo de acordo com os direcionamentos de 1958-1960 e praticando uma linha política moderada e institucionalista, orientava-se no sentido da realização da "etapa democrático-burguesa" da sociedade brasileira, objetivando o desenvolvimento de um capitalismo nacional e independente, como primeiro momento da revolução brasileira. Desse modo, a linha implementada pelo PCB, de caráter democrático-reformista – que, em sua concepção, deveria ser desenvolvida juntamente com outros segmentos sociais e com frações da burguesia –,

---

[18] Idem.

[19] Ver Thomas Skidmore, *Brasil: de Getúlio a Castelo*, cit., e, também Hélio Silva, *1964: golpe ou contragolpe?*, cit.

objetivamente obstaculizava qualquer tentativa de construção de espaços políticos populares que permitissem a desarticulação do polo autocrático-burguês, na medida em que, segundo essa visão, as tarefas democráticas deveriam ser capitaneadas não pelo proletariado, mas pela burguesia "progressista"[20]. No entanto, se não havia condições para uma "situação revolucionária" no quadro político brasileiro, tampouco um espaço político para uma ação mais incisiva do campo popular, cresciam contradições dentro da sociedade que poderiam desaguar numa situação de radicalização democrática, o que possibilitaria o desencadear de uma situação pré-revolucionária e poria em risco a autocracia burguesa, ameaça que era determinada muito mais pelas lutas intestinas entre suas frações de classe do que pela ação política das esquerdas e, particularmente, dos comunistas.

A crise conjuntural da hegemonia burguesa e sua consequente divisão interna fez com que uma fração de classe burguesa, o segmento não diretamente vinculado ao capital externo, aproximou-se momentaneamente das posições democráticas, na medida em que lhe faltavam canais próprios para sua manifestação ideológica. Como destacou Florestan Fernandes:

> A extrema concentração social da riqueza e do poder não conferia à burguesia nativa espaço político dentro do qual pudesse movimentar-se e articular-se com os interesses sociais mais ou menos divergentes. Ela só podia, mesmo, mostrar-se "democrática", "reformista" e "nacionalista" desde que as "pressões dentro da ordem" fossem meros símbolos de identificação moral e política, esvaziando-se de efetividade prática no vir a ser histórico.[21]

Mas à medida que se aprofundam as contradições e amplia-se o espectro da participação democrática dos setores populares na vida social do país, que obrigam o presidente Goulart a realizar, cada vez mais, concessões aos movimentos sociais,

---

[20] Como podemos ler nas resoluções do V Congresso: "A fim de derrotar o inimigo comum, é necessária a frente única das várias forças interessadas na emancipação e no progresso do Brasil. A Aliança dessas forças resulta de exigências da própria situação objetiva. Como o imperialismo norte-americano e seus agentes internos constituem o inimigo principal, a frente única é muito ampla do ponto de vista de sua composição de classe. [...] A classe operária deve aliar-se à burguesia ligada aos interesses nacionais e outras forças e, simultaneamente, lutar contra as tendências conciliadoras e antidemocráticas que nelas se manifestam" ("Resolução política do V Congresso do Partido Comunista Brasileiro (1960)", em *PCB: vinte anos de política (1958-1979)*, São Paulo, LECH, 1980), p. 50-1.

[21] Florestan Fernandes, *A ditadura em questão*, cit., p. 324.

ainda que dentro do campo reformista – como o decreto da reforma agrária, a Lei de Remessa de Lucros etc. –, essa mesma burguesia, em sua grande maioria, inicia o recuo de suas posições "progressistas", abandona o governo Goulart e apoia o *coup de main* de caráter bonapartista, que se torna possível quando o bloco político-burguês alcança o consenso consolidado pela unidade em torno de princípios ideológicos que tinham por objetivo a preservação da dominação de classe e de seus valores econômicos, sociais, culturais e políticos. Assim,

> [o] golpe de abril de 1964 expressou [...] o direcionamento político e econômico pretendido pela burguesia brasileira. Refletindo mais profundamente sobre o sentido do golpe, podemos afirmar que ele configurou a tendência tradicionalmente reacionária dessa burguesia, [...] as reformas janguistas não visavam nada mais do que a uma modernização autonomista e nacionalista para o país. Entretanto, para que tais reformas pudessem ser desencadeadas, era necessário ampliar os espaços democráticos e instalar um real Estado democrático-burguês no país. A perspectiva de maior participação popular nas decisões políticas bastou para que a burguesia brasileira, inclusive a "nacional", recorresse a seu expediente historicamente aprovado. Novamente a saída é o bonapartismo, agora, através de uma instituição: o Exército, também tradicionalmente golpista e vinculado aos donos do poder. Mais uma vez os militares eram chamados pela burguesia para assumir a "pacificação" política do país.[22]

Uma vez estabelecido no poder, o governo militar-bonapartista implementará uma série de iniciativas políticas imediatas: 1) o reordenamento do aparato estatal para rapidamente extirpar os espaços democráticos conquistados durante a vigência da *legalidade democrática burguesa, a autocracia institucionalizada*, refreando as movimentações populares e os setores democráticos da sociedade; ao mesmo tempo, e de forma articulada, foram implementadas medidas econômicas para reativar e aprofundar o padrão de acumulação capitalista baseado na expansão do DIII[23] e, para isso, era fundamental resolver problemas de pagamentos externos que o padrão acumulador, agora alargado, requeria; 2) uma ampla política de contenção salarial, mediante violenta ação repressiva ao movimento sindical, além de uma política de

---

[22] Antonio Carlos Mazzeo, *Burguesia e capitalismo no Brasil* (2. ed., São Paulo, Ática, 1995), p. 47.

[23] Como ressaltou Celso Furtado: "O problema fundamental consistia em criar condições para a retomada do processo de industrialização, a partir do complexo industrial de que se dotara o país e que vinha sendo amplamente subtilizado" (*Análise do "modelo" econômico brasileiro*, Rio de Janeiro, Civilização Brasileira, 1972), p. 37-8.

incentivos fiscais que propiciaria o retorno de parte dos recursos públicos fornecidos gratuitamente às empresas privadas[24]; 3) após a eliminação da Lei de Remessas de Lucros, de 1962, captação de recursos financeiros, sob a forma de empréstimos, para gerar condições para a atuação dos grandes conglomerados e criar meios de pagamentos externos, possibilitando remessas de lucros, dividendos, *royalties* etc.[25]

A soldagem do *novo bloco burguês* e a construção de uma "face institucional" para a nova *forma Estado* bonapartista tinham como pressuposto a necessidade de acomodamentos entre as frações de classe burguesas, o que significava aprofundar o arranjo político que constituiria o elo entre os grupos políticos que apoiaram o golpe de Estado. No entanto, a amarração do bloco político de sustentação era bastante incipiente, pois fora feita com base em princípios de conteúdos ideológicos genéricos, tendo como epicentro o combate à "ameaça comunista". Para o polo ideológico-hegemônico desse bloco – a burguesia associada diretamente ao capital internacional, ao imperialismo e a seus aliados externos[26] – era fundamental dar ao novo governo uma feição não somente de legalidade institucional, como também de amplo apoio político, inclusive no Congresso Nacional, para dar mais segurança aos governos e empresários estrangeiros interessados em investir no país[27]. Não

---

[24] Ver Francisco de Oliveira, *A economia de dependência imperfeita*, cit., p. 93 e seg.; Nelson Werneck Sodré, *Brasil: radiografia de un modelo*, cit., p. 113 e seg.; Celso Furtado Celso, *Análise do "modelo" econômico brasileiro*, cit., p. 37 e seg.; e Paul I. Singer e Fernando H. Cardoso, *Caderno Cebrap 6: O "milagre brasileiro", causas e consequências* (São Paulo, Cebrap, 1972), p. 53 e seg.

[25] Ver Francisco de Oliveira, *A economia de dependência imperfeita*, cit., p. 96.

[26] É bastante conhecido o papel dos Estados Unidos no golpe de Estado de 1964. O governo estadunidense deu apoio logístico fundamental à movimentação golpista por intermédio de seu embaixador, Lincoln Gordon, e de seu assessor direto, coronel Vernon Walters. Dentre a vasta bibliografia que analisa o papel dos Estados Unidos no golpe de Estado de 1964, destacamos: Thomas Skidmore, *Brasil: de Getúlio a Castelo*, cit.; Luiz Alberto Moniz Bandeira, *O governo João Goulart*, cit.; e Irving L. Horowitz, *Ascensão e queda do projeto camelot* (Rio de Janeiro, Civilização Brasileira, 1969). Ver também Evaldo Amaro Vieira, *A República brasileira*, cit., em especial cap. 3.

[27] Nesse sentido (ainda que divergindo radicalmente do conceito politicista de "Estado burocrático-autoritário"), estamos de acordo com a análise de Guillermo O'Donnell sobre os Estados construídos por golpes militares conservadores e "autoritários": "Os problemas inaugurais do BA [Estado burocrático-autoritário] são dois. Primeiro, extirpar a 'ameaça'; segundo, conseguir que comecem a entrar novos fluxos de capital internacional. [...] Quanto ao segundo, o essencial é que essas transfusões têm que ser conseguidas. E precisamente por um país que tem ante a 'comunidade internacional de negócios' toda a 'má fama' resultante de sua história recente de 'ameaças' e de incertos comportamentos governamentais e socioeconômicos. [...], não se trata só de convencer sobre a intenção de executar políticas 'razoáveis' que criarão um clima atrativo para o ingresso e

por acaso, logo após o golpe de Estado que destituiu um presidente legalmente empossado, já no dia 1º de abril, o presidente do Senado, Auro Moura Andrade, que havia apoiado o movimento golpista da primeira hora, apressou-se em buscar uma fachada "institucional" para a deposição do presidente, articulando a "vacância" do cargo de presidente da República, declarada oficialmente na madrugada do dia 2, e permitindo a posse "legal" do presidente da Câmara dos Deputados, Ranieri Mazzilli[28]. Entretanto, para além da postura emblemática de Moura Andrade, esse foi um dos passos fundamentais para a montagem inicial de um bloco de sustentação mais vigoroso, que procurou dar um caráter institucional ao movimento e no qual, claramente, destacaram-se os grupos políticos mais relevantes na articulação da nova *forma Estado*: a União Democrática Nacional (UDN) e o Partido Social Democrático (PSD), de Minas Gerais[29], grupos que representavam o novo direcionamento político do Brasil e que, posteriormente, seriam ampliados, a partir da crise de 1965. Isso resultou num rearranjo político que proporcionou o alargamento do espectro de participação de outros segmentos das frações de classe burguesa e, com a promulgação do AI-2[30], o Estado militar-bonapartista começa

---

expansão interna do capital internacional. Muito mais que isso, *trata-se de convencer que se conta ainda com a capacidade política necessária para manter essas políticas por um bom tempo*" ("Desenvolvimento político ou mudança política?", em Paulo Sérgio Pinheiro (org.), *O Estado autoritário e os movimentos populares*, Rio de Janeiro, Paz e Terra, 1979, p. 49-50; grifos do autor).

[28] Moura Andrade declara: "Comunico ao Congresso Nacional que o Sr. João Goulart deixou, por força dos notórios acontecimentos de que a Nação é conhecedora, o Governo da República" (citado em Hélio Silva, *1964: golpe ou contragolpe?*, cit., p. 425). Como ressalta Skidmore: "O presidente do Senado, Auro Moura Andrade, resolveu o problema. Os militares estavam exigindo que fosse facilitado o caminho para a posse de um novo presidente que eles indicariam. Sem dúvida um general. Diante disso, nas primeiras horas da manhã de 2 de abril, Moura Andrade simplesmente declarou vacante a presidência, ato sem qualquer amparo legal que provocou furiosos protestos dos deputados do PTB. A Constituição especificava que se a presidência vacasse o próximo a ocupá-la seria o presidente da Câmara dos Deputados (Ranieri Mazzilli) por um prazo máximo de 30 dias, enquanto o Congresso tratava de eleger um novo chefe de governo. Neste ponto a Constituição foi observada: Mazzilli tornou-se presidente em exercício. A assunção ao poder da Revolução, nascida de um ato arbitrário, estava agora seguindo a mais estrita constitucionalidade. Não seria este o último exemplo de semelhante esquizofrenia" (*Brasil: de Getúlio a Castelo*, cit., p. 46).

[29] Ver a composição política do gabinete ministerial golpista do primeiro governo militar-bonapartista em Thomas Skidmore, *Brasil: de Getúlio a Castelo*, cit., p. 52-4.

[30] A grave crise de 1965 é desencadeada pelas eleições governamentais de outubro, quando a coligação PSD-PTB, partidos que se opunham, ainda que brandamente, ao golpe bonapartista, vence nos estados de Minas Gerais e Guanabara, onde as lideranças civis do movimento golpista,

148 Sinfonia inacabada

a construir a *forma-Estado* do novo bloco hegemônico, consolidado em 1968 pelo AI-5. Tudo isso, no entanto, sem deixar de enfatizar a necessidade de dar ao governo militar-bonapartista uma face "institucional". O governo e a instituição militar, representada pelo Exército, deveriam aparecer como "representantes da vontade da maioria" da sociedade.

De modo que a *forma-Estado autocrática*, de caráter militar-bonapartista, estruturou-se não com a figura de um *condottiere*, mas arrimada no Exército enquanto instituição. Não somente porque, naquele momento, o Exército gozava de confiabilidade, pois ainda repercutia positivamente sua participação vitoriosa na luta direta contra o nazifascismo no teatro de operações europeu e, nessas circunstâncias, podia se apresentar à nação como a instituição competente para construir o Leviatã "defensor" da democracia e da probidade administrativa, "acima dos interesses de classe" e contra a corrupção política e moral do país, mas também e *principalmente* por se tratar de uma alternativa em que o elemento institucional devia aparecer como o aspecto fundamental do novo governo e da nova *forma Estado*. Ao mesmo tempo que não fechava o Congresso – dentro de uma estrutura criada de bipartidarismo – e permite a realização de eleições, o governo militar--bonapartista, utilizando-se dos instrumentos repressivos fornecidos pelos Atos Institucionais, controlava possíveis movimentações de segmentos da sociedade civil e também subordinava e submetia o Congresso Nacional aos seus interesses. A *forma-Estado autocrática militar-bonapartista* ganhou sua feição mais acabada entre os anos de 1968 e 1973, e viveu seu auge no período do ditador Emílio Garrastazu Médici (1969-1974), quando os ajustes internos entre as frações de classe burguesas encontraram certo acomodamento e o governo conseguiu impulsionar uma política econômica que de 1968 a 1974 elevou o PIB a taxas anuais de 10,9%, o que também possibilitou que os governos militar-bonapartistas tivessem apoio da pequena burguesia, da assim chamada "classe média" e de segmentos do proletariado. Apesar da existência de todo um sistema político-repressivo, a censura aos meios de comunicação, a autocensura e a conivência de influentes órgãos da imprensa, como a Rede Globo e, em particular, a timidez da oposição

---

respectivamente, Magalhães Pinto e Carlos Lacerda, eram governadores. Isso causará uma ruptura política dentro do novo bloco hegemônico, expressa não somente pelo movimento militar no Rio de Janeiro, visando depor Castelo Branco, mas pelo rompimento definitivo de Lacerda com o governo, determinando também a recomposição política do bloco hegemônico e a própria forma da estruturação partidária. Ver Maria D'Alva Gil Kinzo, *Oposição e autoritarismo: gênese e trajetória do MDB (1966-1979)* (trad. Heloisa Perrone Attuy, São Paulo, Vértice/Revista dos Tribunais, 1988), p. 21 e seg.; e Thomas Skidmore, *Brasil: de Getúlio a Castelo*, cit., cap. 3 e 4.

do Movimento Democrático Brasileiro (MDB), que transita de uma atuação mais radicalizada, até 1968, para uma bastante moderada – fato que terá repercussão negativa no enfrentamento à ditadura bonapartista[31] –, não podemos deixar de ver nas vitórias eleitorais da Aliança Renovadora Nacional (Arena) um termômetro do apoio que o governo militar-bonapartista recebia de um segmento considerável da sociedade civil, pelo menos até 1974, quando o modelo de acumulação adotado entrou em agonia.

A crise de um padrão de acumulação baseado no desenvolvimento do DIII da economia, conhecido como "milagre econômico", será responsável pela desarticulação progressiva do bloco político de sustentação do governo militar-bonapartista e, consequentemente, de sua *forma Estado*, o que leva o governo Geisel (1974-1979) a buscar alternativas de recomposição econômica e política, visando reorganizar um núcleo de apoio que se desintegrava rapidamente. O II Plano Nacional de Desenvolvimento, projeto econômico de Geisel cujo objetivo era responder à desaceleração de um padrão interno de industrialização e à crise externa do capitalismo, procurou construir um outro "modelo" acumulador, reestruturando o aparato reprodutivo com base em um novo patamar de industrialização, a indústria pesada (DI da economia), e no fortalecimento do capital privado nacional, que seria coordenado e financiado pelo BNDE[32]. Esse deslocamento de eixo do padrão acumulativo nos dá a dimensão da crise que se estabelecia no bloco de sustentação política do governo militar-bonapartista e das necessidades de reconstrução de um eixo político de acordo com as modificações no campo econômico, com implicações profundas na própria morfologia da *forma Estado* vigente[33]. Estavam

---

[31] Kinzo ressalta que, "até o final de 1968, a atuação do MDB tendeu à radicalização. [...] o partido caminhou na direção oposta, entre 1968 e 1970, inclinando-se à moderação. Se isto possivelmente foi a única estratégia viável para enfrentar uma situação de fechamento e de repressão, por outro lado não se pode esquecer a influência do grupo moderado no interior do partido. De qualquer modo, a adoção de uma linha moderada teria impacto no desempenho do MDB [...]" (*Oposição e autoritarismo*, cit., p. 129).

[32] Ver José Luís Fiori, "Sonhos prussianos, crises brasileiras: leitura política de uma industrialização tardia", em *Em busca do dissenso perdido: ensaios críticos sobre a festejada crise do Estado* (Rio de Janeiro, Insight, 1995), p. 57-84.

[33] A derrota eleitoral da ditadura, em novembro de 1974, é o maior sintoma da desagregação da *forma Estado* militar-bonapartista e do esgarçamento do bloco de sustentação do poder. O MDB sai vitorioso, após derrota esmagadora da Arena nos principais centros do país. Como ressaltou Skidmore, o "MDB tinha quase dobrado sua representação na Câmara dos Deputados (o número total das cadeiras tinha crescido de 310 para 364), elevando-se de 87 para 165. A Arena caiu de

150 SINFONIA INACABADA

lançadas as bases para o que ficou conhecido como a *autorreforma* do regime, e que será implementado pelos ditadores Ernesto Geisel e João Batista Figueiredo[34]. A *autorreforma*, que expressava a recomposição política do bloco hegemônico da burguesia, preparou a transição da *forma Estado* autocrática militar-bonapartista para a forma de *legalidade burguesa autocrático-institucional*, confirmando o velho "pêndulo" político das formas de poder de Estado no Brasil. No entanto, e como um elemento contraditório a mais, o padrão de acumulação engendrado no período 1962-1974 possibilitou o desenvolvimento de um proletariado moderno e, em particular, de uma classe operária com um poder de reivindicação maior e capacidade para operar, com as mobilizações sindicais realizadas no fim dos anos 1970, a aceleração da autorreforma. Esse movimento desembocaria na transição "pelo alto" e na transferência do poder ao civil Tancredo Neves. Mas não sem antes reorganizar institucionalmente o país por meio de reformas – que passavam pela anistia dos políticos cassados pela ditadura, e também dos torturadores e criminosos que tinham feito, ou ainda faziam parte, da estrutura repressiva do Estado militar--bonapartista – e da recomposição do bloco político hegemônico burguês[35]. Dessa forma, chegou ao fim o bipartidarismo e permitiu-se a criação ou refundação de vários partidos políticos (excetuando-se os partidos comunistas, PCB e PCdoB,

---

223 para 199. Os resultados no Senado foram igualmente dramáticos. A delegação do MDB aumentou de 7 para 20, enquanto a Arena caiu de 59 para 46. [...] Além disso, o MDB ganhou o controle das assembleias estaduais nos Estados-chave, onde o eleitorado urbano era crucial: São Paulo, Rio Grande do Sul, Rio de Janeiro (incluindo a cidade do Rio), Paraná, Acre e Amazonas" ("A abertura do autoritarismo: origens e dinâmica: a lenta via brasileira para a democratização (1974-1985)", em Alfred Stepan (org.), *Democratizando o Brasil*, Rio de Janeiro, Paz e Terra, 1988, p. 34).

[34] O bloco político-hegemônico, ao construir seu projeto de "descompressão" (leia-se, *autorreforma*), deparou-se com um grande problema: enfrentar a "autonomia relativa" do Estado militar--bonapartista e seus aparatos repressivos, como demonstraram os episódios das prisões e mortes de inúmeros militantes do PCB em 1975. Sobre esse momento, ver Thomas Skidmore, *Brasil: de Castelo a Tancredo* (trad. Mário Salviano Silva, Rio de Janeiro, Paz e Terra, 1994), e, neste volume, "Posfácio".

[35] "Os estrategistas políticos do presidente, à frente o general Golbery [do Couto e Silva], imaginaram uma solução parcial: dissolver o sistema bipartidário e promover a criação de múltiplos partidos com elementos da oposição, mas preservando as forças do governo em um único partido. [...] O governo manteria assim o seu controle seja pela divisão dos votos da oposição ou pela formação de uma coalizão com os elementos mais conservadores do partido adversário. Acima de tudo, o governo tinha que romper a unidade oposicionista" (Thomas Skidmore, *Brasil: de Castelo a Tancredo*, cit., p. 427).

que continuaram na clandestinidade até 1985) para dividir a oposição, concentrada no MDB, e recompor a sustentação governamental com uma nova agremiação, que não somente viesse substituir a Arena – rebatizada Partido Democrático Social (PDS), na tentativa de desvencilhar o novo partido daquele que tinha sido o braço político da autocracia bonapartista –, mas também representasse a criação de um partido alternativo de governo que pudesse ser a expressão de nova costura política.

Mas, apesar dos esforços, o bloco de sustentação política da forma bonapartista estava irremediavelmente cindido, e o surgimento do Partido Popular (PP) foi a expressão dessa divisão. Na conclusão de Fernandes, foi "impossível, em consequência, constituir uma nova base política para a ditadura e, através dela, marchar na direção de uma reabsorção gradual do polo militar"[36]. O PP surgiu pelas mãos de elementos reformadores do regime que desejavam uma recomposição mais ampla da política nacional. De certa maneira, o bloco hegemônico burguês abriu uma nova frente para implementar a autorreforma e articular a "abertura democrática" necessária para a recomposição da dominação burguesa. Desse modo, o PP acabou por encampar bandeiras políticas que tinham sido da oposição, e assumiu claramente a necessidade de o país transitar para um governo democrático de *legalidade burguesa*, em que as formas institucionais continuariam subordinadas à autocracia burguesa.

Estavam objetivadas as condições para o fim da *forma Estado* autocrático-bonapartista, o fechamento de mais uma experiência bonapartista, das muitas vividas pelo Brasil em sua história. Engendrava-se, ainda que reformulado historicamente, o retorno à *legalidade burguesa autocrático-institucional*, a qual permitiria a construção de um novo bloco hegemônico, mais afinado com as mudanças do capitalismo no plano mundial.

---

[36] Florestan Fernandes, *A ditadura em questão*, cit., p. 29.

CAPÍTULO 5
LENTO CON GRANDE ESPRESSIONE
A "NOVA TEORIA CONSAGRADA" COMO
OPERADOR POLÍTICO DO PCB

O modelo de acumulação baseado no DIII da economia propiciou, como vimos, o surgimento de uma classe operária moderna e inserida nos moldes de um proletariado contemporâneo. Além do mais, o desenvolvimento de novas forças produtivas e de novas relações sociais de produção determinarão também a proletarização de um amplo espectro dos segmentos médios componentes do tecido social e de suas formas organizativas, de inserção e de influência no movimento sindical[1]. As movimentações operárias que ocorrerão em São Paulo, na região conhecida como ABC paulista, tendo em sua vanguarda os trabalhadores metalúrgicos, refletem a crise estabelecida no padrão acumulador vigente e constituirão um dos elementos fundamentais da desagregação final da *forma-Estado* militar-bonapartista, na

---

[1] Nesse período, crescia a tendência de proletarização de amplos setores das chamadas "classes médias", a partir da introdução de novas tecnologias no processo produtivo, já apontada por Harry Braverman, *Trabalho e capital monopolista* (trad. Nathanael C. Caixeiro, 3. ed., Rio de Janeiro, Zahar, 1980). Suzane de Brunhoff definiu essa tendência como imanente ao próprio processo produtivo capitalista: "O fato de que a formação e a qualificação dos trabalhadores manuais mudam com os novos processos de trabalho assume hoje um relevo particular; mas sempre foi assim" (*A hora do mercado: crítica do liberalismo*, São Paulo, Ed. Unesp, 1991), p. 85. Jean Lojkine ressalta esse aspecto no Brasil, comparando-o com a França: "Entre 1980 e 1986, nas autopeças, a parte da mão de obra direta cai de 82,9% para 80,7%; nas máquinas-ferramenta, cai de 90,3% para 85,2%. Correlativamente, nas autopeças, os técnicos de apoio à produção passam de 14,9% a 16,1% e os técnicos de projetos passam de 2,2% a 3,2%. Em consequência, a parte de mão de obra indireta e do trabalho intelectual aumenta, em detrimento da mão de obra direta. Isto confirma plenamente as tendências que pudemos observar na indústria automobilística francesa e no conjunto das mutações da classe operária [...]" ("Prefácio à edição brasileira", em *A classe operária em mutações*, Belo Horizonte, Oficina de Livros, 1990, p. 8). Ver também Giovanni Alves, *O novo (e precário) mundo do trabalho: restruturação produtiva e crise do sindicalismo* (São Paulo, Boitempo/Fapesp, 2000); e Ricardo Antunes, *Adeus ao trabalho? Ensaios sobre as metamorfoses e a centralidade do mundo do trabalho* (3. ed., São Paulo, Cortez/Ed. Unicamp, 1995).

medida em que alcançarão um patamar político que *transcenderá a ação imediata das greves* e porão em cheque não somente a política salarial e as relações trabalhistas do governo, mas o próprio *aspecto fundante* da política econômica e do modelo de acumulação de capitais, assim como a forma bonapartista, obrigando a burguesia a uma posição defensiva no contexto da *autorreforma,* cujo objetivo era recompor seu bloco de apoio político.

Nesse sentido, essas movimentações grevistas adquirem um aspecto de profunda relevância. Destroçado e amordaçado pelos governos militar-bonapartistas, o movimento operário que se reorganiza ao fim dos anos 1970 põe os trabalhadores no centro da política nacional e ressalta o aspecto qualitativo do novo proletariado que se conforma a partir dos anos 1960. Esse é, sem dúvida, um aspecto novo na política brasileira, dado que um amplo setor das *classes subalternas,* que sempre foi excluído dos processos político-decisórios, passa a exercer um papel fundamental nos rumos da vida político-institucional brasileira. Tendo como elemento de ação suas movimentações grevistas, os operários desempenharão um papel que levará a nível superior as manifestações pró-democracia no país. Partindo de reivindicações imediatas contra o arrocho salarial, a luta operária acaba por questionar a exploração do trabalho, assim como seu fundamento jurídico e político.

Sob essa perspectiva, as movimentações operárias continham em si uma *crítica objetiva* à ditadura militar-bonapartista muito mais profunda do que a realizada até aquele momento por uma oposição cuja ação política se limitava ao campo institucional, definida genericamente como luta contra o "autoritarismo". Assim, as mobilizações operárias acabam por *deslocar o eixo da luta* contra o militar-bonapartismo, isto é, retiram-na do plano meramente *politicista e* remetem-na a uma dimensão mais ampla, incorporando outros aspectos da estrutura da *forma--Estado* militar-bonapartista, inclusive, e *fundamentalmente,* sua base econômica. Dessa forma, não podemos restringir os conteúdos das greves às reivindicações imediatas contra a política salarial ou a política institucional, pois seria reduzir todo o elemento de complexidade presente na ação operária e também seus profundos desdobramentos políticos. O significado das greves é mais amplo do que o mero aspecto reivindicatório. Não que as reivindicações imediatas estivessem fora das razões e dos discursos grevistas. No entanto, elas apareciam como um elemento epifenomênico, detectável imediatamente pelo olhar empírico[2]. Para além das

---

[2]   Estudos sobre as greves, como o de Amnéris Maroni (*A estratégia da recusa*, São Paulo, Brasiliense, 1982), acabam enfatizando exatamente os aspectos epifenomênicos da ação operária e colocando como elemento principal não a contradição determinante, isto é, o questionamento radical não

pautas imediatas, fossem as trabalhistas, fossem as que pediam liberdade e autonomia sindical, ou ainda a conjunção de diversos elementos presentes na realidade cotidiana da fábrica, o fundamento das greves deve ser buscado na articulação de dois fatores nodais, realizada simultaneamente pela ação operária: *o questionamento da base econômica e da superestrutura jurídico-política do bonapartismo.*

A crítica efetuada à ditadura pelo movimento operário por meio do confronto direto com o governo, após a organização autônoma dos trabalhadores, além de superar o *politicismo*, realizando a luta no âmbito de sua base de sustentação, ou seja, *a econômica*, adquire também um conteúdo de profundo questionamento dos projetos e programas políticos das esquerdas, seja as ligadas à vertente comunista histórica do PCB (e suas variantes, como o PCdoB), seja as que assumiram perspectivas "vanguardistas", ao criticar, de um lado, uma esquerda que ainda raciocinava no sentido de manter a oposição ao bonapartismo nos moldes anteriores (dando continuidade à política de *frente ampla*, quando esta já se encontrava esgotada, pois o núcleo de sustentação política da *forma-Estado* militar-bonapartista vivia um processo de esgarçamento)[3] e, de outro, a esquerda que vinha do enfrentamento

---

somente de um sistema organizativo dentro da fábrica, mas de todo um complexo produtivo articulado, em que os aspectos levantados pela autora estão presentes como elementos consequenciais de uma causalidade posta de maneira mais profunda, baseada em uma *determinação social objetiva*. Nesse sentido, concordamos com a análise crítica realizada por Ricardo Antunes a essa forma de entendimento, porque nos permite realçar a dimensão que pretendemos: "Atribuir ao 'questionamento da organização do processo de trabalho' a causalidade das Greves de Maio de 78 do ABC paulista constitui um *a priori*, recurso metodológico que a autora explicita ao optar por 'direcionar as entrevistas para a problemática do conflito interno à fábrica' [...]. Nada teríamos a opor se a recuperação desta dimensão das Greves – a problemática do conflito interno à fábrica – não minimizasse e mesmo menosprezasse o eixo central do movimento, não desconsiderasse e maculasse o discurso operário, que tão exaustivamente apontou a radicalidade do arrocho salarial, não obstasse, enfim, a possibilidade de apreensão da concretude das greves" (*A rebeldia do trabalho*, 2. ed., Campinas, Ed. Unicamp, 1992, p. 28).

3   A postura do PCB, analisando os movimentos grevistas em seu órgão central (*Voz Operária*, n. 133, 1977), demonstra essa tendência quando chama o movimento operário a uma unidade de classe extremamente ampla, até mesmo com os setores burgueses que haviam apoiado os governos militar-bonapartistas e iniciavam seu deslocamento político, visando outras composições, e diz que é necessário "ampliar e tornar coerente sua plataforma de reivindicações políticas e econômicas. Ela deve incluir a defesa dos interesses fundamentais de seus aliados mais próximos e consequentes [...] A outra direção é a de romper o isolamento em que o movimento operário e sindical se encontra em relação ao movimento geral de oposição à ditadura. A classe operária tem condições de lançar-se ativamente na busca de aliados neste campo, e *também entre os setores em desagregação ou apenas vacilantes do regime*" ("A situação atual e as tarefas

armado com a ditadura militar-bonapartista e, efetivamente, ainda estava distante do conjunto do movimento operário-popular. Nesse sentido, as movimentações operárias, mesmo operando de forma *intuitivo-política* – na medida em que não possuíam um claro projeto político de transformação social –, apontaram a necessidade e a *possibilidade objetiva* de se construir uma contraposição à ditadura pela hegemonia operário-popular e, ao mesmo tempo, a perspectiva de se deslocar o centro da luta pela democracia de *frente ampla*, concentrada então no MDB, para uma alternativa política que contemplasse o elemento classista.

No entanto, por ter sido produto de ações espontâneas, o movimento grevista, apesar de seu potencial, careceu de uma direção politicamente consciente e de um núcleo dirigente que realizasse a *mediação* entre as manifestações da *consciência imediata* e uma ação *mediada* por uma política que permitisse o desenvolvimento das imensas potencialidades imanentes àquelas movimentações operárias. Isso era tão evidente que, mesmo numa visão difusa e intuitiva, algumas lideranças esboçaram uma percepção sobre a *necessidade* de adoção de um instrumento mais eficaz de intervenção política, e juntamente com grupos de esquerda – que se aproximaram do movimento operário no período das mobilizações ascendentes –, acabaram aderindo à ideia de fundar um partido político que defendesse os interesses dos trabalhadores, ainda que restrita a uma definição genérica de partido político e num caldo de cultura muito permeado por uma concepção espontaneísta. Além disso, não havia de início um consenso entre os sindicalistas, que tendiam a ver os políticos e a política com muita desconfiança[4]. Mas o fato é que, acima

---

que se impõem ao movimento sindical", citado em Celso Frederico, *A esquerda e o movimento operário (1964-1984)*, Belo Horizonte, Oficina de Livros, 1990, v. 2, p. 169-70; grifos nossos).

[4] Como podemos ver na fala de Luiz Inácio Lula da Silva a respeito da relação entre os sindicatos e a política: "O problema é que a maior parte dos setores da esquerda, que ocupava o movimento sindical, queria transformar o sindicato num partido político" (entrevista concedida a Marta Harnecker, em *O sonho era possível: a história do Partido dos Trabalhadores narrada por seus protagonistas* (São Paulo, Mepla/Casa América Livre, 1994, p. 15). Em entrevista concedida ao jornal *O Pasquim*, de 24 a 31 de março de 1978, Lula afirmava: "Não aceito que os políticos exerçam influência dentro do sindicato, mas acho que o sindicato tem obrigação de exercer influência na classe política" (citado em Márcia Berbel, *Partido dos Trabalhadores: tradição e ruptura na esquerda brasileira (1978-1980)*, dissertação de mestrado em história, São Paulo, FFLCH-USP, 1991, p. 69). Sobre a posição de Lula em relação à criação de um partido político, Márcia Berbel acentua que até julho de 1979 "a proposta de um partido não estará presente nos pronunciamentos de Lula. Ele se apresentava como um líder sindical 'apolítico', o que não parece corresponder às suas posições neste primeiro momento. Apesar de não se definir claramente por um partido político, ele mostra-se crítico em relação à estrutura sindical oficial [...]" (ibidem, p. 66-7).

das divergências sobre a adesão à ideia da criação de um partido de trabalhadores, havia objetivamente uma cultura política que privilegiava o espontaneísmo, em detrimento de uma estrutura organizativa dotada de instrumentais teóricos que pudessem nortear a ação operária, o que evidenciava a extrema debilidade da formação política das lideranças.

Assim, a espontaneidade das greves constitui-se como fator exponencial para que possamos entender não somente seu caráter de manifestação de classe, ainda que no sentido de uma *consciência imediata*[5], mas também seus desdobramentos políticos – que acabam objetivando a própria formação do Partido dos Trabalhadores (PT) – como expressão mesma das *singularidades* histórico-sociais que determinaram as manifestações operárias – e dos trabalhadores em geral – e seus conteúdos ideológicos no fim dos anos 1970. A espontaneidade dos movimentos grevistas não reside, portanto, na presença ou não do sindicato nas mobilizações. Seu fundamento está exatamente no *ser-precisamente-assim* das greves, ou seja, *em seus elementos imanentes*, incluindo a própria liderança do movimento que, em muitos momentos, declarou prescindir de uma vanguarda para conduzir a ação operária, como observamos nas greves de 1978 e 1979. Essa postura estará presente de maneira mais aguda nas mobilizações grevistas de 1980: o espontaneísmo e a ausência de uma ação teleológica na condução do movimento serão responsáveis pelo isolamento

---

Ver também Rachel Meneguello, *PT: a formação de um partido (1979-1982)* (Rio de Janeiro, Paz e Terra, 1989), p. 52 e seg.

[5] No âmbito da conceituação lukácsiana, uma consciência, ainda que produzida em certo contexto histórico (materialidade objetiva), no escopo de uma *determinação social*, que se dá por meio do vínculo *imediato* entre teoria e prática (fundamentos do ser e pensar cotidianos). Ver György Lukács, *Estética*, Barcelona, Grijalbo, 1966, v. I, p. 44 e seg. Como acentua Agnes Heller: "Na vida cotidiana, para a grande maioria dos homens [...] continua válida a muda simbiose de particularidades e generalidades, que continuam a operar em si e não são aprendidas sob a forma de conhecimento. Significa que, por terem nascido na cotidianidade, os homens aceitam como dadas e utilizam, uma ao lado da outra, as funções da vida cotidiana" (*Per una teoria marxista del valore*, Roma, Editori Riuniti, 1980, p. 113). Considera-se também o conceito lenineano de consciência intuitiva ou "consciência instintiva de classe". Segundo Henri Lefebvre, esse "instinto de classe reside no plano da consciência espontânea, isto é, dos fenômenos, das aparências, dos 'reflexos' superficiais, que possuem conteúdos reais mas encobertos, dissimulados, correndo sempre o risco de cair em enganos" (*Pour connaître la pensée de Lénine*, Paris, Bordas, 1957, p. 259). Vladímir I. Lênin, "Que hacer?" e "Cuadernos filosóficos", em *Obras completas* (Madri, Akal, 1977), v. V, p. 380 e seg., e v. XLII, p. 179 e seg [ed. bras.: *O que fazer?: questões candentes de nosso movimento*, trad. Avante!, São Paulo, Boitempo, 2020, e *Cadernos filosóficos: Hegel*, trad. Paula Almeida, São Paulo, Boitempo, 2018].

158 Sinfonia inacabada

e pela derrota da greve, dentro de um quadro político em que a liderança não foi capaz de mobilizar amplamente os trabalhadores e ampliar sua base política, como havia feito nas greves anteriores; aliás, ela nem sequer levou em conta a experiência anterior, quando as movimentações grevistas foram grandes vitórias[6].

Essas concepções sobre o movimento operário, presentes nas novas lideranças sindicais, aparecem como produto direto da ação de repressão e desmonte da organização política existente, o que possibilitou não somente a implementação de uma linha sindical burocrático-assistencialista, mas também a *despolitização dos sindicatos*[7]. As novas lideranças que surgiram após a implantação dos governos militar-bonapartistas, em sua grande maioria, não possuíam vínculos orgânicos com a esquerda marxista[8]. Se, de um lado, essas lideranças não estavam ligadas às interpretações teóricas realizadas pelos grupos organizados da esquerda marxista,

---

[6] Discorrendo sobre o cotidiano da greve e a visão político-organizativa das lideranças do movimento, Antunes afirma: "Dotada de uma concepção que *inicialmente* não transcendia a espontaneidade e intuição das massas, a liderança da greve não pautou sua ação teleológica nos marcos de uma *direção consciente*. Não houve uma real compreensão da contextualidade política em que a greve se inseria. Isto se manifestou ao não se perceber que o capital e seu Estado estavam firmemente empenhados em derrotar o polo avançado do proletariado brasileiro, em impedir qualquer vitória, por menor que fosse. Não houve, portanto, por parte das lideranças, a compreensão da íntima relação existente entre o patronato da indústria automobilística e o Estado ditatorial. Acreditou-se ainda que o ABC, particularmente São Bernardo, pudesse separadamente derrubar a política econômica vigente. E esse isolamento político não foi detectado pela liderança como um sério obstáculo que urgia a ser superado" (*A rebeldia do trabalho*, cit., p. 91). Segundo Maria Izabel Lagoa, "as greves foram resultado da espontaneidade do operariado, uma vez que, apesar de na época o sindicato estar estreitando os laços com as bases, ele não participou na preparação nem na deflagração do movimento" (*O programa político do Partido dos Trabalhadores no contexto de uma esquerda em crise*, dissertação de mestrado em ciências sociais, Marília, FFC-Unesp, 2004, p. 71).

[7] "A presença repressiva do regime, através do Ministério do Trabalho, da polícia e dos militares, pôs fim a qualquer tentativa de reconstruir o movimento trabalhista segundo o ambicioso esquema imaginado no fim dos anos 50 e início dos 60, com uma CGT etc. A liderança sindical não tinha alternativa a não ser trabalhar dentro da estrutura existente" (Thomas Skidmore, *Brasil: de Castelo a Tancredo* (trad. Mário Salviano Silva, Rio de Janeiro, Paz e Terra, 1994, p. 397). Ver também Rachel Meneguello, *PT: a formação de um partido (1979-1982)*, cit.; e Leôncio M. Rodrigues, "As tendências políticas na formação das centrais sindicais", em Armando Boito Jr., *O sindicalismo brasileiro nos anos 80* (Rio de Janeiro, Paz e Terra, 1991).

[8] "Tudo indica que, na maior parte dos casos, tratava-se de dirigentes sem ligações com o esquema comunista-petebista anterior a 1964 e com as organizações políticas de esquerda, clandestinas ou semiclandestinas, que se constituíram após o golpe de 1964. Consequentemente, a ascensão dessa geração de sindicalistas não foi barrada pelo Ministério do Trabalho ou pelos organis-

de outro, e sem dúvida, estavam *desprovidas de uma cultura política que levasse em conta a utilização de instrumentais teórico-analíticos para nortear a ação operária.* Esse aspecto constitui-se no *elemento complexivo* e refletia a *limitação das esquerdas* não apenas em sua relação com o movimento operário, mas também, e fundamentalmente, a debilidade na análise interpretativa da realidade social e do próprio entendimento sobre o caráter da ditadura militar-bonapartista. Se a chamada "esquerda tradicional" e em particular o PCB, ao implementar seu programa político de unidade ampla com todos os setores democráticos e "progressistas" da sociedade para combater a ditadura, terminam por priorizar a ação institucional, subordinando a ação sindical à luta *genérica* pela democracia, *sem procurar centrar essa luta nas movimentações dos trabalhadores,* os grupos que haviam rompido com organizações como o PCB ou o PCdoB também se encontravam descolados do movimento operário-popular. Longe de elaborar uma análise de realidade que apontasse para a superação dos paradigmas analítico-interpretativos originados nas teses do Komintern ou do SSA da IC[9], *essas organizações de esquerda acabaram por manter os principais aspectos teóricos presentes nessas teses, o que, somado às teorias foquistas e espontaneístas dos anos 1960, propiciou o afastamento desses grupos políticos das massas trabalhadoras.*

Portanto, a crise da *forma-Estado* bonapartista traz não somente a necessidade de recomposição do *bloco burguês* hegemônico, por meio da chamada "abertura democrática", mas também contraditoriamente, e *principalmente,* determina sua contrapartida, ou seja, o redimensionamento político do campo popular – que o movimento operário apontava de forma intuitiva com suas mobilizações grevistas. Assim, nesse contexto complexo e obrigado a responder à movimentação burguesa, que já começava a deslocar-se na direção de segmentos sociais que até então estavam na oposição ao governo, situavam-se a vanguarda espontânea operária, o PCB e os diversos grupos de esquerda com suas várias "teorias interpretativas" e projetos sobre a revolução brasileira. O grande desafio que se estabelecia para o

---

mos de segurança" (Leôncio M. Rodrigues, "As tendências políticas na formação das centrais sindicais", cit., p. 14).

[9] Ver, dentre outros, Antonio Carlos Mazzeo, *Sociologia política marxista* (São Paulo, Cortez, 1995); Daniel Aarão Reis Filho, *A revolução faltou ao encontro: os comunistas no Brasil* (São Paulo, Brasiliense, 1990); Marcelo Ridenti, *O fantasma da revolução brasileira* (São Paulo, Ed. Unesp, 1993); Jacob Gorender, *Combate nas trevas – A esquerda brasileira: das ilusões perdidas à luta armada* (2. ed., São Paulo, Ática, 1987); e Marco A. Garcia, "Contribuições para uma história da esquerda brasileira", em Reginaldo de Moraes, Ricardo Antunes e Vera Ferrante, *Inteligência brasileira* (São Paulo, Brasiliense, 1986).

movimento operário e as esquerdas era como atuar dentro do quadro político aberto pela *crise da hegemonia* burguesa, e qual seria o projeto alternativo à *autorreforma* implementada pela burguesia.

Como observamos no capítulo anterior, a desarticulação da *forma-Estado* militar-bonapartista impôs ao governo a necessidade de reconstrução de seu bloco político. Vimos também que, no bojo dessa recomposição, estavam várias alterações institucionais, entre as quais a reforma partidária que pôs fim ao bipartidarismo e se constituirá como um dos elementos centrais do embate pela construção da nova hegemonia política do país, *enquanto reflexo das recomposições político-sociais que se estabeleciam na base da sociedade civil brasileira, aceleradas pelas movimentações operário-populares.*

Como sabemos, o MDB tornara-se o mandatário das insatisfações populares, e sua esmagadora vitória eleitoral, em 1974, além de fazer o partido crescer em popularidade, evidenciava que os processos eleitorais haviam se transformado em plebiscito e protesto permanente contra o governo, como já apontava o PCB em seu documento de dezembro de 1975[10]. Em consequência, iniciava-se, na composição pluriclassista do MDB, a luta pela hegemonia do projeto político de transição, ou seja, os setores democráticos e populares, entre os quais as esquerdas que atuavam clandestinamente no partido (principalmente o PCB, como grupo mais estruturado), buscavam implementar seus projetos no escopo da frente ampla, o que não interessava ao governo e tampouco aos setores "moderados" do MDB, que tendiam a aderir ao projeto de transição controlada, "lenta e gradual" de Geisel e Golbery[11]. A própria dinâmica da crise e, *fundamentalmente, as pressões*

---

[10] "A vitória da oposição nas eleições foi o acontecimento mais importante no Brasil desde 1964. As massas compreenderam a importância de utilizar o voto como arma de protesto. A classe operária, os trabalhadores e todas as forças de oposição votaram no MDB como forma de expressar o seu descontentamento com o governo e o seu protesto contra a sua política" ("Resolução Política do CC [dezembro de 1975]", em *PCB: vinte anos de política*, cit., p. 232-3.

[11] Não é coincidência que, após a vitória eleitoral, o governo militar-bonapartista desencadeou uma série de violentas ações repressivas, visando atingir o PCB. "Sinais de que o governo Geisel estava disposto a assegurar o controle total sobre o processo político tornaram-se evidentes em um pronunciamento do ministro da Justiça transmitido por rádio e televisão no final de janeiro [de 1975]. Não apenas foi anunciada a destruição da gráfica do Partido Comunista pela polícia, mas também denunciado o apoio do PCB a alguns candidatos eleitos nas eleições passadas" (Maria D'Alva Gil Kinzo, *Oposição e autoritarismo: gênese e trajetória do MDB (1966-1979)*, trad. Heloisa Perrone Attuy, São Paulo, Vértice/Revista dos Tribunais, 1988, p. 164-5). Como ressalta Celso Frederico: "A repressão foi feita de cima para baixo, do Comitê Central aos militantes de base, passando pelos níveis intermediários. A presença de um agente da CIA na direção partidária

do movimento operário-popular contribuíam para que as posições mais à esquerda dentro do MDB encontrassem eco não somente nas bases partidárias, mas também na sociedade, fazendo sobressair as mais avançadas. Movimentos que já existiam anteriormente, como o que se opunha ao aumento do custo de vida, sob hegemonia das Comunidades Eclesiais de Base, e o da anistia, ganham dimensão e importância na esteira das mobilizações operárias, das quais o MDB, como oposição legitimada pela opinião pública, não poderia deixar de participar[12].

A preocupação de estar colado ao movimento popular vinha sendo inoculada havia muito no MDB, sobretudo pelo setor democrático-popular do partido. Já na ocasião da decretação do fechamento do Congresso – em abril de 1977, por meio do chamado Pacote de Abril[13] –, o MDB lança a campanha pela Assembleia Nacional Constituinte. Se, de um lado, essa posição refletia a influência dos comunistas do PCB em sua formulação política[14] – o que desencadeou reação imediata do governo, por meio do deputado arenista Sinval Boaventura, que era

---

permitiu que os órgãos repressivos liquidassem dois terços dos membros do Comitê Central" (*A esquerda e o movimento operário (1964-1984)*, cit., v. 2, p. 146). Sobre a repressão aos comunistas do PCB, ver também Thomas Skidmore, *Brasil: de Castelo a Tancredo*, cit., p. 342-8. Ver ainda, neste volume, "Posfácio".

[12] Como afirma Kinzo, "É nesse sentido que, a partir de 1977, o partido iria procurar novas formas de ação política, além de tentar ser mais combativo no Congresso" (*Oposição e autoritarismo*, cit., p. 189).

[13] Diante da possível vitória eleitoral do MDB, a ditadura militar-bonapartista, em 1º de abril de 1977, decreta o fechamento do Congresso, sob o pretexto de realizar uma reforma judiciária, que vinha encontrando resistência por parte do MDB. Ressalta Skidmore: "Invocando os poderes arbitrários do AI-5 [e da Lei de Segurança Nacional], Geisel anunciou uma série de importantes reformas constitucionais (apelidadas de 'pacote de abril'), todas visando direta ou indiretamente tornar a Arena imbatível nas próximas eleições. Doravante, as emendas constitucionais exigiriam maioria simples apenas; todos os governadores de estado e um terço dos senadores [conhecidos como 'senadores biônicos'] seriam escolhidos indiretamente em 1978 por colégios eleitorais estaduais (que incluíam os vereadores, ficando assegurado o controle da Arena); os deputados federais teriam o seu número fixado à base da população e não do total de eleitores registrados [...]; e o acesso dos candidatos ao rádio ou à televisão ficava rigorosamente limitado nos termos da Lei Falcão já aprovada pelo Congresso em 1976" (*Brasil: de Castelo a Tancredo*, cit., p. 373).

[14] No documento "Nota da Comissão Executiva do PCB", de junho de 1977, o partido já se posicionava claramente pela convocação de uma Assembleia Nacional Constituinte: "Queremos deixar claro que somos a favor de uma Constituinte, mas cujos processos de eleição e elaboração de um novo quadro legal sejam precedidos da mais ampla discussão sobre os temas nacionais, em que todas as formações políticas possam manifestar-se livremente" (citado em Edgard Carone, *O PCB*, v. 3: *1964 a 1982*, São Paulo, Difel, 1982, p. 202).

vinculado aos órgãos de repressão e associou a autoria dessa tese aos comunistas[15] –, de outro, demonstrava que o MDB só poderia crescer e se consolidar como oposição reconhecida pela sociedade civil e, em particular, pelos segmentos populares – deixando para trás o estigma de "partido oficial de oposição" – se avançasse e respondesse positivamente às movimentações sociais que despontavam nos espaços criados pela própria ditadura e pelo sistema bipartidário. Isso carrearia os votos de insatisfação popular para o MDB e favoreceria os setores democrático-populares do partido, na medida em que estes, nas crescentes ações repressivas do governo, encontravam justificativas para levar o partido a posições mais à esquerda[16].

Esse é o contexto que dá origem ao projeto de reforma partidária. A polarização sociopolítica posta pelo movimento operário-popular, no fim dos anos 1970, indicava a possibilidade de o MDB vir a ser hegemonizado pelos grupos de orientação democrático-popular, que eram efetivamente os que tinham maior influência na organização das bases partidárias, assim como em suas mobilizações nos grandes centros urbanos. Essa perspectiva abriu uma contraofensiva que mobilizou não somente os setores "moderados" do partido, mas também os setores burgueses, que pretendiam transformar o MDB no executor da *autorreforma* do regime, entre os quais os "adesistas"[17]. Com a cooptação dos agrupamentos "moderados" do partido

---

[15] Em 18 de maio, em discurso na Câmara Federal, o deputado arenista Sinval Boaventura – que mais tarde ficaria conhecido por seu envolvimento em articulações dos setores da direita radical para angariar apoio parlamentar à candidatura do ministro da Guerra, Sylvio Frota – fez sérias acusações contra um deputado do MDB. Em sua fala, Boaventura mostrava evidências de que um discurso recém-proferido pelo deputado do MDB Marcos Tito continha longas passagens reproduzidas de um manifesto do Partido Comunista Brasileiro, publicado pelo órgão oficial do partido, *Voz Operária* (Maria D'Alva Gil Kinzo, *Oposição e autoritarismo*, cit., p. 192). Tal fato levou à cassação do parlamentar.

[16] Como afirmou Florestan Fernandes: "Em consequência, a oposição consentida teria de ganhar corpo e elasticidade e, presumivelmente, ultrapassar as regras de um jogo marcado (ou de um jogo sujo). Foi o que aconteceu. A oposição consentida redefiniu-se no *campo eleitoral*, ganhando assim uma consistência política que não entrava no cálculo político inicial da ditadura e adquirindo uma *voz política* que soava ao renascimento do confronto [...] Redefinida em seu significado político, por fatores externos e mais ou menos incontroláveis a partir de cima, a não ser com custos políticos que poderiam acarretar maior desgaste à ditadura, esta tinha de mexer não nas regras do jogo mas na própria estrutura do jogo, ou seja, tinha de adaptar-se à situação política criada por uma transformação que lhe era indesejável e adversa" (*A ditadura em questão*, São Paulo, T. A. Queiroz, 1982, p. 62; grifos do autor).

[17] Após as eleições de 1974, um grupo de trinta deputados, em sua maioria vinculados a Chagas Freitas, do Rio de Janeiro, entraram no MDB. "Estes políticos passaram a ser conhecidos como

Lento con grande espressione – A "nova teoria consagrada" como operador político do PCB 163

por esse grupo, ligado diretamente ao projeto de Geisel e Golbery e composto por ex-integrantes do bloco de sustentação política do bonapartismo que não mais queriam ser identificados com a Arena – extremamente desgastada por suas ligações com o esquema ditatorial e repressivo –, esses setores não somente esperavam que sua entrada no MDB permitisse a desvinculação imediata de seus nomes da estrutura política da ditadura, como, e principalmente, pretendiam enfraquecer no partido (que gozava de grande prestígio na sociedade civil) os segmentos e os projetos ligados à esquerda e ao campo democrático-popular. Não foram poucos os embates no MDB pelo controle da "máquina" partidária e, sobretudo, pela hegemonia política[18]. O alargamento da representação política do MDB também aumenta suas divisões internas, divisões que refletem uma complexidade maior do que a mera disputa entre "autênticos", "neoautênticos", "moderados" e "adesistas". Essas disputas expressam, de fato, as articulações que haviam se estabelecido entre os segmentos "moderados" e "adesistas" do MDB para controlar e orientar sua estrutura para a concretização do projeto de *autorreforma* do governo e da consequente recomposição da autocracia burguesa. Acirrava-se na frente ampla a luta entre duas alternativas que poderiam substituir a *forma-Estado* em crise de desagregação.

A vitória eleitoral alcançada já em 1974 possibilitara ao MDB cumprir um grande papel político, isto é, expor não somente a crise do bonapartismo, mas também a insatisfação popular em relação à política econômica, assim como a perda por parte

---

adesistas, por apoiarem as posições do governo, ou fisiológicos, por se preocuparem primordialmente com a preservação de seus mandatos." (Maria D'Alva Gil Kinzo, *Oposição e autoritarismo*, cit., p. 169).

[18] Sobre a luta interna que é travada pelo controle político do MDB, *fato que marcará decisivamente sua divisão*, Kinzo afirma: "Os problemas se agravariam para a renovação do Diretório Nacional do MDB. Durante mais de um mês, o partido viveu uma crise interna, em consequência das disputas internas pelos cargos na Comissão Executiva e Diretório Nacional. As tentativas dos autênticos e neoautênticos de aumentar sua influência, assegurando posições de comando, seriam seguidas de contra-ataques dos adesistas exigindo mais cargos e bloqueando as negociações com a cúpula do partido. Por outro lado, a cúpula, predominantemente moderada, ao buscar uma solução de consenso, de forma a manter o partido unido ao redor de uma única chapa a ser ratificada pela Convenção Nacional, estava também determinada a preservar sua posição dominante no comando do partido. [...] Esta chapa ratificada pela Convenção preservava, em última análise, a supremacia do grupo moderado que liderava o partido desde 1971. No entanto, o partido emergia do episódio totalmente desunido, com os grupos se digladiando a ponto de dar a impressão de que seus problemas internos constituíam a principal preocupação do MDB" (*Oposição e autoritarismo*, cit., p. 170).

da ditadura de apoio político nas classes médias e setores da aristocracia operária – o que significava também a possibilidade de perda do controle do processo de "abertura lenta e gradual" preconizado pela *autorreforma* da hegemonia burguesa e rigidamente controlado pelo militar-bonapartismo. A possibilidade de uma nova vitória eleitoral da oposição fez com que o governo iniciasse, a partir de 1977, uma sucessão de *casuísmos*[19] que tinham por objetivo não somente garantir a vitória eleitoral, o que era elemento fundamental na estratégia da autocracia para criar as condições políticas para substituir sem riscos o general Geisel pelo general Figueiredo na Presidência da República[20], mas também, e principalmente, dar continuidade à *autorreforma* e ao processo de cooptação do MDB para esse projeto.

No entanto, as medidas ditatoriais acabaram não surtindo os efeitos esperados. Os resultados das eleições de 1978, com saldo positivo para a ditadura, somente foram possíveis graças às medidas impostas pelo Pacote de Abril. Mas essa vitória eleitoral não significou uma recomposição das bases sociais de apoio à ditadura. Ao contrário, em termos numéricos e qualitativos, o MDB superou a Arena. Na votação direta para senadores, a oposição alcançou uma diferença de 4,4 milhões de votos, além de ter vencido nos estados mais importantes do país, como São Paulo, Rio de Janeiro, Minas Gerais, Rio Grande do Sul, Santa Catarina, Paraná, Goiás e Paraíba[21]. Em realidade, a "vitória" eleitoral da ditadura transformou-se em

---

[19] A perspectiva de perder o controle sobre o processo de "abertura" levou a ditadura a utilizar mecanismos manipuladores sobre as regras eleitorais, conhecidos por "casuísmos". Ver Maria D'Alva Gil Kinzo, *Oposição e autoritarismo*, cit.; Thomas Skidmore, *Brasil: de Castelo a Tancredo*, cit.; Brasílio Sallum: "Transição política e crise de Estado". *Lua Nova*, n. 32, 1994; e Amaury Souza, "El sistema de partidos políticos", em Hélio Jaguaribe (org.), *La sociedad, el Estado y los partidos en la actualidad brasileña* (México, FEC, 1992), v. 1, p. 171-215.

[20] O fracionamento do bloco hegemônico da autocracia burguesa, que dava sustentação política ao militar-bonapartismo e gerou o projeto da autorreforma, encontrou sérias resistências internas à chamada "abertura democrática" não somente nos organismos de repressão do aparelho de Estado, que viam a possibilidade de perder os privilégios adquiridos no período do general Médici, mas também nos segmentos do empresariado rural e de médios e pequenos comerciantes. Thomas Skidmore relata com detalhes as resistências dentro do aparato estatal em *Brasil: de Castelo a Tancredo* (cit., p. 339-48). E Karl Marx, em *O 18 de brumário de Luís Bonaparte* (São Paulo, Abril Cultural, 1978) [ver também: ibidem, trad. Nélio Schneider, São Paulo, Boitempo, 2011], enfatiza os momentos nos quais o bonapartismo – até em função da dinâmica e interesse do capital – acaba se distanciando de sua base de apoio nas crises econômicas.

[21] Conforme Maria D'Alva Gil Kinzo, *Oposição e autoritarismo*, cit., p. 201. "Em conjunto, estes oito estados englobavam, em 1978, 69% do eleitorado brasileiro (65%, se apenas considerarmos os estados desenvolvidos do Sul e Sudeste). Ademais, os candidatos do MDB para o Senado

vitória de Pirro, na medida em que o MDB saiu das eleições com um saldo eleitoral e organizativo extremamente positivo nos grandes centros urbanos. Além disso, essa situação acabou fortalecendo os setores democrático-populares do partido. Ao mesmo tempo, e como reflexo do esgarçamento do bloco de sustentação política do militar-bonapartismo, os grupos "dissidentes" do esquema governamental – os adeptos da *autorreforma* – desencadearam várias iniciativas de aproximação com os setores "moderados" do MDB, com o intuito de operacionalizar uma base política para um novo "arranjo" que permitisse uma *transição segura*, por meio de um "pacto" em que *estivessem de fora ou neutralizados* não somente as forças populares emergentes, e sobretudo os setores vinculados à nova vanguarda operária, mas também os segmentos mais aferrados à "linha-dura" do bonapartismo.

De fato, sob a liderança de um golpista de primeira hora, o senador Magalhães Pinto, frações da burguesia, já plenamente convencidas do desgaste da *forma-Estado* militar-bonapartista, iniciam articulações políticas que tinham dois objetivos: 1) unificar os "liberalizantes" da Arena com os "moderados" do MDB, dando, assim, o passo principal para desmantelar, de um lado, a ala democrático-popular do partido e, de outro, o núcleo de sustentação política da ditadura; 2) enfraquecer a base de apoio do governo ou, se possível, implementar a transição do governo Geisel para um governo civil, de preferência presidido pelo próprio senador Magalhães Pinto, que postulava o cargo desde 1964. Mas a pretensão de Magalhães Pinto encontrava muitas resistências e obstáculos, até porque o general Euler Bentes Monteiro também tinha a intenção de concorrer à Presidência da República e sua candidatura encontrava maior receptividade no MDB. Com a inviabilização de sua candidatura, Magalhães Pinto, juntamente com Euler Bentes, assina uma nota política lançando a Frente Nacional de Redemocratização, em 1978. A Frente cooptou um grande setor da oposição, inclusive parte da esquerda emedebista – como o PCB, que aderiu ao projeto, coerente com sua visão "etapista" da revolução brasileira[22] –, para apoiar a candidatura do general Euler

---

obtiveram votação superior à da Arena em todas as capitais de estado, com exceção de três. Isto significava que mesmo nas áreas urbanizadas dos estados menos desenvolvidos no Norte e Nordeste, o MDB havia conquistado expressivo apoio eleitoral. Isto também significava que o reduto eleitoral da Arena se havia reduzido às áreas de base rural, onde o clientelismo e todas as outras formas de controle do voto continuavam a exercer papel decisivo na definição das eleições" (ibidem, p. 202).

[22] Em entrevista concedida ao órgão central do PCB (*Voz Operária*, n. 149, ago. 1978), Prestes, então secretário-geral do partido, deixa clara a posição do Comitê Central sobre a Frente Nacional de Redemocratização: "Vejo na proposta de criação da Frente Nacional de Redemocratização um

166 SINFONIA INACABADA

Bentes Monteiro. Isso dividirá definitivamente a esquerda do partido – o polo que até então sustentara de fato o MDB na ofensiva contra a diluição partidária. O PCB, dentro de sua visão *taticista-politicista*, entendia essas mobilizações, que efetivamente evidenciavam a desagregação do bloco de apoio ao governo, como uma iniciativa positiva, pois dava maior amplitude à Frente e debilitava ainda mais o centro político da ditadura em desarticulação. A controvérsia, no entanto, residia no fato de que sua disposição em participar das articulações políticas dos "desgarrados" da ditadura militar-bonapartista acabava por fortalecer a tática da transição pactuada proposta pelos dissidentes, exatamente porque diluía o núcleo de esquerda do MDB no projeto da *autorreforma*. Além do mais, dentro dessa lógica, o movimento operário ficava subordinado à ação institucional e, consequentemente, à razão prática da linha desenvolvida por esse arranjo político para a recomposição do *bloco burguês*, na medida em que deslocava a crítica ao modelo de acumulação, restringindo-a ao âmbito politicista.

A questão não estava em ligar o movimento operário-popular às lutas gerais do MDB, pois essa ligação era uma necessidade. O problema situava-se exatamente na *inversão* feita pelo PCB, isto é, no momento em que o MDB avançava, justamente impulsionado pelo movimento operário-popular e questionando a base econômica do bonapartismo, o PCB assumia uma postura conciliadora e participava de uma articulação "pelo alto" que excluía o fundamento da crítica realizada pelos trabalhadores e pelos setores populares e de esquerda da Frente, insistindo nos objetivos de manter a unidade política pluriclassista, *enquanto essa forma de aliança de classes entrava em crise, contribuindo objetivamente para o desmantelamento do núcleo democrático-popular do MDB e para a rearticulação da hegemonia burguesa*[23]. Além disso, a esquerda em seu conjunto, dado os instrumen-

---

acontecimento da maior significação política, porque revela a ampliação na prática do campo das forças políticas e sociais que já reclamam, não reformas para conservar o fascismo, mas efetivamente substituí-lo por uma regime em que estejam abolidos o arbítrio e o totalitarismo, por um regime em que predomine a democracia, quer dizer, em que estejam respeitados os direitos democráticos [...]" (citado em Edgard Carone, *O PCB*, cit., p. 224-5). Ver também o documento da Executiva do Comitê Central do PCB, "Unidade da oposição antes, durante e após as eleições (outubro de 1978)", em que essa linha se aprofunda no sentido de apoiar a candidatura de Euler Bentes Monteiro (ibidem, p. 228-30).

[23] A visão equivocada do PCB sobre esse processo evidencia-se em seu documento sobre a unidade das oposições: "Por outro lado, não se deve subestimar a importância e o valor positivo da candidatura do General Euler Bentes, apesar de sua previsível derrota num colégio eleitoral manipulado. É verdade que muitos erros foram cometidos no seu encaminhamento, o menor dos quais não foi

Lento con grande espressione – A "nova teoria consagrada" como operador político do PCB 167

tais teórico-analíticos estreitos que utilizava, oscilando entre as teorias das "etapas" do processo revolucionário – a realização de uma "etapa democrático-burguesa" de conteúdo *nacional-libertadora*, característica histórica das interpretações teóricas do PCB e *determinante* para seu deslocamento em apoio à transição "pelo alto" – e o "imediatismo voluntarista" – informado por visões analíticas profundamente influenciadas pelas teorias "foquistas" e "vanguardistas" dos anos 1960[24] –, não foi capaz de construir uma alternativa que unificasse os segmentos democráticos e populares da sociedade num bloco de *caráter histórico* e se constituísse em instrumento político para operar a desarticulação não somente da tática da *transição pactuada* "pelo alto", mas também a *própria estratégia da hegemonia burguesa*, que caminhava para recompor seu caminho político, de viés *prussiano-colonial, institucionalizando a autocracia burguesa*.

Efetivamente, a reforma partidária, e a consequente divisão do MDB, significava pulverizar o núcleo político-ideológico que se opunha à operacionalização da recomposição da hegemonia autocrático-burguesa e, ao mesmo tempo, permitir a construção da *transição pactuada* por meio de um bloco reorganizado politicamente que contemplasse as diversas visões (e projetos) das frações de classe burguesas, ainda que em partidos políticos distintos, mas unidos para implementar uma nova *legalidade burguesa*, garantia do reordenamento e da adequação do capitalismo brasileiro aos novos momentos do quadro nacional e internacional. O MDB era um partido que pelas próprias circunstâncias históricas – e, sobretudo, pela existência

---

certamente o açodamento golpista de muitos dos seus articuladores civis e militares – açodamento do qual, diga-se de passagem, não participou o próprio General Bentes. A tendência a colocar a questão da sucessão em termos de números de tanques acirrou tensões, facilitou o trabalho de certas ovelhas desgarradas por parte do regime e, sobretudo, impediu que o movimento unitário que se esboçava em torno da Frente Nacional de Redemocratização pudesse ser levado a cabo. [...] De qualquer modo, porém, a candidatura Bentes – incentivando o debate político no País e aparecendo como um polo de atração oposicionista para os setores que se 'descolavam' do regime teve um papel eminentemente positivo. Representa um capital que as forças democráticas devem conservar e utilizar no futuro, muito particularmente nas eleições de novembro" ("Unidade da oposição antes, durante e após as eleições (outubro de 1978)", citado em Edgard Carone, *O PCB*, cit., p. 228-9).

[24] Encontramos uma análise detalhada sobre as interpretações da revolução brasileira em Marcelo Ridenti, *O fantasma da revolução brasileira*, cit., cap. 1; e Daniel Aarão Reis Filho, *A revolução faltou ao encontro*, cit., cap. 3. Ver também a compilação das várias análises sobre a revolução na América Latina em Michael Löwy, *Le Marxisme en Amérique Latine: Anthologie* (Paris, Maspero, 1980). Ver também o atualíssimo livro de Luiz Bernardo Pericás (org.), *Caminhos da revolução brasileira* (São Paulo, Boitempo, 2019).

do bipartidarismo, que, cada vez mais, dava aos processos eleitorais um caráter plebiscitário e de protesto e impunha desmoralizantes derrotas ao governo militar--bonapartista – teria forçosamente de se transformar no partido da desobediência civil e da contestação popular à ditadura. Como ressaltou Florestan Fernandes:

> O que ameaçou a ditadura não foi apenas o crescimento eleitoral do MDB: foi sua gradual mas firme transformação de partido de oposição consentida em partido de oposição real, que teria, fatalmente, de converter-se em partido de desobediência civil e de contestação popular à ditadura, quaisquer que fossem as "relutâncias burguesas" de suas cúpulas políticas. Por causa desta evolução, não bastava fragmentá-lo: impunha-se pulverizar a desobediência civil e a contestação popular, impedindo-as de atingir o clímax sob uma única alternativa de "oposição válida". Este objetivo foi alcançado por meio de uma "pluralização de escolhas" condicionada e viciada, pela qual a ditadura destampou a panela e regulou o fogo de acordo com sua própria culinária. De um lado, certas probabilidades de escolha foram desobstruídas; de outro, o movimento sindical e os setores mais dinâmicos das classes trabalhadoras tiveram sua gravitação política natural violentamente cerceada, inclusive mantendo-se a proibição do socialismo e a excomunhão do comunismo. Usando o arbítrio a seu bel-prazer (e sem combates para valer dos estratos burgueses da oposição "liberal"), a ditadura impôs decisões políticas fundamentais, através de um esquema próprio de formação de partidos e de legislação eleitoral, o que lançou os partidos de massa emergentes, como o PT e, com menor intensidade, o PDT, a uma dura luta pela existência e pela sobrevivência e deteve antigos partidos populares e operários, como o PS e o PCB, fora do quadro partidário legal.[25]

Portanto, por essa lógica, não podemos pensar que a reforma partidária tinha por objetivo apenas dar maior "flexibilidade e elasticidade ao quadro partidário", como alguns interpretaram na época. Ao contrário, *a reforma partidária aparece como o grande elemento tático da realização estratégica da autocracia burguesa*, que visava, de um lado, dividir e, de outro, cooptar a oposição para o projeto de *transição pactuada*[26]. Nesse sentido, a pulverização das oposições não aparecia como um projeto para desarticular a unidade emedebista como um todo. *Efetivamente, pretendia-se diluir seu núcleo democrático-popular*, mantendo e fortalecendo o grupo

---

[25] Florestan Fernandes, *A ditadura em questão*, cit., p. 66.

[26] Ver Maria D'Alva Gil Kinzo, *Oposição e autoritarismo*, cit.; e Thomas Skidmore, *Brasil: de Castelo a Tancredo*, cit.

dirigente conservador que, em condição mais confortável, poderia aderir à *transição pactuada*. Portanto, a divisão das oposições deve ser entendida como a *divisão das esquerdas nucleadas no MDB*, que, unidas, constituíam-se não somente no fator de bloqueamento da cooptação do partido para a *transição pactuada*, mas também, e fundamentalmente, no elemento que possibilitava ao MDB implementar uma política que caminhava para transformá-lo em partido de oposição radicalizada à ditadura bonapartista e, *potencialmente*, teria condições de impulsionar a construção de uma democracia que transcendesse a *legalidade burguesa* pretendida pela *autorreforma*, ainda que essa democracia continuasse nos marcos de uma democracia subsumida à autocracia burguesa institucionalizada.

Nesse contexto, um expressivo setor da esquerda emedebista iniciou movimentações para a criação de alternativas partidárias, em meio a um grande debate sobre a necessidade de manter a unidade partidária e a *conveniência tática* de apoiar ou não o projeto de reforma partidária patrocinado pela ditadura[27]. Militantes socialistas e comunistas não vinculados ao PCB (ou que dele tinham se afastado) ou a grupos de linha política correlata forçavam a criação de novos partidos, principalmente dos que haviam estreitado laços políticos com a vanguarda operária nos processos grevistas e, posteriormente, estiveram presentes na organização do PT. Se, de um lado, esses agrupamentos percebiam as alterações do quadro político nacional e a necessidade de mudar o caráter da frente política, de outro, eles acabavam por renunciar à perspectiva de fazer a resistência dentro do MDB (com a possibilidade de contar com um grande trunfo, que era a própria imagem positiva do partido na sociedade) e continuar forçando o partido a desenvolver posições políticas cada vez mais duras contra o bonapartismo (como vinha acontecendo) e possibilitar o estreitamento de sua ação política com o movimento operário-popular para *reconstruir a frente* a partir do próprio MDB. Muito influenciados pelas visões "vanguardistas" e "espontaneístas" oriundas das interpretações "terceiro--mundistas", e ansiosos por formar um partido "revolucionário de vanguarda",

---

[27] "Entre 1978 e 1979, enquanto o MDB denunciava persistentemente o governo por usar a questão da reforma partidária para enfraquecer a oposição, um número considerável de emedebistas trabalhava abertamente para a criação de outros partidos. Assim, 1979 iniciava-se com o MDB dividido entre os que defendiam a abertura do quadro partidário e os que estavam determinados a dar continuidade ao MDB como única frente oposicionista. Estes últimos, liderados pelo presidente nacional do partido, Ulysses Guimarães, argumentavam que a criação de outros partidos oposicionistas iria, na verdade, ajudar o governo em sua estratégia de dividir a oposição e, ao mesmo tempo, manteria inalterada a natureza do regime" (Maria D'Alva Gil Kinzo, *Oposição e autoritarismo*, p. 207).

esses agrupamentos procuraram acelerar o fracionamento do MDB sem levar em conta que a pulverização do campo oposicionista seria a *garantia da continuidade* do projeto unificado da *autorreforma*. Nesse contexto, outros grupos de esquerda, em sua maioria organizações clandestinas que surgiram no fim dos anos 1960 e início dos anos 1970 – alguns provenientes da luta armada contra a ditadura –, aproximaram-se para forçar a ruptura com a frente ampla.

Grosso modo, a temática resumia-se à possibilidade de construção de uma frente de esquerda, na qual estavam presentes também discussões sobre o "caráter da revolução" – e/ou da nova "etapa" revolucionária – e a forma organizativa dessa frente. De outra parte, os grupos que compunham o polo democrático-popular e resistiam à divisão das oposições, entendendo corretamente que a reforma partidária feita *de cima* era um golpe a uma possível liquidação rápida da ditadura, não o faziam segundo uma concepção que levava em conta os novos elementos políticos criados pelas movimentações operárias. Ao contrário, esses grupos, e em particular o PCB, moviam-se em um plano *taticista-politicista* com o intuito de priorizar a construção da "etapa democrático-burguesa". A *forma-partido MDB* preconizada pelo PCB baseava-se na aplicação da política de frente popular, inspirada, como vimos, nas formulações do Komintern. No contexto de luta contra a ditadura militar-bonapartista, a política de frente popular apresentou-se como um operador político dos mais consequentes, sobretudo pelo seu componente pragmático de *realpolitik*, que permitia ao PCB priorizar a luta pela ampliação dos espaços democráticos e para o fortalecimento de uma frente democrática em torno do MDB. Nesse sentido, o PCB *diferenciou-se qualitativamente* dos outros grupos de esquerda, que optaram pelo confronto armado com a ditadura, e cujos resultados trágicos são conhecidos por todos. Desse modo, a contribuição do partido foi de fundamental importância, porque ele compreendeu que não bastava lançar palavras de ordem genéricas pela democracia, mas era preciso integrar-se na construção de um amplo leque de forças antiditatoriais que visasse derrotar o governo bonapartista que se instalara no poder. A integração na frente democrática deu ao partido credibilidade perante setores de vanguarda do movimento dos trabalhadores e segmentos mais significativos da oposição, o que possibilitou sua presença na elaboração da estratégia e das táticas de luta que estruturaram as ações do MDB, e posteriormente do PMDB. Os representantes do PCB no âmbito da luta legal, isto é, os quadros que atuavam institucionalmente, seja no Parlamento, seja nas entidades civis que participavam da frente democrática em muitos estados ou nacionalmente, compunham a liderança do movimento democrático, e não poucas vezes, como ficou evidenciado, as palavras de ordem dos comunistas do

PCB tornaram-se as palavras de ordem de todo o conjunto da oposição à ditadura militar-bonapartista.

No entanto, cristalizado numa visão teórica que aplicava mecanicamente as interpretações analíticas produzidas pelo MCI, a *maioria do grupo dirigente-tardio* do PCB não alcançou a necessária agilidade teórica para entender as alterações no quadro político brasileiro, expressas pela eclosão das greves operárias do ABC. Assim, diante de uma nova realidade, o PCB seguiu prisioneiro da concepção de frente ampla pluriclassista, num contexto político que apontava para uma *direção oposta*, isto é, *a ruptura com aquela aliança de classes*, necessária no passado, *mas superada pela eclosão das movimentações operárias, que se constituíam na expressão material do esgotamento histórico do tipo de frente política estruturada no MDB*. Determinado pela estreiteza de seus instrumentais teórico-analíticos, o PCB tentou trazer o movimento operário para a linha da *unidade genérica*, agindo contra uma tendência histórica que se delineava no sentido da possibilidade e da *necessidade* de construção de um *bloco operário-popular*, de nova qualidade, com programa distinto e de caráter de classe definido. Subsumido às interpretações de corte *politicista*, o PCB defenderá a manutenção de uma *forma-partido MDB* que, mais tarde, viabilizará a operação da *transição pactuada*, na perspectiva de uma nova institucionalização da autocracia burguesa, e possibilitará a "eleição", pelo colégio eleitoral, de Tancredo Neves e José Sarney, no espectro conciliador da "Aliança Democrática"[28].

---

[28] Ainda no viés teórico da revolução realizada em "etapas" – de caráter *nacional-libertador* – encontravam-se o PCdoB e o MR-8, que, em linha gerais, seguiam a mesma orientação "etapista" e de *unidade genérica* do PCB. O primeiro visava à construção de um "governo das forças democráticas e de unidade popular" – o que implicava também a manutenção da aliança de classe que se realizava no MDB. Como vemos no informe ao VI Congresso: "As transformações operadas no país nestas últimas décadas não alteram, no fundamental, a existência de duas etapas da revolução no Brasil. [...] Embora exerçam certa influência no caráter da primeira etapa, a revolução no Brasil continua a ter duas etapas: a anti-imperialista, antilatifundiária, antimonopolitsa e a socialista.[...] Dessa forma, continuam presentes as tarefas democráticas e nacionais, agrária e anti-imperialista, cuja completa realização não implica a imediata e total abolição do sistema capitalista" ("Informe político ao Congresso do PC do Brasil (6º)", 1983, p. 60). O segundo, pela mesma senda, após a autocrítica de 1972, realizada em reunião no Chile, decidiu suspender as ações armadas contra a ditadura e implementar uma política de frente, no sentido de construir a "etapa nacional-democrático-burguesa" da revolução. Ver Celso Frederico, *A esquerda e o movimento operário (1964-1984)*, cit., v. 2, p. 146-7.

A sinfonia inacabada

O governo que sucede ao do general Geisel encontrará um quadro político bastante tensionado. Durante todo o seu mandato (1979-1985), o general Figueiredo debateu-se com a recomposição da hegemonia burguesa e a consequente desagregação de sua base política. A formação do PP havia sido, como observamos, o golpe mais duro sofrido pela ditadura, porque retirava do bloco de apoio do governo o mais expressivo setor da burguesia brasileira, o que seria agravado pela desastrosa manobra do Planalto para proibir as coligações partidárias nas eleições de 1982. Essa tentativa de impedir a unidade oposicionista acabou favorecendo a articulação da *transição pactuada* e, o que é o mais importante, o esvaziamento final dos setores democrático-populares que restavam no MDB e o isolamento da esquerda, agora pulverizada no PT e no PDT. Operava-se o que fora previsto na estratégia de Golbery, ainda que ele não fizesse mais parte do governo[29]. A fusão do grupo autorreformador, com a incorporação do PP pelo PMDB, consolidou a manobra de unidade política com a ala "moderada", formando um núcleo liberal-conservador que alija definitivamente a tendência democrático-popular do partido nos principais estados, como São Paulo, Rio de Janeiro e Minas Gerais. Formava-se, desse modo, a base política que daria as condições para a *transição pactuada*.

O recém-fundado Partido dos Trabalhadores, com profundas raízes no setor de vanguarda do operariado, não possuía um programa político para a transição que não fosse o assentado em *princípios gerais*, e isso dificultava qualquer perspectiva de trazer para o campo da frente a vanguarda operária do partido. Ao contrário, não houve nenhuma iniciativa para tentar anular o peso do bloco da *autorreforma*, impondo a presença popular em sua articulação e forçando o deslocamento para o centro-esquerda de uma frente que se configurava politicamente como centrista – com a *participação subordinada* do PCB (assim como do PCdoB e do MR-8) ao projeto conciliador de *autorreforma* do regime. Esse posicionamento do PT demonstrava suas *limitações* para perceber o significado do momento e sua própria dimensão política[30]. Naquele momento, no contexto

---

[29] O general Golbery do Couto e Silva retirou-se do governo no bojo da crise do Rio Centro, isolado nesse processo e sofrendo forte oposição da "linha-dura". Ver Thomas Skidmore, *Brasil: de Castelo a Tancredo*, cit., p. 444 e seg.

[30] A não percepção do significado do momento e o sectarismo "principista" da condução política do PT ficam evidentes nas considerações feitas por Lula, ao apresentar o programa eleitoral do

das eleições de 1982, colocavam-se duas alternativas para o processo de transição: de um lado, a marcha unida das esquerdas e dos setores democráticos, ampliando a possibilidade da presença popular no processo em construção e restringindo os espaços de manobra do bloco burguês e do projeto de *transição pactuada*; de outro, a divisão do polo democrático-popular nas eleições, o que fortalecia a perspectiva conservadora.

A negativa do PT de marchar unido com o PMDB acabou reforçando a perspectiva da *transição pactuada*. Essa postura deixou clara a incapacidade política do PT de se constituir como o polo alternativo de atração e concentração dos segmentos populares que estavam a reboque das forças conservadoras, como era o caso do PCB. Nesse contexto, podemos dizer que o problema maior não era participar de uma frente política na qual estava a burguesia, como entendia o PT, mas exatamente transformar essa frente – que deslocava para o projeto da transição conservadora o PMDB, a maior força de oposição – em um bloco político em que os trabalhadores fossem seu núcleo avançado e hegemônico. Ainda que corretamente denunciasse o caráter da *transição pactuada*, o PT, nesse quadro político, não soube impor ao processo de transição o seu real peso político, lastreado nas movimentações operárias, *deixando efetivamente de agir como vanguarda transformadora* e aglutinando em torno de si todo o conjunto das forças democráticas e populares. De fato, acabou prevalecendo a concepção espontaneísta, que constituía o caldo de cultura política de sua formação, seja "basista" – que vinha dos setores sindicalistas e constituía o núcleo de sua articulação política, delineando todo o "democratismo" petista –, seja o voluntarismo presente nas concepções políticas das organizações de esquerda que compuseram o PT, incluindo-se aí a "Igreja progressista". Essa dimensão morfológica do partido dará a sua tônica política, ou seja, a permeação de sua ação objetiva, enquanto partido político, por um "principismo" que reduzia e estreitava seu espectro analítico, jogando-o para um maniqueísmo que impedirá qualquer consideração a respeito de unidades políticas fora do escopo petista. Além disso, e como desdobramento de sua postura "principista", *o PT acaba realizando uma política*

---

partido no Rio de Janeiro: "há uma divisão na sociedade e não fomos nós que a inventamos. A casa-grande do latifúndio não é o barraco do lavrador. A refeição do industrial não é o grude do peão. O lucro do banqueiro não é o salário do bancário. O bairro onde mora o grande comerciante não é a vila da periferia onde mora o comerciário. Se somos separados social e economicamente, como poderíamos estar unidos politicamente?" (citado em Moacir Gadotti e Otaviano Pereira, *Pra que PT? Origem, projeto e consolidação do Partido dos Trabalhadores*, São Paulo, Cortez, 1989, p. 247).

"taticista", que, em última instância, configura-se como oportunismo político, na medida em que subordina à tática eleitoral sua ação política mais ampla[31].

No bojo da vitória eleitoral do PMDB, e determinadas por uma grave crise econômica na qual ainda ressonavam as grandes manifestações operárias do fim dos anos 1970 e início dos anos 1980, as movimentações a favor de eleições diretas para presidente ganharam intensidade. Grandes manifestações de rua, nas principais capitais do país, atestavam as fundas aspirações populares por mudanças. No entanto, essas grandes mobilizações não produziram o impacto necessário para desmontar a articulação da *transição conservadora*. O PMDB, forte e coeso em torno do projeto de *transição pactuada,* controlava os principais governos estaduais do país, com exceção do Rio de Janeiro, que estava nas mãos do PDT de Leonel Brizola, força política concentrada essencialmente naquele estado. Com esse trunfo político, as lideranças mais expressivas do PMDB iniciaram o cerco aos grupos dissidentes do PDS, que vivia uma profunda crise interna, agravada pela indiscutível vitória oposicionista nos grandes centros do país.

O PMDB iniciou uma manobra de desgaste político do governo, apresentando *taticamente* uma emenda constitucional que restituía as eleições diretas para a Presidência da República, e imediatamente recebeu apoio dos vários segmentos democráticos da sociedade, não somente da CNBB, da OAB etc., mas também do PT e do PDT. No entanto, não havia forças políticas suficientemente fortes para transformar as poderosas manifestações de massa em força propulsora para desmontar o pacto "pelo alto", já que o controle dos principais estados estava nas mãos do PMDB e os partidos operários e populares estavam divididos. Na realidade, as movimentações populares foram habilmente usadas para forçar um grande acordo com a outra parcela que se descolava do PDS e garantir uma transição política baseada num novo pacto de "elites", que, *objetivamente, seria a conformação do novo bloco de poder burguês dentro da lógica da autocracia burguesa institucionalizada.* Não por acaso, grupos da mídia, como a Rede Globo, que antes haviam apoiado e se beneficiado do governo militar-bonapartista, passaram a dar cobertura jornalística aos comícios pelas "Diretas Já" e à votação da Emenda Dante de Oliveira pelas eleições diretas, derrotada por apenas 22 votos.

Em função do desmantelamento do bloco de sustentação da *forma-Estado* militar-bonapartista, desencadeou-se, na base governista, uma disputa interna

---

[31] Como vemos em seu documento eleitoral de 1982: o "PT não fará coligação. Não por uma questão de princípio, mas por uma questão de tática [...]" (citado em Moacir Gadotti e Otaviano Pereira, *Pra que PT?*, cit., p. 235).

pela sucessão presidencial que seria também sua ruptura mais profunda. O primeiro segmento burguês que rompeu claramente com o bloco do governo foi o da burguesia mais diretamente vinculada ao projeto associado ao imperialismo, e que formou o PP. Na tentativa de construir um operador político para recompor a hegemonia burguesa em crise, permaneceram ainda no PDS as frações da burguesia associada ao aparelho de Estado, representada diretamente pelo vice-presidente da República, Aureliano Chaves; o segmento burguês vinculado ao setor de circulação de mercadorias; o latifúndio tradicional, basicamente o do Nordeste; e os grupos ideológicos pequeno-burgueses de direita, incluídos os militares "linha-dura". No entanto, a luta pela disputa sucessória dentro de um colégio eleitoral fechado, agora garantida pela derrota da emenda peemedebista pelas eleições diretas, agravaria e desagregaria completamente o que restava do polo político da autocracia bonapartista. A hegemonização do PDS por grupos que representavam débeis frações burguesas (uma parte do setor da circulação de mercadorias, o latifúndio tradicional e a pequena burguesia "ideológica") deslocou a fração burguesa vinculada ao aparelho de Estado e o remanescente das frações que compunham o setor associado da burguesia agrária para o projeto da *transição pactuada*, comandado pelo PMDB, com a formação da Frente Liberal, cujos líderes eram José Sarney e Marco Maciel. Esse movimento final foi a base política da recomposição de um novo bloco de poder que propiciaria a *transição pactuada* e "pelo alto", por intermédio da Aliança Democrática, formada pelo PMDB e pelo recém-criado Partido da Frente Liberal, que se tornou o operador político da articulação da legalidade burguesa ou da *nova autocracia burguesa institucionalizada*.

O PCB participou de todo esse processo como um dos avalistas da *transição pactuada*, e sua política aparece como a "mão esquerda" do pacto de elites. Apesar de perceber a necessidade de manter o polo democrático-popular unificado no processo de transição, a postura do partido foi de subordinação ao viés do pacto que excluía os setores de vanguarda dos movimentos operários. Se, de um lado, o PT não buscou construir, nas possibilidades de articulação com os setores oposicionistas, um bloco político que permitisse quebrar o projeto de transição das elites, por outro, o PCB, seguindo a sua visão "etapista", *privilegiou o caminho do pacto*, no sentido de viabilizar a saída institucional dentro da ordem autocrática do colégio eleitoral. O instrumental analítico herdado de 1958-1960 impediu o entendimento da necessidade e da possibilidade de rompimento com o bloco autocrático e construção de um bloco popular "contra-hegemônico", que permitiria a reaglutinação das oposições fora da lógica da autocracia burguesa.

176 SINFONIA INACABADA

Raciocinando pelo prisma da frente pluriclassista, o velho Partidão preferiu apostar na transição sem "tumultos" do colégio eleitoral. Uma vez derrotada a emenda pelas diretas, o PCB começou a colaborar vigorosamente para a soldagem do pacto. Seu instrumental não lhe possibilitava ver que as forças mais conservadoras do PDS já estavam isoladas e que a candidatura de Paulo Maluf, no colégio eleitoral, não representava o núcleo burguês mais consistente do partido governista. Assim, transformado em paladino da unidade com os setores democráticos da sociedade (leia-se da burguesia "nacional"), o PCB acabou sendo um dos articuladores conscientes da Aliança Democrática e do acordo para a eleição de Tancredo e Sarney, instrumentalizando também o movimento sindical sob sua influência para o projeto de institucionalização da autocracia burguesa e atrelando-o à razão liberal-conservadora, à qual se aliara subordinadamente[32].

Efetivamente, realizou-se a *transição pactuada* sob a ótica de uma autocracia burguesa, que objetivamente implementou seu projeto de *autorreforma* do regime. O PCB, uma vez legalizado, em 1985, continuou a desenvolver sua política de aliança com a "burguesia nacional" para consolidar a "revolução democrático- -burguesa" e tentou subordinar o movimento sindical ao projeto do governo Sarney por meio de sua política sindical (via CGT). Em função de sua postura de adesão ao governo, um número bastante expressivo de quadros começou a abandonar o partido, iniciando-se, assim, sua melancólica desagregação política e ideológica. Objetivamente, o processo de lutas e divisões internas, que se intensificou na década de 1980 com as críticas de Prestes à linha política partidária[33], constituiu-se

---

[32] Como verificamos na "Declaração política da Comissão Nacional pela Legalidade do PCB", de 16 de setembro de 1984, "as forças da Aliança Democrática têm-se empenhado, com sucesso, em ações e entendimentos que conduzem à sua própria ampliação. [...] Valioso papel, para a vitória das oposições e a implementação de efetivas mudanças no país, pode jogar as organizações democráticas e populares, em particular o movimento sindical. O alheamento ou distanciamento dessas organizações da campanha da Aliança Democrática, qualquer que seja o pretexto, somente dificultará a transição e facilitará o continuísmo. Os comunistas, por isso mesmo, apelam a essas entidades, principalmente ao movimento sindical, no sentido de que mais uma vez, em sintonia com sua tradição histórica e com seus reais interesses, indissoluvelmente identificados com a democracia, ocupem seu lugar, combativo e decisivo, na batalha sucessória" (em *O PCB na luta pela democracia (1983-1985)*, São Paulo, Novos Rumos, 1985, p. 54).

[33] Prestes não estava de acordo com a participação do PCB na *transição pactuada*, conforme fica explicitado em sua *Carta aos Comunistas*, de março de 1980: "Certamente, as características do regime democrático a ser instaurado no País com o fim da ditadura dependerão fundamentalmente do nível de unidade, organização e consciência alcançado pelo movimento operário e popular. Cabe aos comunistas empenhar-se no esforço de mobilização da classe operária e demais setores

no desdobramento de uma crise que ficara suspensa no ar, com o golpe de 1964, pois, como pudemos verificar, a crise político-organizativa do PCB iniciou-se, de fato, com as inúmeras defecções dos anos 1960. A saga do proletariado escrita sob a óptica do instrumental de 1958-1960 parecia ter encontrado um novo caminho com a candidatura de Roberto Freire à Presidência da República em 1989, mas na verdade era o último suspiro de um instrumental teórico-analítico exaurido pelo alargamento dos espaços democráticos postos pela legalidade burguesa, que não permitiu que o PCB levasse sua visão mais longe. Em meio às árvores, o partido não conseguiu vislumbrar todo o bosque à sua frente, perdendo-se mais ainda com a crise do "socialismo real". A partitura da sinfonia cuja composição o PCB havia iniciado em 1922, e retocado em 1958-1960, ficaria inacabada, pois seus compositores – o *grupo dirigente-tardio* – perderam-se nos emaranhados das notas, tantas vezes refeitas, reescritas e revisadas, e terminaram por ruir com o Muro de Berlim e a velha e carcomida burocracia soviética.

Mas ainda havia um sopro de vida no velho Partidão, que muitas vezes, como uma fênix vermelha, renasceu das cinzas. Mesmo após a grande crise de 1992[34], a

---

populares para alcançar formas cada vez mais avançadas de democracia e, nesse processo, chegar à conquista do poder pelo bloco de forças sociais e políticas interessadas em realizar as profundas transformações a que me referi acima, e que deverão constituir os primeiros passos rumo ao socialismo [...]" (Luiz Carlos Prestes, *Carta aos comunistas*, São Paulo, Alfa-Ômega, 1980, p. 54).

[34] Em janeiro de 1992, o PCB, já radicalmente dividido entre dois claros projetos políticos, convoca um Congresso Extraordinário, realizado no Teatro Zaccaro, em São Paulo, que deveria ser o décimo e cujo tema era apenas a mudança do nome e dos símbolos do partido, mediante um processo de escolha de delegados realizado "por métodos não usuais na história do partido. Pessoas estranhas ao meio, ou seja, não filiadas, haviam decidido sobre o destino da organização" (Dulce Pandolfi, *Camaradas e companheiros*, Rio de Janeiro, Relume Dumará/Fundação Roberto Marinho, 1995, p. 30). Esses "processos não usuais" eram os "fóruns socialistas", por meio dos quais pessoas não vinculadas à estrutura orgânica do partido poderiam votar no congresso. Não reconhecendo a legitimidade dos procedimentos congressuais, que efetivamente passavam ao largo dos estatutos e das normas partidárias, 44% dos membros do Comitê Central, inclusive seis membros da Comissão Executiva Nacional (o Birô Político), juntamente com um número expressivo de delegados (cerca de seiscentos), abandonaram o recinto onde se realizava o Congresso e convocaram, no mesmo dia, no Colégio Roosevelt, também em São Paulo, a Conferência Nacional de Reorganização do PCB, a qual elegeu um Comitê Central Provisório e convocou o X Congresso do partido, que se realizou entre os dias 25 e 28 de março de 1993. "[...] em janeiro de 1995, após cumprir as exigências do Tribunal Superior Eleitoral, o Partido Comunista Brasileiro conseguiu o registro definitivo" (ibidem, p. 31). Ver também Antonio Carlos Mazzeo, *Sociologia política marxista*, cit., p. 70 e seg.; e "Reconstruindo o PCB: Boletim Informativo do Movimento Nacional de Defesa do PCB", fev. 1992. Ver, neste volume, "Posfácio".

velha sigla sobrevive, e está disposta a realizar sua "reconstrução revolucionária". Se, de fato, o PCB conseguir romper com suas limitações históricas, principalmente com os instrumentais teórico-analíticos que permearam sua ação nesses seus longos anos de vida, se superar o desafio de reconstruir-se, quem sabe esse contraditório operador político brasileiro – que em muitos momentos da conturbada vida nacional teve importante e, por que não dizer, glorioso papel – possa terminar sua sinfonia inacabada, antes que o tempo transforme sua partitura numa amarelecida peça de museu.

POSFÁCIO
UNA SINFONIA IN DISCONTINUA CONTINUITÀ
PCB: DO "RACHA" DE 1992 À RECONSTRUÇÃO
REVOLUCIONÁRIA

Enquanto houver miséria e opressão, ser comunista é a nossa decisão.

Oscar Niemeyer, 1992

A exaustão do instrumental teórico-analítico, o reformismo estrutural e a ruptura de Prestes

O PCB viveu diversas crises internas, como qualquer partido comunista, em que as divergências e as disputas são permanentes e oscilam de acordo com as formas dinâmicas da objetivação do capitalismo, que, por sua vez, determinam a dialética e a intensidade das lutas de classes na *concretude* das *particularidades históricas/formações sociais capitalistas*. De modo que as crises e as disputas são partes inerentes das organizações que se propõem revolucionárias e cujos militantes apostam e dedicam suas vidas com a esperança de alcançar a *emancipação humana*. Por isso observamos, nessas organizações revolucionárias, momentos de aprofundamento de contradições e acirramento de lutas internas que expressam tensionamentos ideoprogramáticos decisivos para a sua continuidade. Assim foi a ruptura com os mencheviques, que permitiu que o núcleo comunista da social-democracia russa formasse o partido que realizou a Revolução de Outubro de 1917; do mesmo modo, a "virada sobre Bordiga", que consolidou a vitória política do grupo de Gramsci em 1924 e possibilitou que o PCI se alinhasse com as posições do Komintern etc. Mas há momentos em que a crise pode *significar* a própria sobrevivência do partido. Foi o caso do *browderismo*, movimento extremamente reformista e liquidacionista, nascido das propostas do então secretário-geral do Partido Comunista dos Estados Unidos, Earl Browder, que desejava acabar com os partidos comunistas e fundi-los aos partidos reformistas burgueses, acreditando que, após as experiências do New Deal, implementado por Roosevelt, seria possível a coexistência entre socialismo e capitalismo no pós-Segunda Guerra Mundial. O browderismo incidiu negativamente nos partidos comunistas latino-americanos, como o chileno, o mexicano, o peruano e, clamorosamente, o cubano, que, "apesar de uma certa reserva crítica, se põe a reboque do governo [Fulgencio] Batista e apaga sua fisionomia de classe e de força anti-imperialista"[1].

No caso particular do PCB, de todas as crises – o "racha" trotskista de 1930, Mário Pedrosa e outros; a ruptura em 1957 do grupo nacionalista, liderado por Agildo Barata, e a dissidência maoista/stalinista de 1962, liderada por Maurício Grabois, João Amazonas e Pedro Pomar, que dará origem ao PCdoB; a ruptura de 1966-1969, a Di-Guanabara, liderada por Franklin Martins, Cid Benjamin e Fernando Gabeira, entre outros, que dará origem ao MR-8; as dissidências de 1968, de Carlos Marighella e Joaquim Câmara Ferreira, que criará a ALN; e a ruptura de 1969, a do PCBR, de Mário Alves, Jacob Gorender e Apolônio de Carvalho – a mais destruidora, porque *essencialmente revisionista e anticomunista*, foi a de 1992, em que grupos liquidacionistas (infiltrados e incrustados) no partido, liderados por Roberto João Pereira Freire e setores importantes do Comitê Central, *constituindo um núcleo teórico-político exaurido e reformista*, o centro-pragmático (também conhecido como "pântano"), tentaram destruir o PCB.

Foi um golpe duríssimo de desmonte e traição contra uma organização revolucionária, planejado nas entranhas partidárias, a partir de núcleos dirigentes ganhos para o projeto de social-democratização da política proletária (e outros projetos inconfessáveis) e muito semelhante ao perpetrado no PCI por Achille Occhetto e a maioria do Comitê Central, que havia muito vinha desagregando--se e ligando-se a perspectivas claramente social-democratas, constitutiva da base do eurocomunismo[2]. O núcleo dirigente estava tão desfigurado que, quando

---

[1] Paolo Spriano, "O movimento comunista entre a guerra e o pós-guerra: 1938-1947", em Eric Hobsbawm (org.), *História do marxismo* (trad. Carlos Nelson Coutinho e Nemesio Salles, Rio de Janeiro, Paz e Terra, 1987, v. 10, p. 185). No processo revolucionário de Cuba, o Partido Socialista Popular (Comunista) une-se ao Movimento 26 de Julio (M26-7) e ao Directorio Revolucionário (DR), com os quais funda o Partido da Revolução Socialista de Cuba, que em 3 de outubro de 1965 assume o nome de Partido Comunista de Cuba (PCC). Ver, entre outros, Florestan Fernandes, *Da guerrilha ao socialismo: a Revolução Cubana* (São Paulo, T. A. Queiroz, 1979), p. 86 e seg.; José Rodrigues Máo Júnior, *A Revolução Cubana e a questão nacional (1868--1963)* (São Paulo, Núcleo de Estudos d'O Capital, 2007), p. 364 e seg.; Luiz Bernardo Pericás, *Che Guevara e o debate econômico em cuba* (2. ed. rev. e ampl., São Paulo, Boitempo, 2018), p. 117 e seg.; e Claude Julien, *La Révolution Cubaine* (Paris, René Julliard, 1961), p. 207 e seg.

[2] Como sabemos, o eurocomunismo – uma iniciativa dos partidos comunistas europeus, especialmente o da Itália, da Espanha e da França – surge como tentativa de dar respostas "nacionais" a problemas relacionados ao próprio Movimento Comunista, após a morte de Stálin e o XX Congresso do PCUS, espremido entre a constrição política e o simplismo denuncista e

Occhetto tentou dar o golpe no PCI, em 1989, durante uma reunião no bairro operário de Bolognina, na cidade de Bolonha, anunciando a mudança do nome e do símbolo do partido, não houve muitos protestos da parte daquele coletivo degradado, que havia se *transformado em anticomunista*. Mas o anúncio acabou levando o PCI ao desastre e, quando chegou 1991, muitos militantes já haviam abandonado o partido. A operação destrutiva começara já no XVIII Congresso do partido, quando Occhetto atacou as tradições do PCI e afirmou que o partido estava mais próximo dos valores e das tradições da Revolução Francesa do que da Revolução Bolchevique de 1917. Posteriormente, atacou o histórico secretário-geral do partido, Palmiro Togliatti, chamando-o de "cúmplice inocente de Stálin", e por fim atacou o ex-secretário-geral, Enrico Berlinguer, e sua perspectiva da "terceira via"[3]. Vítima do politicismo intrínseco à cultura política italiana[4] e da política de alianças de classes, filha direta das políticas implementadas por Stálin desde Yalta e Potsdam, conforme analisamos no capítulo 2, ironicamente o PCI aprofunda, implementa e moderniza as teses reformistas e de conciliação de classes stalinistas.

Para além de degenerescência do PCI, processo que se inicia após 1945, havia também as aproximações do governo estadunidense através do Departamento de

---

personalizante. Por causa desse simplismo, ficou de lado a necessária reflexão revolucionária sobre os elementos constitutivos do fenômeno social do *stalinismo* e dos graves problemas da transição socialista, que findaram por submeter o balanço histórico da experiência socialista à disputa de grupos burocratizados do PCUS. As denúncias contra o ex-todo-poderoso dirigente soviético acabaram proporcionando uma guinada à direita na política dos partidos comunistas europeus, principalmente o PCI, com a elaboração do *Compromesso Storico*, que tinha como perspectiva a aliança política com a democracia cristã italiana. Isso levou muitos partidos comunistas a implementar políticas de conciliação de classes e de subordinação do movimento operário e do projeto socialista ao reformismo escancarado e rebaixado. José Paulo Netto resume com lucidez os elementos restritivos desse debate, no qual *estiveram ausentes problemas complexos*, entre outros fenômenos, como "o insulamento da experiência soviética, o fracasso da revolução alemã, a maré montante do nazifascismo, a capacidade de resistência e adaptação do capitalismo monopolista, as condições gerais em que se exerceu a autocracia stalinista, a guerra fria, o cerco imperialista, a evolução teórica e prática da socialdemocracia [...]" (*Democracia e transição socialista: escritos de teoria e política*, Belo Horizonte, Oficina de Livros, nota 4, 1990, p. 97; grifos nossos).

[3] Ver Lucio Magri, *O alfaiate de Ulm: uma possível história do Partido Comunista Italiano* (trad. Silvia de Bernardinis, São Paulo, Boitempo, 2014), p. 358 e seg.; Guido Liguori, *La morte del PCI: indagine su una fine annunciata (1989-1991)* (2. ed., Roma, Bordeaux, 2020).

[4] Discuti aprofundadamente as raízes históricas do politicismo italiano em *Os portões do Éden: igualitarismo, política e Estado nas origens do pensamento moderno* (São Paulo, Boitempo, 2019), em especial p. 157 e seg.

Estado e da CIA, relações essas que foram estimuladas pelas posições cada vez mais antissoviéticas e anticomunistas do PCI e sempre mantidas prudentemente à sombra[5]. Mas a própria situação política italiana e, em particular, as posições do partido em 1969 permitiram a *abertura de contatos regulares dos Estados Unidos*[6]. Independentemente das idas e vindas da política oportunista e capitulacionista do PCI, esse quadro evidencia a potencialidade destrutiva que se instalara no partido. A CIA também acossava dirigentes do PCB exilados na Europa, porém, mais do que isso, já se infiltrara no partido[7]. O interessante é que, *mutatis mutandis*, os mesmos métodos para a destruição do PCI seriam utilizados no PCB, como veremos mais adiante.

A disputa dura e dramática pela hegemonia na linha e na direção do partido, e por seu próprio futuro, iniciou-se objetivamente no Comitê Central exilado, quando o PCB foi duramente golpeado pela ditadura e resolveu mandar parte de seus dirigentes para o exterior, além dos responsáveis pela redação do *Voz Operária*, que passa a ser editado fora do Brasil[8]. Essa disputa interna materializava a crise programático-ideológica determinada pelo debate sobre as diretrizes do VI Congresso do partido, realizado em 1967, cuja linha repetia e aprofundava os elementos centrais do V Congresso de 1960[9], quando se esboçou no PCB a política de *coexistência pacífica* delineada por Nikita Kruschev e que demarcará as políticas implementadas pelos partidos comunistas dali em diante. Além disso, ampliava-se a influência do reformismo eurocomunista em parte significativa do núcleo dirigente do partido, tudo isso agravado pelo distanciamento do país e das bases partidárias e, principalmente, pela debilidade de um *arcabouço teórico-político cristalizado e exaurido*.

---

[5] Como destacou Mario Margiocco, a primeira tentativa de contato dos Estados Unidos com o PCI foi "prudente e discreta [...] foi uma ação oficial: era o Departamento de Estado que se movia para abrir um canal direto com os comunistas italianos para poder conhecer diretamente, por meio de contatos regulares entre alguns funcionários da embaixada e alguns dirigentes do partido, posições, julgamentos, perspectivas dos líderes do comunismo italiano [...] O PCI não respondeu ao convite e o deixou cair no vazio" (*Stati Uniti e PCI*, Roma, Laterza, 1981, p. 122).

[6] Ibidem, p. 124. Ver também Paolo Guzzanti, "La Cia non si fidava di DC e PSI e puntò su Berlinguer", *Il Riformista*, 22 nov. 2019; disponível on-line.

[7] Ver Marcelo Godoy, *A casa da vovó: uma biografia do DOI-Codi (1969-1991), o centro de sequestro, tortura e morte da ditadura militar* (São Paulo, Alameda, 2014), p. 428.

[8] Ver Anita Leocadia Prestes, *Luiz Carlos Prestes: um comunista brasileiro* (São Paulo, Boitempo, 2015), p. 446 e seg.; e Dulce Pandolfi, *Camaradas e companheiros: história e memória do PCB* (Rio de Janeiro, Relume Dumará, 1995), p. 210.

[9] Ver, neste volume, p. 88 e seg. e p. 133 e seg.

Nos embates, ficaram, de um lado, Prestes e um pequeno grupo do Comitê Central, composto por Anita Leocadia Prestes, Marly Vianna, Agliberto Azevedo e Gregório Bezerra, que defendiam políticas mais avançadas e de combate ao reformismo[10]; de outro, um grupo adepto do eurocomunismo, tendo como expressões Armênio Guedes e Zuleika Alambert, e que, apesar de minoritários no Comitê Central, controlavam o *Voz Operária*. No "centro" estava o "pântano" (o *centro-pragmático*), que constituía a maioria do comitê, como ressaltou Anita Leocadia Prestes, "composta por elementos conservadores, acomodados, sem posições definidas e, por essa razão, aferrados a uma suposta defesa da linha do VI Congresso do PCB"[11]. Em sua maioria, tratava-se de reféns de um *instrumental teórico-analítico exaurido* que os levava ao reboquismo de posições reformistas e de conciliação de classes. Em termos objetivos, o que estava em disputa era essencialmente o *caráter da revolução brasileira*, suas perspectivas e formas de condução da luta contra a ditadura, no escopo da crise do governo militar-bonapartista.

O quadro político-econômico brasileiro havia mudado radicalmente, o que requeria a atualizações, ajustes e adequações na linha partidária. Em meados da década de 1970, a política econômica implementada pela ditadura militar-bonapartista (assentada nas inversões de capitais internacionais e no arrocho salarial) encontrava-se em situação terminal diante da crise mundial do capitalismo, que se intensificara a partir de 1972 e causara uma forte retração dos investimentos. Isso quer dizer que, sem os aportes internacionais de capitais e escorado somente no arrocho salarial – que fora repassado à chamada "classe média", por muito tempo base social e política da ditadura –, o modelo do "milagre" entrava definitivamente em colapso. Nesse contexto, a oposição à ditadura cresce e alcançou formas mais eficazes e maduras de enfrentamento. Essa oposição tinha a seu favor a crise econômica e permitiu que se formasse rapidamente uma *frente ampla*, articulada em torno do MDB, da qual o PCB participava como protagonista[12].

No entanto, ainda em meados da década de 1970, outra oposição surgia, mais dura e mais consequente, que abria perspectivas para que se transcendesse a frente pluriclassista e apontasse para uma robusta *frente única classista*. Essa oposição se objetivava nos movimentos operários da região do ABC paulista, então o polo industrial mais avançado do país e reflexo *concreto* da crise do processo de acumulação/produção do "milagre" econômico da ditadura. E será essa luta contínua dos

---

[10] Ver Anita Leocadia Prestes, *Luiz Carlos Prestes*, cit., p. 456 e seg.

[11] Ibidem, p. 468.

[12] Ver, neste volume, p. 171 e seg.

operários metalúrgicos – mesmo *sem uma clara teleologia socialista-revolucionária* – que determinará a derrocada da ditadura militar-bonapartista de 1964, porque transcenderá a *imediaticidade da luta econômica* e ganhará os contornos de uma ação política irradiadora que porá em xeque não somente o modelo econômico vigente, mas também a própria *forma Estado bonapartista*. Em meio às crescentes ações de enfrentamento e desobediência civil que se espalhavam por outras categorias de trabalhadores em todo o país, o Comitê Central do PCB *continuava a manter* o apoio à frente ampla pluriclassista, a partir de um elemento central da definição tático-estratégica do VI Congresso, isto é, um entendimento *reformista, politicista e próximo das formulações liberais sobre a questão democrática*, além do próprio conceito de "via pacífica" para o socialismo. Ainda que a direção do PCB tivesse acertado em apoiar e participar da construção da frente ampla contra a ditadura, a *crise do modelo* do "milagre" econômico e, sobretudo, as movimentações operárias *apontavam para o esgotamento da política de amplas alianças* e ampliavam possibilidades para o aprofundamento da luta do proletariado na direção de projetos mais ousados e politicamente situados à esquerda e no campo da luta pelo socialismo.

Concretamente, o partido deparava-se com duas questões centrais que se imbricavam e tinham de ser resolvidas com urgência. De um lado, a questão de sua segurança interna, a preservação de seus quadros e de sua estrutura orgânica; de outro, a necessidade premente de debater e *revisar sua linha política*, diante do novo quadro político-econômico que se delineava. No que se refere à sua segurança, o partido tinha a clara consciência de que continuaria sendo alvo permanente da repressão, principalmente por sua conduta firme e consequente no combate à ditadura militar-bonapartista. Como analisei em 1995:

> No período que se seguiu ao golpe militar, o PCB, ainda que utilizando seu exaurido instrumental teórico, consegue implementar um rumo positivo à luta contra a ditadura militar. Esse superado arcabouço teórico teve fôlego para orientar o PCB a uma linha politicamente consequente, que priorizou a organização dos movimentos de massas e lutou para a ampliação dos espaços democráticos, expressa na participação ativa dentro do MDB, ao longo dos anos 70, não somente pela existência de algum potencial teórico-residual desse arcabouço, mas fundamentalmente pelo pragmatismo de *realpolitik* inerente a esse velho instrumental analítico.[13]

---

[13] Antonio Carlos Mazzeo, "A crise do PCB", em *Sociologia política marxista* (São Paulo, Cortez, 1995, coleção Questões da Nossa Época), p. 83-4.

Una sinfonia in discontinua continuità – PCB: do "racha" de 1992 à reconstrução revolucionária 185

O PCB não havia caído no aventureirismo da luta armada, como fizeram outras organizações com resultados trágicos para a luta do proletariado, pois ceifou vidas preciosas de revolucionários sinceros e arrojados, que deram generosamente a vida pela revolução socialista, *quadros imprescindíveis*, que ainda hoje nos fazem falta[14]. Assim, o partido optou acertadamente pela luta de massas, em determinado momento centrada no MDB. E, por essa correção política, a ditadura não deu tréguas ao PCB: temendo sua história de lutas no seio da classe, ampliou a perseguição e a repressão sobre os comunistas brasileiros[15].

O PCB já havia sido fortemente golpeado em 1972 e 1973. Entre 1974 e 1975, em pleno governo Geisel, que hipocritamente se dizia de "distensão lenta e gradual", agentes e informantes se infiltraram no partido com o intuito de aniquilá-lo (Operação Radar). O mote era a acusação de que os comunistas brasileiros estavam por trás do MDB nas eleições de 1974, quando a oposição teve uma excelente atuação eleitoral[16]. Atingido com prisões, sequestros e assassinatos de membros do Comitê Central[17] – quase todos sob tortura em locais secretos mantidos pela repressão, como a Casa da Morte, em Petrópolis, no Rio de Janeiro, e a Boate Querosene, em Itapevi, em São Paulo[18] – e de um expressivo número de dirigentes e militantes

---

[14] Como afirmei em outro lugar: "A oposição radical, que desaguou na luta armada contra o regime militar, feita por pequenos grupos de esquerda – em sua maioria compostos pela pequena burguesia universitária –, não havia atingido as grandes massas. Isolada, conhecida apenas nos restritos círculos estudantis e intelectualizados, a resistência armada foi esmagada implacavelmente pelos órgãos repressivos da ditadura […]" (*Burguesia e capitalismo no Brasil*, 2. ed., São Paulo, Ática, 1995, p. 51). Ver também Jacob Gorender, *Combate nas trevas*, cit., p. 101 e seg.; e Marcelo Godoy, *A casa da vovó*, cit.

[15] Como declarou o tenente Dirceu Antonio, o Toninho, um dos membros do setor de análises do DOI, "começamos a chegar ao Comitê Central, e ele era importante. O PCB era a base de todo o terrorismo. De lá haviam saído Marighella, Joaquim Câmara Ferreira e outros. O Comitê Central era importante acabar, pois ele é que organizava o partido, que era ilegal" (citado em Marcelo Godoy, *A casa da vovó*, cit., p. 430).

[16] Ver José Paulo Netto, *Pequena história da ditadura brasileira (1964-1985)* (São Paulo, Cortez, 2014), p. 180-1; e Thomas Skidmore, *Brasil: de Castelo a Tancredo* (trad. Mário Salviano Silva, Rio de Janeiro, Paz e Terra, 1994), p. 342 e seg.

[17] Os dirigentes assassinados pelos órgãos de repressão foram: David Capistrano, Luís Maranhão, João Massena Melo, Élson Costa, Itair Veloso, Orlando Bonfim, Jaime Miranda, Hiram Lima e Walter Ribeiro. Ver, entre outros, Marcelo Godoy, *A casa da vovó*, cit., p. 423 e seg.; e Dulce Pandolfi, *Camaradas e companheiros*, cit., p. 210.

[18] Os presos políticos mortos sob tortura na Casa da Morte eram incinerados na usina de açúcar Cambaíba, localizada em Campos dos Goytacazes, na região do norte fluminense, e os da Boate

intermediários, como o gráfico Alberto Aleixo, responsável pela impressão do *Voz Operária* e, ironicamente, irmão do "vice-presidente" do ditador Costa e Silva, Pedro Aleixo, sem contar os rumorosos assassinatos do jornalista Vladimir Herzog e do metalúrgico Manuel Fiel Filho[19]. Segundo a Anistia Internacional em documento de 1976, "cerca de dois mil simpatizantes comunistas suspeitos foram detidos, dos quais 240, segundo a AI, eram presos de consciência"[20].

Toda essa repressão e desbaratamento de setores importantes do PCB só foram possíveis por falhas na segurança partidária que facilitaram a infiltração dos órgãos de repressão nas fileiras do PCB, inclusive em sua direção nacional, por meio de uma combinação ativa entre os órgãos de repressão brasileiros, em especial o Serviço de Informação do Exército (SIEx), o Centro de Informação da Marinha (Cenimar), e o serviço de inteligência estadunidense (CIA), que atuaram na cooptação, *na maioria das vezes constritiva*, de membros do PCB, torturando e fazendo ameaças de morte da pessoa contatada ou de um parente próximo. No que se refere aos agentes infiltrados, temos o caso do "agente Carlos", na verdade, Adauto Alves dos Santos, que mapeou a estrutura partidária para os órgãos de repressão do Brasil e dos Estados Unidos[21].

No entanto, o golpe mais profundo foi perpetrado por um traidor "insuspeito" e inusitado. Velho militante do partido, membro do Comitê Central, ex-militar e veterano do levante de 1935, Teodoro Severino Melo, que no submundo da delação adotou a alcunha de "agente Vinícius", tornou-se o mais sórdido e importante

---

Querosene eram esquartejados e jogados no rio Avaré. Ver Marcelo Godoy, *A casa da vovó*, cit., p. 426 e seg.

[19] Como nos informa Antonio Carlos Fon, a ditadura age com a "deflagração da chamada Operação Barriga Verde e a prisão de elementos acusados de pertencerem ao Partido Comunista Brasileiro nos estados de Santa Catarina e Paraná. Por volta de 20 de outubro, a onda de prisões alastra-se para São Paulo. A morte do jornalista Vladimir Herzog [...] nas dependências do DOI-Codi do II Exército – depois de ter se apresentado voluntariamente para depor – e as repercussões negativas que provocou, dentro e fora das Forças Armadas, frustraram o plano. Através de Herzog, o que se pretendia era atingir escalões ainda mais altos da administração estadual que, com a morte do jornalista, ficaram automaticamente fora do alcance das mãos dos inquisidores. O episódio da morte de Manuel Fiel Filho, em circunstâncias idênticas à de Herzog, três meses depois, apenas acelerou o processo de desativação do DOI-Codi" (*Tortura: história da repressão política no Brasil*, São Paulo, Global, 1979), p. 69.

[20] *The Amnesty International Report: 1 june 1975 – 31 may 1976* (Londres, Amnesty International, 1976), p. 89-92, citado em Thomas Skidmore, *Brasil: de Castelo a Tancredo*, cit., nota 50, p. 342.

[21] Ver José Paulo Netto, *Pequena história da ditadura brasileira*, cit., nota 137, p. 181.

delator/informante dos órgãos de repressão. Preso na Zona Leste de São Paulo em 1974, foi levado primeiramente a uma casa próxima da represa Billings e de lá para Itapevi, na região metropolitana de São Paulo, escoltado pelo capitão do Exército Ênio Pimentel da Silva, de alcunha dr. Ney, um dos responsáveis pela devassa no PCB durante os anos de chumbo e cujo superior imediato era o então major Carlos Alberto Ustra, um conhecido torturador. Depois de torturado por aproximadamente quinze dias, Melo aceitou se transformar em "cachorro" – assim eram chamados os delatores de organizações revolucionárias que passavam a trabalhar para a repressão[22] –, tendo assinado um contrato com o Exército, pelo qual recebia um salário, em troca de informações, de vidas, mas também de sua história, de seu caráter e de sua honra[23]. As delações do *agente* Vinícius/Teodoro Melo levaram diretamente à morte dos membros do Comitê Central e outros militantes, além de várias centenas de prisões em todo o país e o desbaratamento da estrutura das gráficas partidárias, o sequestro e o roubo de milhares de dólares pertencentes ao PCB, efetuados por agentes do DOI-Codi[24].

Além da preocupação com a segurança, havia a questão da política do PCB na crise da ditadura. Nesse sentido, era necessário revisar a diretriz político-teórica *exaurida*, ainda calcada, como já dissemos, no VI Congresso do PCB, com ampla aceitação acrítica do Comitê Central. Prestes e um pequeno número de aliados viam a necessidade de se aprofundar o debate/embate, levando em conta o novo

---

[22] Ver Edmilson Costa, "Meio século de AI-5: ditadura nunca mais", *PCB*, 12 dez. 2018; disponível em: <https://pcb.org.br/portal2/21634/meio-seculo-de-ai-5-ditadura-nunca-mais/>; acesso em: 30 maio 2020.

[23] Ver Marcelo Godoy, *A casa da vovó*, cit., p. 424. Sobre a "transformação" de Teodoro Severino Melo em informante dos órgãos da repressão, Marcelo Godoy assim a define: "O homem poupado por Ney assinou um contrato. Receberia um salário, mera formalidade, espécie de humilhação que seus captores impunham em troca do caráter, de vidas e de informações. Depois de 15 dias em Itapevi passou por outro lugar, e outro e então começou a apontar ao destacamento como chegar aos seus colegas. Veterano da Revolução de 1935 e ex-militar, ele dedicara a vida ao comunismo e ao Partido, que não abandonara [...] Era do Comitê Central. Escrevia documentos importantes que lhe garantiram o respeito de amigos e militantes. Enfim, um revolucionário exemplar. Mas Vinícius [Teodoro Severino Melo] teve a tentação de viver. Em troca, permitiu que lhe sequestrassem toda uma vida. No relato dos agentes, traiu e ficou vivo. A morte foi o limite que não conseguiu enfrentar. Em vez da lembrança do martírio, a vontade de esquecer a covardia na hora obscura. Não era um canalha. Era um fraco. Só isso" (ibidem, p. 424-5). Ver também Expedito Filho, "Autópsia da sombra: o depoimento terrível de um ex-sargento que transitava no mundo clandestino da repressão militar resgata parte da história de uma guerra suja", *Veja*, 18 nov. 1992.

[24] Ver Expedito Filho, "Autópsia da sombra", cit.

188 SINFONIA INACABADA

quadro político brasileiro que se instalara com a presença inconteste e firme do movimento operário – que agia com independência dos partidos burgueses e do próprio PCB, então a maior força da esquerda do país. Como fica explícito no Manifesto publicado por Prestes no *Voz Operária*, em 1974, quando já aponta a perspectiva de *ruptura* com a política reformista da maioria do Comitê Central:

> A conquista de um regime democrático não deverá significar [...] uma simples volta ao passado [...] A luta de todos os patriotas e democratas só pode ter por fim a derrota definitiva do fascismo e a inauguração de uma nova democracia, que assegure amplas liberdades para o povo, uma democracia econômica, política e social, que possibilite a solução dos problemas nacionais mais graves e imediatos [...] trata-se da conquista de uma democracia que seja estável, que impeça a volta do fascismo. Para isso, a nova democracia terá que tomar medidas que limitem o poder econômico dos monopólios e dos latifundiários e que se orientem no sentido de sua completa liquidação [...] A nova democracia deverá ser o regime estabelecido por um governo de forças da frente única patriótica e antifascista, abrirá caminho para as profundas transformações de caráter democrático e anti-imperialista, já hoje exigidas pela sociedade brasileira.[25]

Esse Manifesto de Prestes evidencia com clareza a distância entre as posições do secretário-geral e as da maioria do Comitê Central, além da característica da luta interna que estava aberta no interior do PCB. Prestes inspirava-se em leituras sobre o Brasil que se aproximavam mais da realidade e das interpretações que realçavam os elementos componentes da *particularidade histórica* brasileira, como denotam suas anotações sobre os textos de Florestan Fernandes e as menções a Francisco de Oliveira, Caio Prado Jr. e autores ligados à *teoria da dependência*[26]. E distanciava-se

---

[25] Luiz Carlos Prestes, "Manifesto de Prestes de outubro de 1974", *Voz Operária*, suplemento, n. 118, dez. 1974, citado em Anita Leocadia Prestes, *Luiz Carlos Prestes*, cit., p. 447.

[26] Anita Leocadia Prestes ressalta que, em sua intervenção realizada na Conferência dos Partidos Comunistas da América Latina e do Caribe, em 1975, em Havana, Prestes apresentou um informe detalhado sobre a situação brasileira, baseando-se nas contribuições desses autores, em que acentua o papel dos monopólios e suas novas bases político-econômicas, o que o levava mais profundamente à crítica da visão nacional-libertadora, presente nas resoluções do VI Congresso, principalmente quando afirma que a ditadura resulta da hegemonia do capital financeiro, especialmente do estadunidense. Ver ibidem, p. 454. Ver também o *depoimento* de Anita Leocadia Prestes a José Milton Pinheiro de Souza, *O PCB e a ruptura da tradição: dos impasses das formulações do exílio ao exílio da política no Brasil (1971-1991)* (tese de doutorado em ciências sociais, São Paulo, Pontifícia Universidade Católica, 2014), p. 96.

cada vez mais da maioria do Comitê Central, como fica evidente na Resolução Política da primeira reunião do Comitê Central, realizada em Moscou, em 1975[27], que *não incorporou* partes importantes do informe político apresentado por Prestes, como a articulação dos monopólios com a burguesia e o novo caráter do fascismo. Era notório que Prestes acompanhara de perto as dramáticas mudanças que ocorriam no Brasil. Por seu lado, a maioria do Comitê Central, com suas limitações teóricas intrínsecas, não conseguia ir além dos limites da noção de *frente ampla*, desenhada pelo Komintern na luta antifascista nos anos 1930 e durante a Segunda Guerra Mundial, e utilizada acertadamente pelo PCB, no primeiro momento da luta contra os golpistas, na construção de uma oposição de massas à ditadura militar-bonapartista.

Além dos limites teórico-políticos e da distância do Brasil, havia a influência nefasta do eurocomunismo sobre o Comitê Central do partido. No escopo *histórico* e político-teórico, isso significou *um grande retrocesso* na luta revolucionária, pois essa *vertente regressista*, que nasceu do *politicismo e do revisionismo deletério* que se instalara no movimento operário, abriu um caminho de volta às discussões da Segunda Internacional (a partir de "sofisticações" formais e *conteúdos superficiais*, conforme apontamos acima, além de leituras desfocadas, distorcidas e desistoricizadas de teóricos marxistas como Antonio Gramsci), *retomando e reassumindo* a defesa de questões como a democracia como "valor universal", o reformismo "propositivo", as "alianças" de classes, o "fim do capitalismo como resultado de uma evolução natural da história", a crítica ao conceito de partido revolucionário, a crítica ao centralismo democrático e à ditadura do proletariado etc. Esse enfrentamento já fora feito com profundidade e havia muito fora superado pelas análises de Rosa Luxemburgo sobre a necessidade

---

[27] Anita Leocadia Prestes nos esclarece que nessa reunião, realizada em novembro de 1975, foram cooptados novos membros para a direção nacional do partido e os suplentes assumiram cargos de efetivos: "Na reunião, tendo em vista a necessidade de implementar as decisões tomadas pelo CC, elegeu-se uma comissão executiva e um secretariado nacional. Dado o número reduzido de membros do CC que se encontravam no exterior, foram cooptados para a direção nacional três militantes que já vinham participando de suas atividades. Posteriormente seriam cooptados mais dois militantes" (*Luiz Carlos Prestes*, cit., p. 457). Os membros do CC no exterior eram: Luiz Carlos Prestes, Giocondo Dias, Armênio Guedes, Zuleika Alambert, José Salles, Dinarco Reis, Salomão Malina, Orestes Timbaúva, Luís Tenório de Lima, Agliberto Azevedo, Armando Ziller, Roberto Morena, Hércules Correia, Givaldo Siqueira, Almir Neves e *Severino Teodoro Melo*. Foram cooptados para essa reunião: Gregório Bezerra, Marly Vianna e Anita Leocadia Prestes. Posteriormente chegam Lindolfo Silva e Régis Fratti (ibidem, nota 28, p. 457). Friso o nome de *Severino Teodoro Melo* na lista do Comitê Central para *ressaltar* que ele também é nomeado membro efetivo da direção nacional do PCB, já tendo se tornado o *delator/informante agente Vinícius* e, seguramente, continuou a passar informações para os organismos de repressão e para a CIA.

de articulação entre reforma e revolução (nas quais critica com firmeza o reformismo e o revisionismo na social-democracia alemã)[28] e pelo crivo teórico-político de Lênin sobre a questão da consciência e da percepção do mundo material, afrontando neokantianos, neoberkelianos, neo-humanistas e todas as formas de *epistemologismo* (sobretudo aquelas fundadas nas análises *pseudoconcretas* de Ernst Mach) e evidenciando as insuficiências do *materialismo mecanicista* e da ideologia burguesa[29] – sem contar os acúmulos teóricos de autores marxistas como György Lukács, em suas monumentais *Estética* e *Ontologia do ser social*, Henri Lefebvre e suas discussões sobre a modernidade, István Mészáros e o problema da ideologia, entre outros.

Mas voltemos ao PCB. Prestes, como vimos, marca diferenças em relação à maioria do Comitê Central que irão se acentuar na segunda reunião do pleno, em 1977, quando dois projetos de resolução política se defrontam: um do secretário-geral e outro da assessoria do Comitê Central. Na disputa de posições, *a opção da maioria do Comitê Central pela conciliação de classes e pelo reformismo evidencia-se*. A assessoria do Comitê Central recolocou a necessidade de reafirmação da frente pluriclassista, subordinada à luta pelas liberdades democráticas[30]. Por outro lado, a proposta de Prestes enfatizava que a Frente Antifascista e Patriótica deveria ter consequências em suas opções de alinhamento político e, nesse sentido, seria inadmissível chamar a classe operária para a luta pela democracia burguesa, porque, na visão do secretário-geral, o fascismo jamais se transformaria em democracia[31]. A proposta de resolução política de Prestes foi derrotada, e a situação piorou quando o chamado "Pacote de Abril", decretado pelo ditador Geisel, suspendeu o funcionamento do Parlamento por catorze dias e a ditadura impôs medidas golpistas que garantiam a maioria governista no Parlamento e suas posições autocráticas, já que pelo jogo institucional vinha perdendo terreno político. O Comitê Central respondeu à ofensiva com afirmações genéricas e propondo a ampliação da luta democrática, o que causou muita confusão. Objetivamente, isso significava cerrar

---

[28] Ver Rosa Luxemburgo, *Reforma, revisionismo e oportunismo* (trad. Livio Xavier, Rio de Janeiro, Civilização Brasileira, 1975).

[29] Ver Vladímir I. Lênin, "Materialismo y empirocriticismo", em *Obras completas* (Madri, Akal, 1977), t. XIV; *Que fazer?* (trad. Paula Vaz de Almeida e Avante!, São Paulo, Boitempo, 2020); e *Democracia e luta de classes* (trad. Paula Vaz de Almeida, São Paulo, Boitempo, 2019).

[30] Sobre o papel da chamada "assessoria do CC", ver Anita Leocadia Prestes, *Luiz Carlos Prestes*, cit., p. 461, 462 e 463; José Milton Pinheiro de Souza, *O PCB e a ruptura da tradição*, cit., p. 95.

[31] Comitê Central do PCB, "Projeto de Resolução Política", fev. 1977 (documento datilografado), acervo pessoal de Anita Leocadia Prestes, *Luiz Carlos Prestes*, cit., p. 462.

fileiras na perspectiva da frente ampla e alinhar-se com a defesa da democracia institucional, agravada pela não denúncia da *subsunção das instituições legais do Estado burguês brasileiro à autocracia burguesa.*

Essa posição da maioria do Comitê Central indicava claramente o isolamento de Prestes, fato que o levou a enviar uma carta ao partido[32] na qual evidenciava a insatisfação popular com o governo ditatorial de Geisel:

> A amplitude e o vigor com que com se desenvolvem as lutas reivindicatórias e de resistência, firmeza crescente das manifestações dos mais variados setores em prol da conquista das liberdades democráticas dão a medida certa das dificuldades com que se defronta o regime. As possibilidades de luta ampliam-se, ainda que o inimigo fascista continue dispondo de poderosos instrumentos de opressão [...].[33]

Mais adiante, Prestes aponta as debilidades presentes nas posições políticas da maioria do Comitê Central, assim como suas razões e limites para a compreensão da nova fase histórica do país, abordando também a questão da segurança interna do PCB e seus efeitos devastadores para a luta contra a ditadura – como a infiltração de agentes e informantes no partido e, em particular, o assassinato de membros da direção mais próximos de suas posições políticas. Prestes ressalta ainda o núcleo de suas divergências, que na carta aparecem a partir dos elementos essenciais da atuação do PCB, como a *insuficiência* da ligação do partido com a classe operária e *a necessidade urgente de rever sua atuação sindical*, sair dos acordos de cúpula e *conectar sua ação com a classe*, priorizar a luta e a organização partidária entre os trabalhadores e *construir um poderoso movimento popular e de massas*, referindo-se às movimentações que já se verificavam no ABC paulista[34].

---

[32] Ver "Carta de Prestes ao Partido [agosto de 1977]", *Voz Operária*, n. 138, 1977, citado em Edgard Carone, *O PCB*, cit., v. III, p. 207 e seg.

[33] Idem.

[34] Como podemos verificar nos trechos a seguir: "Na situação que atravessamos, o Papel do Partido Comunista cresce de importância. Sua ação e sua orientação são fundamentais para um encaminhamento correto e positivo das lutas populares e democráticas. Mas, ao mesmo tempo em que fica cada vez mais claro que nossas ideias, nossa orientação e nossas propostas refletem os interesses e as aspirações da imensa maioria dos brasileiros e encontram eco nos mais variados setores da sociedade, *nossa difícil situação orgânica é um sério obstáculo ao exercício do papel que nos cabe* [...] A reação, particularmente de três anos para cá, desferi-nos golpes extremamente violentos. Dezenas de militantes foram assassinados na tortura. Companheiros do valor de David Capistrano, Luís Maranhão, Valter Ribeiro, João Massena, Elson Costa, Jaime Miranda, Hiram Pereira, Orlando

As greves operárias do ABC em 1978 acabaram influenciando de certo modo os debates e as análises do Comitê Central. A Comissão Executiva do Comitê Central publicou uma nota[35] sobre a campanha eleitoral, destacando a derrota eleitoral da ditadura, e a importância de cerrar fileiras em torno do MDB para sustentar a unidade das oposições. Além disso, chamava a luta em favor da *convocação* de uma Assembleia Nacional Constituinte *livre e soberana*. Mesmo assim eram irreconciliáveis as divergências expressas nos eixos defendidos pela maioria de um Comitê Central pragmático, teoricamente *exaurido*, que se contentava em controlar uma máquina partidária lenta, burocrática e profundamente reformista. De sua parte, Prestes se diferenciava cada vez mais. Em entrevista ao jornalista Getúlio Bittencourt, do jornal *Folha de S. Paulo*, declara sua concepção de luta democrática:

> À classe operária, aos trabalhadores e seus aliados, quer dizer, à grande maioria da população, interessa construir no Brasil uma democracia que permita o avanço em direção a profundas transformações econômicas, sociais e políticas de caráter antimonopolista, o que, por sua vez, abrirá caminho para que *essa democracia possa se desenvolver até a democracia socialista*. É tendo sempre presente esta meta que nosso Partido, como partido revolucionário da classe operária, luta pela democracia e pela unidade da classe operária, de todos os trabalhadores e demais forças sociais que se colocam em oposição ao fascismo e aspiram ao progresso social.[36]

Bomfim, Itair Veloso, todos membros do Comitê Central, foram sequestrados e estão desaparecidos. Vários outros foram presos e submetidos a bárbaras torturas. O objetivo do inimigo fascista é liquidar nosso partido, e particularmente sua direção [...]. Assim, os golpes que sofremos prejudicam, na medida de sua própria gravidade, a luta da classe operária e de todos os patriotas e democratas, de nosso povo em geral. Isto torna mais premente a necessidade de superarmos nossas deficiências e corrigirmos nossos erros. *Não podemos permitir que a ditadura siga utilizando certas debilidades nossas para conseguir novos êxitos em sua ação repressiva* [...]. Além disso, tornou-se claro que o grau de nossas ligações com as massas populares, particularmente com a classe operária, era insuficiente [...] o duro processo a que fomos submetidos mostrou que continuamos a subestimar o papel que o proletariado deverá desempenhar na derrubada do fascismo [...] preferimos muitas vezes os entendimentos de cúpula, os acordos 'pelo alto', que, sendo necessários, têm de estar forçosamente apoiados num amplo e poderoso movimento popular, garantia básica de um encaminhamento vitorioso da luta contra o fascismo" (ibidem, p.207, 208, 209 e 210; grifos nossos).

[35] "Nota da Comissão Executiva do PCB a propósito da campanha eleitoral", *Voz Operária*, n. 146, 1978, citado em Edgard Carone, *O PCB*, cit., v. III, p. 215 e seg.

[36] Entrevista de Luiz Carlos Prestes para o jornal *Folha de S.Paulo*, em agosto de 1978, em Getúlio Bittencourt, *A quinta estrela: como se tenta fazer um presidente no Brasil* (São Paulo, Ciências Humanas, 1978), p. 40.

Em outras palavras, ele apontava claramente para a necessidade de se construir no Brasil uma *frente única* com os trabalhadores do ABC.

A posição de Prestes escancarava sua ruptura com o centro pragmático do partido (o *pântano*) e demarcava sua posição irreconciliável com a velha linha *cristalizada* e *superada* do VI Congresso. Já no Brasil, Prestes participou de diversas reuniões com a militância do PCB, em todo o país, exatamente para debater suas fundas divergências com a maioria do Comitê Central e denunciar *a adesão do PCB à transição pactuada* com a burguesia[37] e com a forma autocrático-burguesa, que agora iniciava seu caminho para institucionalizar-se no âmbito de uma *legalidade burguesa* estrutural e geneticamente vinculada à *autocracia burguesa*, como já fizera em 1945[38]. Na sequência dos debates e do amadurecimento de suas críticas ao Comitê Central, Prestes lançou sua *Carta aos comunistas* em finais de março de 1980, em que sintetiza suas críticas fundamentais à direção do PCB e ressalta de saída, a necessidade de *superação crítica* das deliberações do VI Congresso, que já não correspondiam às necessidades históricas do movimento operário e popular. Mais ainda, além da irresponsabilidade e da incompetência do Comitê Central em relação à segurança partidária, Prestes denuncia também as boatarias e calúnias que setores da direção nacional lançavam contra ele e a seus aliados por apego aos cargos do partido[39]. Ao mesmo tempo que não se exime de responsabilidade pelos erros cometidos, Prestes aponta duramente o oportunismo, o carreirismo e o compadrio, a falta de princípios e democracia interna, além da ausência de uma política de quadros, como algumas das razões da decadência moral e política de um Comitê Central exaurido e acovardado diante dos desafios apresentados pela realidade nacional. Nesse sentido, Prestes ressalta: "para cumprir o papel revolucionário de dirigir a classe operária e as massas trabalhadoras rumo ao socialismo, é necessário um partido revolucionário

---

[37] Ver "Nota [de Prestes] distribuída à imprensa", *Folha de S.Paulo*, 27 mar. 1980, citado em Anita Leocadia Prestes, *Luiz Carlos Prestes*, cit., nota 17, p. 488.

[38] No chamado processo de redemocratização de 1945, a "configuração da legalidade burguesa [...] está no fato de que própria 'redemocratização' *não rompe com a autocracia burguesa*. Articulada pela habilidade histórica dos políticos burgueses, a 'redemocratização' realizou-se 'pelo alto', cooptando os setores populares que se organizavam e grupos políticos incipientes. Uma vez estruturada a transição e a legitimação desse processo, novamente as organizações populares seriam postas à margem, como ocorreu com a cassação do PCB e de sua bancada" (Antonio Carlos Mazzeo, *Burguesia e capitalismo no Brasil*, cit., p. 38).

[39] Ver Luiz Carlos Prestes, *Carta aos comunistas* (São Paulo, Alfa-Ômega, 1980), p. 12 e 13.

que, baseado na luta pela aplicação de uma orientação política correta, conquiste o lugar de vanguarda reconhecida da classe operária"[40].

A *Carta aos comunistas* é um documento contundente porque aponta a fragilidade de uma política que adere à *transição* (transada) da *forma-Estado* bonapartista para um pretenso Estado democrático de direito que objetivamente *não rompe com a autocracia burguesa. Ao contrário, seria a sua institucionalização sob o manto da legalidade burguesa.* Na *Carta*, Prestes propõe que o partido não ignore a necessidade da ampla aliança com setores antiditatoriais. Mas, por outro lado, delineia o espectro *tático-estratégico* do PCB na perspectiva de organizar e unificar a luta de classes com a elevação do nível de intervenção política da classe operária. Também amplia a crítica ao reformismo do Comitê Central, quando reafirma a necessidade de se romper com aqueles que defendem frear a luta para "evitar tensões" e salvar as alianças espúrias com a burguesia[41]. Nesse sentido, Prestes aponta o caráter da frente a ser construída, que, em sua avaliação, deveria ser popular, com hegemonia dos trabalhadores, e cujo programa deveria ser antimonopolista, anti-imperialista, antilatifundiário e, *in limine, anticapitalista*, direcionado para a construção de um núcleo efetivo de ação socialista[42].

Prestes, ao romper com o Comitê Central do PCB, foi coerente com as suas convicções, aliás, marca histórica de seu caráter, de uma vida grandiosa e trágica, dedicada ao proletariado brasileiro e à revolução socialista. Apostou no futuro, na militância comunista, na classe trabalhadora e nas massas populares. Alguns historiadores, cientistas sociais e militantes, dos quais este autor, entendem que, se Prestes houvesse chamado uma Conferência Extraordinária de Reorganização Partidária, teria conseguido dar a guinada pretendida e derrotar o oportunismo do Comitê Central. Talvez isso pudesse ter acontecido. Mas o velho *Cavaleiro da Esperança* não esperou para ver. Lançou-se rapidamente à luta pela organização da classe, na perspectiva revolucionária. Seguiu combatendo, como sempre, com altivez, dignidade, coerência ética, moral e firmeza ideológica, até o fim.

A resistência da militância e a luta interna

Prestes denunciou e pôs a nu um núcleo dirigente degradado, débil e disposto a aliar-se à *transição pactuada* proposta pela ditadura. Ainda que seja consenso entre

---

[40]   Ver ibidem, p. 16 e 17.

[41]   Ibidem, p. 28-9.

[42]   Ibidem, p. 28, 29, 30, 34 e 35.

pesquisadores da esquerda brasileira e militantes históricos do PCB que naquele Comitê Central havia também um minoritário grupo de sinceros e dedicados comunistas, verifica-se ao mesmo tempo que este era *absolutamente despreparado* para travar a luta necessária que se escancarava diante do proletariado brasileiro e que, *in limine,* findou por *alinhar-se* às posições da direção nacional, de franca maioria oportunista e antirrevolucionária. Com Prestes fora do partido, o grupo do *pântano*, conformador hegemônico do *centro pragmático* do Comitê Central, hegemonizou a estrutura partidária, consolidando e *aggiornando* a linha reformista de conciliação de classes desenhada no VI Congresso. No Comitê Central havia basicamente três grupos: o *centro pragmático* (o *pântano*), herdeiro do *núcleo dirigente-tardio*[43]; os *eurocomunistas*; e uma *esquerda* minoritária, com forte identidade com as teses de Prestes, da qual alguns membros se aproximavam das linhas teórico-revolucionárias comunistas latino-americanas mais à esquerda. Sem a presença de Prestes, o Comitê Central, buscando consolidar-se como direção partidária, investiu contra a fração eurocomunista e interveio no jornal *Voz da Unidade*, bastião dessa fração autodenominada "renovadores", que acabou perdendo espaços importantes na estrutura orgânica e nas direções intermediárias do partido, como o Comitê Estadual de São Paulo, e gradativamente muitas de suas lideranças abandonaram o PCB e rumaram para o PT. Alguns se aproximaram do quercismo (núcleo do MDB liderado por Orestes Quércia) e, depois, do PSDB, através do grupo de Alberto Goldman, um dos primeiros ultrarreformistas a deixar as fileiras do PCB, pela direita.

Para ampliar sua duvidosa legitimidade e, ao mesmo tempo, acomodar um setor da militância que expressava posições mais à esquerda e fazia pressão por mudanças na linha política cristalizada e referenciada no VI Congresso, o Comitê Central convocou atabalhoadamente um congresso, sem abrir discussões democráticas no partido e, o que foi mais grave, desconsiderando a condição objetiva de que, na ilegalidade do PCB, havia uma forte possibilidade de que os órgãos repressivos pudessem inviabilizar o congresso. Pois foi exatamente o que aconteceu. Apenas se iniciaram os trabalhos, os agentes da repressão invadiram o local onde estava sendo realizado o Congresso e prendeu delegados e militantes[44].

---

[43] Ver, neste volume, p. 79-83, em que analisamos a construção histórica do grupo dirigente-tardio.

[44] Como sintetiza Dulce Pandolfi: "O VII Congresso do PCB estava sendo realizado em dezembro de 1982 em um prédio comercial no centro de São Paulo [praça Dom José Gaspar]. No momento em que eram iniciados os trabalhos, sob a direção de Giocondo Dias, os congressistas foram surpreendidos com a invasão dos órgãos de segurança no recinto. Os congressistas foram detidos, mas liberados pouco tempo depois" (*Camaradas e companheiros*, cit., nota 1, p. 222).

Do VII Congresso, iniciado em 1982 e concluído apenas em 1984, emerge um documento, em muitos aspectos ambíguo, que expressava a luta interna sem quartel que se instalara no PCB. Intitulado *Uma alternativa democrática para a crise brasileira*[45], apresentava-se vago e generalista no âmbito das formulações político-programáticas, mas, ao mesmo tempo, abria discussões sobre temas e perspectivas mais à esquerda, denotando as evidentes pressões das bases partidárias sobre a necessidade do avanço das ações revolucionárias na sociedade brasileira e, sem dúvida, repercutindo as posições e os debates mais avançados que Prestes iniciou com a militância de base do partido[46]. Mas por trás dessas referências táticas do Comitê Central, havia de fato um descompasso no "que fazer?" após um congresso concluído sem a dinâmica do amplo debate, e até "providencialmente" invadido pela polícia, o que, por um período, possibilitou um respiro ao núcleo hegemônico para que tivesse tempo para agir. No fundamental, apesar dos espaços mais à esquerda, o VII Congresso acabou reafirmando as estratégias consagradas no congresso anterior, definindo o apoio à frente ampla e demarcando um dos elementos nodais da *transição pactuada*. Isso possibilitou a construção da *institucionalização da autocracia burguesa*, travestida de "Estado democrático de direito" (hegemonizado pela burguesa), que constituirá a *Nova República*. Na legalidade desde maio de 1985, o PCB autorizou sua bancada a ir ao Colégio Eleitoral e legitimar a *transição pactuada*, apoiando a convocação da Assembleia Constituinte. Ainda que criticasse o governo Sarney por não romper com um projeto econômico fundado na concentração de renda e na falta de políticas sociais de inclusão de um grande contingente de trabalhadores excluídos, o partido acabou apoiando o Plano Cruzado, em 1986, e integrou-se às ações demagógicas de controle de preços, conclamando seus militantes a atuar como "fiscais do Sarney".

Mas havia *oposição à maioria do pântano e vida inteligente e revolucionária* na militância do PCB. Os núcleos de resistência de esquerda, marxistas-leninistas, encontravam-se nas bases partidárias e nas direções intermediárias, nos comitês

---

[45] PCB, *Uma alternativa democrática para a crise brasileira* (São Paulo, Novos Rumos, 1984).

[46] Como podemos ver nessa passagem do referido documento: "A luta por um Estado democrático, capaz de erradicar da nossa sociedade a tradição autoritária, elitista e excludente e em cujos quadros seja possível acumular forças e avançar no rumo das transformações revolucionárias, constitui o aspecto nuclear da incorporação ao processo revolucionário de massas de milhões de trabalhadores, bem como de uma estreita aliança das demais classes e camadas oprimidas e exploradas com a classe operária e da afirmação por esta, da sua hegemonia [...] A constituição e o desenvolvimento deste bloco de forças têm seu eixo de gravidade na centralidade da classe operária na sociedade brasileira [...]" (ibidem, p. 161-2).

estaduais e nos comitês municipais, que se articulavam para dar combate ao reformismo capitulacionista do Comitê Central e à clara intenção liquidacionista dos ultrarreformistas. Isso significa que, para o PCB, foi um momento de grandes e decisivos combates internos, em que a debilidade ideológica de um Comitê Central senil e de uma significativa parte despolitizada da militância expressou-se numa luta interna dura, encarniçada e, em muitos momentos, sem princípios. Nesse processo, uma oposição à maioria do Comitê Central articulou-se e passou a lutar pela reorganização do PCB, recusando-se a abandonar o partido e travando uma luta "por dentro" da estrutura orgânica partidária[47]. As lutas internas e, principalmente, a linha de apoio e unidade com a *transição pactuada*, capitaneada pela burguesia, levaram ao constante desgaste do partido, e esse aspecto reforçava o confronto da militância com a linha oficial do Comitê Central, como vemos em artigo de um destacado dirigente do Comitê Municipal de São Paulo. Vinculado à "articulação por dentro", Carlos Alberto Noronha, o "Carleta", na "Tribuna de Debates" do jornal *Voz da Unidade*, em junho de 1986, que aponta para uma direção radicalmente oposta àquela implementada pela maioria do Comitê Central:

A garantia da democracia não é o alinhamento automático, acrítico, ao governo da Aliança Democrática. Impulsionar a luta de classes do operariado, camponeses e assalariados, não constitui ameaça à Democracia [...]. Devemos nos apresentar como um partido que quer e tem vocação para o poder. Não como um apêndice de forças que hoje governam. Nosso projeto é a implantação do socialismo no Brasil, não há por que escamotear isto. Temos uma concepção própria da democracia que evidentemente não se confunde com a da burguesia. Não é admissível a exaltação da democracia genérica, como se os problemas econômicos, sociais e políticos pudessem ser resolvidos à margem ou por cima da luta de classes. Nosso projeto entende (ou deveria) a defesa da democracia com participação popular e justiça social. Somos antimonopolistas e antilatifundiários. Em síntese, somos revolucionários. Capazes de oferecer ao povo brasileiro um programa que defenda a democracia até suas últimas consequências, mas abra caminho para a revolução socialista. É um suicídio político vincular nossa ação programática ao projeto burguês chamado Nova República. Para isto existem o PMDB, o PFL, o PTB e outros.[48]

---

[47] Ver Antonio Carlos Mazzeo, "A crise do PCB", cit., p. 91.

[48] Carlos Alberto Noronha, "Transição ou transação?", *Voz da Unidade*, 13-19 jun. 1986.

198 SINFONIA INACABADA

De modo que o conflito intestino escancarado e as manipulações, principalmente por parte do núcleo hegemônico no Comitê Central, *determinam* a urgência da convocação do VIII Congresso Extraordinário do PCB, realizado de 17 a 19 de junho de 1987, um congresso que pudemos definir como um congresso de "ajuste" das tendências e correntes internas e de demarcação de posições do núcleo hegemônico do Comitê Central. Mas, apesar da maioria de delegados – composta por militantes disciplinados por anos de clandestinidade que ainda acompanhavam, muitas vezes acriticamente, as decisões da direção partidária –, a esquerda do PCB conseguiu avanços, inserindo na linha política do partido propostas mais contundentes para disputar o movimento operário com a social-democracia (a maioria hegemônica no PT), apostando em algumas categorias e sindicatos sobre os quais o partido ainda tinha influência, em estados como São Paulo, Rio de Janeiro e Minas Gerais. Dentre essas propostas, estava a necessidade de o partido se afirmar como o organismo político no qual os comunistas deveriam atuar com disciplina, resgatando o centralismo democrático, e contra as atitudes liberalizantes que assolavam o PCB. Mas continuam presentes teses como a questão democrática, tratada diferentemente a cada item da Resolução, sempre no âmbito do *taticismo* e como a visão que *priorizava* a questão eleitoral e institucional da democracia[49]. No VIII Congresso, o núcleo hegemônico do Comitê Central, em seu derradeiro ato, e já *integrado politicamente* ao grupo dos "ultrarreformistas", elegeu para a presidência (secretaria-geral) do partido um homem de sua confiança, Salomão Malina (que substituiu Giocondo Dias, já bastante doente), e, para a vice-presidência, o deputado federal Roberto João Pereira Freire.

Assim, o intenso grau de luta interna possibilitou, antiteticamente, que se abrissem espaços para novos componentes na direção nacional partidária. Por sua sobrevida, o *pântano* se prestou a uma "composição política" de integração *subsumida* ao grupo "ultrarreformista", que, sob a liderança de Roberto Freire, já escancarava suas propostas de liquidar e fundar um outro partido, na perspectiva

---

[49] Ver *VIII Congresso (Extraordinário) do Partido Comunista Brasileiro, junho de 1987* (São Paulo, Novos Rumos, 1987). Também podemos detectar a entrada ou o reforço no Comitê Central de membros do grupo ultrarreformista, como Roberto Freire, José Antonio Segatto e Jarbas de Hollanda, e, por outro lado, de membros de setores mais à esquerda, como o líder bancário Ivan Pinheiro, o livreiro e editor Raimundo Jinkings, a militante feminista Ana Montenegro, Paulo Cavalcanti, Juliano Siqueira e o professor José Paulo Netto. No grupo do pântano, além dos que estavam em Moscou, ressaltamos a *continuidade da presença do delator* "agente" Vinícius/Severino Teodoro Melo, *alçado a membro* da Comissão Executiva do Comitê Central. Ver ibidem, p. 81, 82 e 83.

do que chamavam uma "nova" forma-partido, englobando, além dos comunistas, outros grupos ideopolíticos, como os verdes, os liberais, os sociais-democratas e os nacionalistas. Essas posições aparecerão nas teses para o IX Congresso, como vemos nesse trecho:

> Não recolherá [o PCB] em suas organizações nem atrairá para a sua política massas de milhões se insistir em manter a doutrina oficial – marxismo-leninismo [...] sem confrontação, no contexto das teorias sociais e políticas progressistas e democráti-cas – inclusive religiosas [...] Há que se estabelecer o pluralismo marxista em nossa organização [...] Ora, essa formulação não serve à construção de um instrumento de transformação da sociedade socialista futura, a qual, obviamente não poderá se moldar nas estruturas e concepções do Partido.[50]

Se, por um lado, a *integração subalterna* do *pântano* aos liquidacionistas de Roberto Freire garantiu maioria no Comitê Central e nas direções intermediárias, permitindo assim a manutenção do velho dogmatismo pragmático stalinista – que, retocado e *atualizado* pelo grupo pragmático, continuou a ser um operador político conveniente e levou o PCB a acordos e alianças oportunistas e sem princípios ideológicos claros[51] –, por outro, essa *integração* possibilitou o controle da máquina partidária e, ao mesmo tempo, *consolidou* a *cooptação orgânica e subalternizada do pântano pelos "ultrarreformistas/liquidacionistas"*, na medida em que o velho núcleo dirigente *exaurido e teoricamente débil* já não tinha forças para continuar a exercer sua hegemonia constituída pelas circunstâncias históricas fortuitas do exílio em Moscou, longe das bases partidárias e da realidade brasileira. A *integração* ao *grupo liquidacionista* objetivamente *soldou o projeto de dissolução do partido* em uma *nova agremiação*, nos moldes das diretrizes e das ações realizadas no PCI, em sua fase terminal.

O núcleo dirigente decadente aprestou sua saída de cena pelas portas dos fundos da história, integrando-se gostosamente aos grupos e projetos que tinham por objetivo a destruição do PCB.

---

[50] *Teses para o IX Congresso do PCB* (São Paulo, Novos Rumos, 1991), citado em Luiz Carlos de S. N. da Gama et al., *IX Congresso do Partido Comunista Brasileiro: caminhos e descaminhos, coletivo do PCB/Florianópolis* (Florianópolis, PCB/SC, set. 1991), p. 18.

[51] Ver Antonio Carlos Mazzeo, "A crise do PCB", cit., p. 92-3.

O embate decisivo: continuidade na descontinuidade

As ações de resistência se ampliavam e ganhavam significação dentro do partido. A articulação dos núcleos marxistas e marxistas-leninistas impôs derrotas políticas e morais significativas ao Comitê Central, como a decisão da maioria dos militantes sindicais comunistas de filiar-se à CUT, à revelia do CC, em um encontro sindical nacional do PCB, ou ainda a derrota nas eleições municipais de 1989, em São Paulo, quando o candidato ultrarreformista imposto às bases pela direção nacional, Jarbas de Holanda (que depois será *assessor* de Paulo Maluf), foi derrotado nas instâncias partidárias, lideradas pelo núcleo marxista-leninista Articulação por Dentro – apesar da recusa ferrenha do Comitê Central e de seu grupo no Comitê Estadual paulista, outro candidato (Luís Carlos Moura) foi indicado, forçando a retirada da candidatura de Holanda, e, mesmo com o boicote das direções nacional e estadual, o candidato da "articulação por dentro" é foi eleito[52]. Essa *oposição por dentro da estrutura partidária*, "a princípio desarticulada, inicia sua real inserção no seio do Partido, a partir do VIII Congresso, em 1987, *não como uma tendência*, mas como uma *corrente ideológica* socialista-revolucionária, cujo objetivo é resgatar a orientação marxista e revolucionária abandonada pelo exaurido núcleo burocrático-hegemônico do Partido"[53]. Um número significativo de quadros sindicais ligados aos movimentos de massas, e também de intelectuais militantes do PCB, alinhava-se às posições dessa corrente interna que pugnava por um partido renovado em suas práticas e ideias – expurgado dos reformistas e dos dissidentes do projeto histórico-revolucionário dos comunistas –, orientado por um marxismo vivo e calcado na contemporaneidade, em contraposição ao senil "marxismo de fachada" de um núcleo dirigente no qual se reuniam dogmáticos envergonhadamente stalinistas e ex-comunistas que desejavam liquidar o PCB e partir por caminhos que não contemplassem o compromisso com a luta de classes e, principalmente, com a revolução socialista. Objetivamente, a crise do PCB estava encilhada com a própria crise do MCI e a progressiva falência das experiências socialistas na Europa. A emblemática queda do Muro de Berlim, em novembro de 1989, e a extinção da União Soviética, em dezembro de 1991, expressaram o melancólico colapso ideológico e político-econômico da primeira experiência socialista da humanidade e criaram as condições para que a reação

---

[52] Ver Edmílson Costa, "A reconstrução revolucionária do PCB: balanço da resistência até a conferência de reorganização de 1992", *Novos Temas*, n. 7, 2012, p. 243 e seg.

[53] Antonio Carlos Mazzeo, "A crise do PCB", cit., p. 92.

burguesa organizasse a ofensiva neoliberal e contrarrevolucionária ao socialismo e às conquistas históricas dos trabalhadores de todo o mundo. A crise ideológica da *classe* já vinha se aprofundando com as restruturações produtivas e as ações de *captação das subjetividades* dos trabalhadores, robustecidas por fortíssimas campanhas e propagandas anticomunistas na mídia mundial, desde a esfera cultural até a religiosa (como ficou patente nas ações políticas reacionárias e prosélitas do papa polonês Karol Wojtyla/João Paulo II), passando pelo soturno e trágico desmantelamento do PCI, o maior partido comunista do Ocidente, em seu XX Congresso, em janeiro de 1991. O novo núcleo dirigente hegemônico do PCB, sob comando dos liquidacionistas de Freire, aproveitou-se dessa grave situação histórica e, oportunisticamente, lançou confusas análises e sinuosas propostas para confundir a militância e a sociedade, com o intuito deliberado de preparar um congresso que deveria seguir o modelo da tragédia italiana. A direção hegemônica do partido se movimentava, buscava alianças políticas fora da organização para reforçar suas posições e criar uma opinião pública a seu favor. Filiaram ao PCB pessoas sem tradição e convicção socialistas e comunistas; aproximaram-se de "personalidades" políticas genericamente de "esquerda" ou de artistas de passado respeitável, mas que já não militavam organizadamente e se encontravam sem rumo socialista na luta concreta. Para testar força e ampliar a hegemonia, convocaram o IX Congresso (realizado em maio e junho de 1991 na Universidade do Estado do Rio de Janeiro) e *apresentaram a proposta de mudar o nome do partido*, mas retiram-na logo em seguida, taticamente, quando verificaram a impossibilidade de sua aprovação pelos delegados. Apesar dos esforços para desmontar o partido e desmoralizar seus referenciais teóricos e simbólicos, os grupos fracionistas não conseguiram convencer a militância de que a foice e o martelo, *símbolo histórico da aliança entre os trabalhadores do campo e os da indústria* (sempre "incômodo" para os afeitos às ações eleitoreiras dos reformistas), deveriam ser extirpados e o partido deveria ser "teoricamente laico", isto é, não deveria ter uma linha teórica oficial, mas, ao contrário, assumir uma postura eclética e incorporar outras vertentes teóricas, além do marxismo. Contra as posições que se cristalizavam cada vez mais na cúpula partidária e em reduzidos setores de filiados que orbitavam em torno da direção nacional, a militância mais aguerrida, mais consistente ideológica e politicamente, movimentava-se.

Em novembro de 1991, a militância que se aglutinava em torno do Comitê Municipal de São Paulo, e estava em franca oposição à direção nacional do PCB, lançou a *Plataforma da Esquerda Socialista*, que analisava a conjuntura política internacional, a crise das experiências socialistas na Europa e fazia a crítica de fundo à linha política errática e reformista da Comitê Central, escancarando os verdadeiros objetivos da maioria da direção nacional: desmontar o PCB e transformá-lo em um tipo de federação de vertentes e tendências ideológicas social-democráticas mais palatáveis à pequena burguesia e a setores da aristocracia operária[54]. A *Plataforma da Esquerda Socialista* denunciava também o desordenamento partidário provocado pela opção institucionalista e eleitoreira, que chamou de "voluntarismo evolucionista", referindo-se às práticas oportunistas que acabaram por isolar o PCB nos movimentos sociais[55]. Mas o documento *não se restringia à denúncia*. Ao avançar nas críticas ao Comitê Central, delineou o que estava em disputa, isto é, o *protagonismo revolucionário* e, portanto, a intenção de organizar uma oposição substantiva para tirá-lo das mãos de uma direção que, indiscutivelmente, traía o partido e deveria ser urgentemente expurgada do PCB:

> Queremos transformar o PCB num instrumento novo e qualificado para dirigir a revolução brasileira. Um partido combativo, renovado nos métodos, na maneira de agir, no relacionamento entre camaradas e que busque a organização de nosso povo, o vanguardeamento de suas lutas – nas fábricas, nos campos, nos bancos, nos escritórios, no comércio, nas escolas secundaristas, nas universidades, nos movimentos comunitários, no Parlamento. Um partido que será educado na perspectiva da revolução social e política e na transformação da sociedade brasileira e, por isso, profundamente vinculado ao socialismo [...] Antes de tudo, temos uma tarefa muito grande, sem a qual poderemos sequer sonhar como esse partido novo: organizar em cada núcleo, em cada zona, em cada cidade, em cada Estado a "esquerda socialista" e forjar uma nova hegemonia no partido, de forma a sairmos vitoriosos no congresso.[56]

---

[54] Como vemos no documento, "o que está em jogo é a própria existência do partido como organização marxista revolucionária [...] Enquanto isso, a militância assiste perplexa e desorientada a ofensivas desses setores (os eurocomunistas etc.), que sob o manto de uma nebulosa modernidade, buscam a descaracterização do PCB, visando transformá-lo em mais uma organização social-democrata, que teria como meta apenas administrar de maneira mais competente o sistema capitalista" (*Plataforma da Esquerda Socialista*, citado em Edmílson Costa, "A reconstrução revolucionária do PCB", cit., p. 244).

[55] Ibidem, p. 245. O documento denuncia o desmonte proposital do partido e, indiretamente, refere-se à saída de militantes de base e de alguns intermediários combativos, além de uns poucos intelectuais com alguma expressividade social, que em sua maioria optaram por engrossar tendências existentes no PT.

[56] Idem.

No Rio de Janeiro, em 1991, foi lançado o documento *Pela renovação revolucionária do PCB*, com mais de quinhentas assinaturas de militantes do estado. Ele também fazia duras críticas à direção nacional partidária e denunciava a "parceria conflitiva entre capital e trabalho" e a aliança do Comitê Central com os eurocomunistas, realçando que essa "estranha unidade" tinha por objetivo a liquidação do partido[57]. O documento do Rio de Janeiro também escancarou o *cerne da luta*, quer dizer, a necessidade de *hegemonia da classe trabalhadora* e do *protagonismo revolucionário* na direção do PCB:

> A manutenção e revalorização de nossos símbolos são fundamentais, não só pelo que representam em termos de lutas das quais nos orgulhamos, mas também porque ainda estão carregados da mística e da esperança no homem novo e na nova sociedade [...] Os que assinam esse manifesto consideram que é inadiável uma profunda renovação revolucionária do PCB, que o torne apto a conduzir, ao lado de outras forças, a luta pela construção, no Brasil, de uma sociedade socialista fundada na democracia participativa das massas e no exercício democrático do poder pelos trabalhadores, organizados sob hegemonia da classe operária.[58]

Como podemos verificar, tanto o documento de São Paulo como o do Rio de Janeiro referiam-se à situação de crise extrema em que se encontrava o MCI e, em particular, o PCB, na acirrada *luta (de classes)* que se travava *abertamente entre liquidacionistas e comunistas* e da qual emergiram duas concepções de partido.

De um lado, a concepção da direção nacional, claramente de *ruptura* com o clássico conceito lenineano de *partido de novo tipo*, propunha estruturar uma forma partido que não somente *retrocedia* em relação ao acúmulo construído pelo próprio movimento comunista[59], como se remetia à visão histórica de partido burguês de viés reformista, já denotando que a reação às teorias de Marx, Engels

---

[57] Ver *Pela renovação revolucionária do PCB* (Rio de Janeiro, 1991), arquivo do autor.

[58] Ibidem, p. 1 e 4.

[59] As movimentações estudantis de Maio de 68, que eclodiram inicialmente na França e depois em todos os países europeus e em alguns países latino-americanos, propiciaram um amplo e positivo debate entre os partidos comunistas e organizações de vezo comunista sobre os problemas de estruturação do partido revolucionário, realizado nas revistas dessas organizações comunistas. Na América Latina, essas organizações se tornaram amplamente conhecidas nas publicações dos *Cuadernos Pasado y Presente*, das Edições Pasado Y Presente, na Argentina, ao longo dos anos 1968, 1969 e em parte da década de 1970.

e Lênin sobre o partido revolucionário retomava forçosamente, como dissemos acima, tanto o debate da superada forma organizativa da social-democracia como a requentada proposta do "socialismo liberal", que de socialismo não tinha nada e se referendava, dentre outros, em teorias fundamentadas na sociologia e na teoria política alemã de vezo kantiano e weberiano (o centro "racional-legal" da teoria de Weber), na visão idealista de Norberto Bobbio, na soberania contratualizada da sociedade civil e no institucionalismo idealista de Talcot Parsons e Robert Merton.

De outro lado, os núcleos marxistas, tanto os que se expressavam pelos dois documentos citados como outros coletivos de defesa do partido que acabaram aderindo aos eixos delineados pelos documentos de São Paulo e Rio de Janeiro, enunciavam a necessidade de *retomar a trajetória do PCB e as contribuições históricas do MCI, depuradas de seus erros e equívocos e debilidades teórico-práticas* (inclusive os próprios erros e limitações do PCB), e renovar a ação política pela base, elevando a *centralidade do trabalho* na estrutura organizativa do PCB e reafirmando o marxismo-leninismo como elemento fundamental da *forma partido revolucionário*. Mais ainda, a defesa do partido implicava a exclusão dos revisionistas e a organização de uma sólida direção revolucionária, referenciada nos movimentos operários, dos trabalhadores das diversas ordens produtivas, dos precarizados e dos movimentos sociais, assim como na literatura revolucionária dos clássicos do marxismo e nas reflexões intelectuais revolucionárias contemporâneas.

De modo que o IX Congresso do PCB ocorre no contexto de uma divisão irreconciliável e de radical luta de classes no Brasil e no mundo. Mesmo sem ter convencido a militância de suas teses reformistas e de liquidação do partido, o Comitê Central apresenta arrogantemente um caderno de teses, intitulado *O Brasil dos comunistas*[60], no qual desenvolve a caracterização das "rupturas" a serem feitas. Por uma noção distorcida das ideias de Lênin, o documento ataca o *centralismo democrático*: "A renovação do Partido não pode ser feita sem a revisão do princípio diretor de sua estrutura e funcionamento: o centralismo democrático [...]. Não é suficiente o retorno à formulação leninista"[61]. Mais adiante, acusa esse mecanismo fundamental para a dinâmica democrática da vida partidária de "antidemocrático"[62], mas oculta o consenso teórico, construído ao longo da história dos partidos de

---

[60] IX Congresso do PCB, *O Brasil dos comunistas: a direção nacional do PCB apresenta aos militantes do Partido e à sociedade brasileira as suas ideias para um país democrático e socialista* (São Paulo, PCB, 1990).

[61] Ibidem, p. 12.

[62] Idem.

vezo leninista, de que o *centralismo democrático*, em seu princípio fundamental, não somente *garante o pleno debate de opiniões e ideias*, como também *possibilita a aplicação unitária* de uma linha ou política partidária, após amplos debates, seguidos pela votação de uma determinada questão. O documento da maioria do Comitê Central, ao aprofundar a *manipulação e a distorção dos conceitos lenineanos e leninistas*, também *explicita o elemento burguês fragmentador da unidade organizativa* a ser proposta, e ressalta que as eleições internas deveriam ser secretas e pulverizadas nas instâncias partidárias, sem o debate amplo, franco e democrático dos perfis dos candidatos aos postos dirigentes, e que o *cargo de secretário-geral deveria ser extinto*. Além disso, a proposta da maioria da direção nacional era a de permitir a presença, nas fileiras do partido, de *"personalidades" e não filiados* para "ampliar o debate[63]. Mas o elemento central da tese para o IX Congresso era a *mudança do nome e dos símbolos* do PCB:

> A partir desse conjunto de reflexões é que *precisamos enfrentar a questão do nome e dos símbolos do Partido.* Ambos obedeceram em sua criação a uma decisão política, mas, como era natural, adquiriram com o tempo uma forte carga emocional e simbólica que não pode ser desprezada, mas que também não pode nos levar à irracionalidade e ao ritualismo religioso, que nem sequer admitem a discussão do problema. O importante é que *o conjunto dos filiados*, amigos e eleitores seja ouvido, com o fim de encontrar o máximo de correspondência entre nomes e símbolos e o caráter de nossa organização.[64]

O trecho acima escancara o cinismo de um núcleo dirigente que se transformou em *usurpador-liquidacionista da direção do PCB. Além de renegar sua história e a de seus milhares de militantes,* denominou ironicamente *O Brasil dos comunistas* uma tese que apontava para o *desmantelamento* do mais antigo partido comunista do país e o apagamento de uma importante história nas lutas da sociedade e dos trabalhadores e trabalhadoras do Brasil. Tentando descaracterizar as essências revolucionárias do PCB, como o centralismo democrático, a teoria social de Marx, Engels e Lênin como referenciais teórico-práticos do partido e o símbolo da foice

---

[63] Como ressalta o documento: "As eleições do Partido devem ser secretas, cabendo a cada organização [das instâncias partidárias] o direito de regulamentá-las como julgar melhor. A secretaria-geral (atualmente presidência) deve ser extinta, estabelecendo-se o rodízio na coordenação dos trabalhos da Executiva e do Secretariado" (idem).

[64] Ibidem, p. 13; grifos nossos.

e do martelo, chamando os militantes de "filiados", o que no passado constituiu o antigo grupo pragmático do Comitê Central assumia agora a feição manifesta e deletéria de candidatos a algozes e coveiros do comunismo brasileiro.

Diante desses ataques frontais à estrutura do PCB, a reação da militância comunista se intensificou e rapidamente fez circular documentos de todas as partes do país que contestavam as teses do grupo liquidacionista, chamando os militantes para a defesa intransigente do partido. O Comitê Central, por sua vez, em face das pressões dos militantes do partido, por todo o país, foi obrigado a abrir espaço para o lançamento de chapas no Congresso, algo inusitado na vida orgânica dos partidos comunistas de todo o mundo. Nesse contexto, foi publicado o documento mais contundente contra o liquidacionismo da maioria dos membros do Comitê Central, passando a expressar a unidade de amplos setores militantes de todo o país. Esse documento de defesa do partido intitulava-se *Fomos, somos e seremos comunistas* e vinha acompanhado de um contundente cartaz de Oscar Niemeyer, que foi reproduzido e vendido para angariar fundos para o núcleo de resistência à destruição partidária. Foi um verdadeiro vagalhão que engolfou o Comitê Central, que já contava com a vitória no Congresso. O documento, que passou a representar a chapa do mesmo nome, liderada por Oscar Niemeyer e pelo núcleo de oposição por dentro, ressaltou a importância do IX Congresso e demonstrou que ali estava em jogo o futuro do PCB e dos princípios que nortearam gerações de lutadores comunistas[65]. Como ressaltou o documento:

> Estamos nesse congresso para defender o PCB, seu nome e seus símbolos, buscar a renovação pelo rumo revolucionário, torná-lo um partido combativo e um instrumento qualificado para dirigir as lutas sociais no Brasil [...]. Aqui estamos em defesa do marxismo como princípio filosófico e metodológico dos comunistas e em defesa do socialismo. Por tudo isso estamos em oposição às teses do núcleo dirigente do partido e, principalmente, a toda tentativa de transformar o PCB numa organização social-democrata, que tenha como perspectiva administrar o capitalismo e ser parceiro conflitivo da burguesia [...]. Por que nos opomos a esse núcleo dirigente? Porque a política encaminhada nos últimos dez anos nos levou a sucessivas derrotas. Os exemplos mais trágicos dessa política foram o apoio ao governo Sarney, quase até o final de seu mandato; a política sindical de apoio à CGT e acordos com notórios pelegos, que teve como consequência derrotas e isolamento entre os trabalhadores, com perda

---

[65] *Fomos, somos e seremos comunistas: aos companheiros delegados do IX Congresso do PCB*. Rio de Janeiro, maio de 1991.

de influência nas entidades e ativistas sindicais; a política de alianças à direita, que nos fez perder vereadores, deputados e quadros e, também, nos reduziu à insignificância em termos eleitorais [...] São erros demais para uma só direção – uma década de derrotas. O mais grave é que essa direção, sem uma rigorosa autocrítica, busca se apegar ao poder levantando, por oportunismo, a bandeira da chamada modernidade e renovação. Esse núcleo dirigente sofreu um esgotamento de seu entendimento da realidade brasileira e, portanto, perdeu a credibilidade para encaminhar o processo de mudanças de que o nosso partido necessita. Para uma nova política precisamos de novos dirigentes [...] Por isso, companheiros e companheiras, estamos apresentando a vocês uma alternativa que rompe com aqueles que querem a social-democracia como perspectiva para o nosso partido [...] A ação do nosso partido deve estar voltada para a superação do sistema capitalista e a construção de uma sociedade socialista.[66]

Essa linha de oposição radical aos liquidacionistas balizou os duros embates no IX Congresso. Na acirrada disputa, é de se notar que o Comitê Central sofreu grandes derrotas e não teve nem mesmo condições de votar seu projeto de mudança do nome e dos símbolos do partido. No processo congressual, inscreveram-se três chapas, algo inusitado na história recente dos partidos comunistas em todo o mundo. A chapa oficial do Comitê Central, Socialismo e Democracia; a da esquerda atuante na oposição por dentro, *Fomos, Somos e Seremos Comunistas*; e uma terceira chapa, constituída por militantes do Rio Grande do Sul, que se denominava Política de Esquerda pelo Novo Socialismo e divergia da linha do Comitê Central, mas não assumia todas as diretrizes da "articulação por dentro". Em seu conjunto, a oposição conquistou praticamente a metade das cadeiras do Comitê Central, se levarmos em conta os resultados: 53% para a chapa oficial; 36,5% para a *Fomos, Somos e Seremos Comunistas* e 10,5% para a chapa do Rio Grande do Sul. Em outras palavras, *in limine* 47% dos delegados votaram contra o Comitê Central, embora este, nos dias de congresso, tivesse pressionado a militância a votar com a direção nacional, escondendo seu real interesse de destruir o partido. No cômputo geral, apesar da vantagem numérica dos liquidacionistas, 6% a mais do total dos votos, a pífia maioria conquistada significou objetivamente a derrota e a desmoralização do Comitê Central diante de uma expressiva votação contrária da militância. Mais ainda, o grupo liquidacionista teve de aceitar uma nova composição no comitê, o que dava maior força para o combate das propostas de destruição do PCB. Desse modo, mesmo com a maioria dos membros da direção, o Comitê Central sofreu

---

[66] Idem, 1, 2 e 3.

208 SINFONIA INACABADA

fragorosa derrota, considerando-se que suas propostas mais importantes foram rejeitadas. Mesmo assim, os liquidacionistas atentaram imediatamente contra o estatuto, a cultura e a história do partido. Mediante um golpe no plenário do Congresso, esvaziado e já em processo de encerramento, o então secretário-geral do PCB (naquele momento, denominado presidente), Salomão Malina, indicou como seu sucessor o deputado por Pernambuco e líder dos liquidacionistas Roberto João Pereira Freire:

> passando por cima do recém-eleito CC e das normas estatutárias do Partido, que determinam ser o secretário-geral eleito pelo CC e não pelo plenário do Congresso, marcando assim o início do projeto de destruição aberta e assumida do PCB. Seguiram-se a isso manobras divisionistas por parte da maioria do CC, como reuniões paralelas da parte da Comissão Executiva do CC, das quais a esquerda era excluída [...].[67]

Mas esse foi apenas o primeiro *round* da luta final contra os liquidacionistas. A situação dramática na União Soviética e seu colapso em dezembro de 1991 criaram uma funda crise no MCI e acirraram ainda mais a luta interna no PCB. Diante dos acontecimentos, quando um núcleo de dirigentes do PCUS articulou uma ação política para substituir Mikhail Gorbachev, colocando-o em prisão domiciliar e constituindo um "Comitê de Emergência do Estado" para dirigir o país, o grupo de Freire convoca oportunisticamente uma reunião extraordinária da Comissão Executiva Nacional, em Brasília, para analisar e posicionar o partido diante os dramáticos eventos que ocorriam na União Soviética. Na reunião, a comissão majoritariamente condenou o "golpe", já que a maioria da esquerda presente se absteve de votar. Apenas dois membros votaram a favor das ações do Comitê de Emergência do Estado. Como narra Edmilson Costa:

> A Comissão Executiva Nacional divulgou um documento condenando o golpe, em que afirma: "A Comissão Executiva Nacional vem a público manifestar seu protesto contra a derrubada do presidente da URSS, Mikhail Gorbachev, através de um golpe de Estado, da violação do Estado de Direito Democrático e à legalidade constitucional [...] A solução de força à crise política, social e econômica experimentada pela Rússia e demais repúblicas da URSS contribui para a volta do clima da 'guerra fria' em todo o mundo. É, portanto, equivocada e merece o repúdio dos comunistas brasileiros".

---

[67] Antonio Carlos Mazzeo, "A crise do PCB", cit., p. 94.

Os dois membros da Executiva, Antonio Carlos Mazzeo e Edmílson Costa, também divulgaram um documento, onde lamentam o desfecho da perestroika e da glasnost, mas apoiam o Comitê de Defesa do Estado: "A crise econômica, política, étnica e social estava levando o país ao caos, ao estado de desagregação, ingovernabilidade e à anarquia [...] Por tudo isso, entendemos que o novo Comitê de Emergência do Estado, ao restaurar a governabilidade, a integridade territorial e barrar a guerra civil que se avizinhava, deve merecer o apoio de todos os comunistas do mundo".[68]

Na reunião, decidiu-se reunir o Comitê Central para a convocação de um congresso extraordinário do PCB. Reunido em 31 de agosto e 1º de setembro, o comitê convoca o Congresso Extraordinário para janeiro de 1992, sem teses, sem *tribuna de debates* e com uma pauta significativa: mudar o nome do partido, seu símbolo e sua linha política.

Ato contínuo, a maioria do Comitê Central iniciou uma série de manobras para garantir sua vitória no congresso convocado, criando "normas" congressuais absolutamente *fora* das diretrizes determinadas pela cultura histórica e pelo estatuto partidários. Como de hábito, os liquidacionistas criaram uma comissão sem discussão no conjunto da Executiva para preparar as normas do congresso, que foram divulgadas em um jornal extrapartidário, o *Partido Novo*. Segundo o folhetim, as normas haviam sido "aprovadas" pela Comissão Executiva Nacional – *ad referendum* da maioria de seus componentes – e, dentre outras violações da estrutura partidária, constava que *não filiados poderiam participar do congresso, com direito a voz e voto*, desde que participassem de assembleias reconhecidas pelo Diretório Regional ou Executiva Nacional, nas quais se reunissem no mínimo dez pessoas. Além disso, havia a presença de uma figura insólita, a dos participantes "não estruturados", algo absolutamente desconhecido e estranho à vida partidária desde a sua fundação, em 1922. *Estavam constituídos os elementos antiestatutários, ilegais e contra a história e a tradição comunista para fraudar e possibilitar um golpe na militância, caso os liquidacionistas não conseguissem maioria no congresso.*

No entanto, a reunião do Comitê Central em 31 de agosto e 1º de setembro, em Brasília, não significou uma aceitação passiva da proposta de desmonte do PCB. O núcleo comunista do Comitê Central decidiu criar o Movimento Nacional de Defesa do PCB, escrevendo um manifesto em que denunciava as

---

[68] Edmílson Costa, "A reconstrução revolucionária do PCB", cit., nota 29, p. 255. Tanto os documentos da Comissão Executiva Nacional como o dos dois membros da Executiva dissidentes foram divulgados à imprensa em 20 de agosto de 1991.

210 SINFONIA INACABADA

manobras golpistas do grupo liquidacionista e reafirmava a decisão de manter vivo o partido. Foi convocado um Encontro Nacional em Defesa do PCB para outubro, na cidade do Rio de Janeiro, e a militância foi chamada a cerrar fileiras em torno do partido[69]. O que é consenso entre os analistas e militantes do PCB é que, daquele momento em diante, existiam na prática "dois partidos", que, por sua vez, acumulavam forças de um lado e de outro para levar a cabo suas intenções. Os liquidacionistas maquinavam suas alianças e, por intermédio de Roberto Freire, aliaram-se a setores conservadores – brasileiros e estrangeiros –, iniciando furiosos ataques a dirigentes do partido na grande imprensa e defendendo o fim do PCB[70]. Em sua intenção de destruir o PCB, os liquidacionistas tentaram registrar o nome e o símbolo do PCB no Instituto Nacional da Propriedade Industrial (INPI), além de outras iniciativas degradantes, como doar documentos históricos do partido à

---

[69] Os principais pontos do documento *Os membros do Comitê Central do Partido Comunista Brasileiro abaixo assinado resolvem* destacavam: "Manifestar seu mais veemente repúdio à postura liquidacionista da maioria do Comitê Central, que convocou um Congresso Extraordinário, com a finalidade exclusiva de tentar extinguir nosso partido, criando outro em seu lugar; Denunciar que essa convocação representa a capitulação ante a histeria anticomunista surgida após os acontecimentos da União Soviética e um golpe contra as deliberações do IX Congresso; Reiterar a inabalável determinação de manter o PCB, de fato e de direito, com seu nome e símbolos como herdeiro político do MCI, da rica tradição de lutas dos comunistas brasileiros e do legado ideário de Marx, Engels, Lênin e outros pensadores revolucionários; Criar, a partir desta data, o *Movimento Nacional de Defesa do PCB*, como instrumento para preservar e fortalecer o nosso Partido [...] Convocar para os dias 12 e 13 de outubro de 1991, na cidade do Rio de Janeiro, o Encontro Nacional em Defesa do PCB, para que sejam discutidas, aprovadas e implementadas medidas necessárias à preservação, à renovação e ao fortalecimento do PCB [...] Reiterar a solidariedade do PCB a todos os povos que lutaram por sua liberdade e pelo socialismo [...] Conclamar a militância do PCB, em especial os sindicalistas do partido, a participar do Congresso da Central Única dos Trabalhadores, contribuindo para seu fortalecimento enquanto instrumento essencial na luta por melhores condições de vida e por uma sociedade mais justa; Resgatar a centralidade da Luta pela Soberania Nacional na conjuntura que hoje enfrentamos no Brasil, empreendendo as ações necessárias para sua implementação [...] Criar as condições para que a juventude comunista se organize, destacando a importância do seu papel na continuidade da nossa luta [...]" (IX Congresso do Partido Comunista Brasileiro, *Caminhos e descaminhos*, cit., p. 83, 84 e 85). Assinam 29 membros do Comitê Central. Coordenavam o Movimento de Defesa do PCB Antonio Carlos Mazzeo; Carlos Telles; Edmílson Costa; Ivan Pinheiro; Luiz Carlos Gama; Milton Pinheiro; Moacir Dantas; Raimundo Jinkings; Trajano Jardim e Zuleide Faria de Melo.

[70] Notadamente, os ataques eram contra Edmílson Costa e Antonio Carlos Mazzeo. Eram acusados de golpistas por terem apoiado publicamente o *Comitê de Emergência do Estado*, contra o desmonte da União Soviética.

Fundação Roberto Marinho. Enquanto isso, os comunistas se preparavam para as batalhas futuras: registraram o nome Partido Comunista em cartório como recurso jurídico para o resgate do nome PCB.

O X Congresso Extraordinário, sem teses previamente discutidas com a militância e tendo como pauta a mudança de nome e dos símbolos do partido, foi realizado em 25 e 26 de janeiro de 1992, no teatro Zaccaro, na cidade de São Paulo. Para esse evento, os liquidacionistas prepararam um cenário hostil e ameaçador: contrataram um duvidoso serviço de "segurança" privada, a *Fonseca's Gang*, que distribuiu homens vestidos de preto por todo o plenário, na tentativa de constranger e inibir os delegados de oposição. Além desse recurso intimidador, os liquidacionistas puseram em prática as "normas" antiestatutárias que haviam elaborado para conduzir o andamento das atividades congressuais, apesar dos protestos e da ilegalidade já denunciada pelos comunistas do Comitê Central e das bases partidárias.

> O principal expediente utilizado pelo grupo majoritário para derrotar a esquerda do PCB no Congresso Extraordinário foi a criação dos "fóruns socialistas", que permitiu a eleição de delegados, com direito a voz e voto, entre pessoas que não pertenciam às fileiras partidárias. Com esse mecanismo exterior à estrutura orgânica do PCB, os grupos de Freire e Malina [que se fundem para destruir o partido] conseguiram uma fictícia maioria [...].[71]

Por outro lado, o Movimento Nacional de Defesa do PCB já havia decidido não reconhecer um X Congresso manipulado, cuja operação de eleição de delegados havia sido fraudada pelo núcleo liquidacionista através dos famigerados "fóruns socialistas". Nesse sentido, a militância foi previamente convocada para uma Conferência Nacional Extraordinária de Reorganização do PCB no Colégio Roosevelt, a pouco mais de um quilômetro de distância do teatro Zaccaro. O Movimento de Defesa do PCB mobilizou os delegados de todo o país e, rapidamente, organizou as condições para a recepção e acomodação dos 560 delegados de todos os cantos do Brasil que se somariam aos delegados de São Paulo. Os delegados se reuniram no Colégio Roosevelt no dia 25 de janeiro e, por volta das 7 horas da manhã, realizou-se uma assembleia que deliberou a ida de todos ao teatro Zaccaro não somente para denunciar um congresso espúrio, mas também para explicitar as razões de sua não participação em uma farsa anunciada e conhecida de toda a esquerda

---

[71] Antonio Carlos Mazzeo, "A crise do PCB", cit., p. 95.

brasileira. Ato contínuo, os delegados comunistas saíram em passeata pelas ruas de São Paulo, carregando bandeiras do PCB e cantando "A Internacional" até o local do congresso, no primeiro dia de suas atividades. O grupo liquidacionista, com ajuda da "segurança" privada, tentou barrar a entrada dos delegados (que tinham sido legitimamente eleitos nas assembleias para o congresso), mas, diante da pressão e da indignação de seiscentos delegados (incluídos os de São Paulo) contra uma verdadeira farsa montada, chegou-se ao acordo de que haveria duas intervenções dos comunistas e duas do grupo liquidacionista e a entrada foi permitida.

Uma das intervenções contundentes dos comunistas foi a do dirigente Ivan Martins Pinheiro. Ele denunciou o golpe que os liquidacionistas pretendiam dar no partido e reivindicou a sigla e a história do PCB, declarando o não reconhecimento de um congresso estruturado a partir de inúmeras violações da democracia interna e dos estatutos do partido:

> Nós queremos deixar com clareza aqui que nós estamos em São Paulo simultaneamente reunidos na Conferência de Reorganização do Partido Comunista Brasileiro. E queremos comunicar aos companheiros que a primeira reunião desta Conferência, em sua plenária, com mais de quinhentos companheiros que estão aqui presentes, decidiu, por unanimidade, que nós não vamos participar deste congresso. Que não reconhecemos. É um congresso espúrio, é um congresso manipulado, é um congresso que não teve Tribuna de Debates, é um congresso que entrou quem quis [...] estamos saindo deste congresso espúrio. Mas não estamos saindo do Partido Comunista Brasileiro. Quem está saindo do Partido Comunista Brasileiro, quem está renegando suas origens, quem está renegando sua história, quem está negando 1922 e, principalmente, 1917 são aqueles que estão aqui hoje, não mudando o nome do Partido Comunista Brasileiro, mas criando um novo partido [...]. Eles acharam que a gente ia fugir da luta [...] nós estamos comunicando aqui que vamos sair e queremos acabar com esse baile de máscaras. As nossas divergências são inconciliáveis. E os companheiros não estão liquidando o Partido a partir da convocação do 10º Congresso. Estão liquidando o partido desde que chegaram do exílio e botaram este partido para ser um instrumento de amaciamento da luta de classes [...] nós queremos mudar este Partido. A bandeira da mudança do Partido está conosco, porque ficaremos nele. [...] Agora seremos o estuário dos comunistas brasileiros. Viva o Partido Comunista Brasileiro! Viva o socialismo! Viva o comunismo![72]

---

[72] Discurso de Ivan Martins Pinheiro no Congresso não reconhecido pelos delegados comunistas do PCB, em Hiran Roedel (org.), *Atitude subversiva: biografia de Ivan Pinheiro* (Rio de Janeiro, Fundação Dinarco Reis, 2000), p. 108, 109 e 110.

UNA SINFONIA IN DISCONTINUA CONTINUITÀ – PCB: DO "RACHA" DE 1992 À RECONSTRUÇÃO REVOLUCIONÁRIA   213

Após as intervenções, que provocaram reações acaloradas e emocionais, contra e a favor dos grupos em disputa – destacamos ainda a emocionante fala de Ana Montenegro em defesa do PCB e contra os liquidacionistas, levantando o plenário em aplausos e gritos de apoio, diante do silêncio envergonhado dos liquidacionistas –, o núcleo comunista do Comitê Central, a chapa Fomos, Somos e Seremos Comunistas e os seiscentos delegados a favor da continuidade do partido saíram do plenário cantando "A Internacional" e gritando vivas ao PCB. Não podemos deixar de registrar os momentos dramáticos e comoventes que se deram naquele instante. Muitos casais presentes no plenário se dividiram. Companheiras e companheiros abandonaram seus cônjuges, namorados e namoradas e se juntaram aos comunistas que deixavam o plenário. Houve um ambiente de forte emoção, de lágrimas, gritos e até alguma hostilidade entre ex-camaradas, os que saíam e os que ficavam legitimando o embuste. Amigos e camaradas de uma vida romperam vínculos pessoais e de militância, e muitos deles, nunca mais se falaram. Pessoas atônitas olhavam sem nada dizer! Mas também se via no rosto dos que abandonavam o teatro Zaccaro a esperança da continuidade do PCB e da luta pelo socialismo!

Essa sensação de esperança se confirmou no entusiasmo das propostas e nos debates realizados nos dois dias da Conferência Extraordinária de Reorganização, em que se discutiu e implementou muitas das teses defendidas pela esquerda do PCB. Ao final dos trabalhos, elegeu-se um novo Comitê Central, com a tarefa de levar adiante a reconstrução revolucionária do PCB. O comitê foi composto por 39 membros efetivos e 12 suplentes[73]. Com a resolução política que elencou um programa de lutas de treze pontos, o PCB constituiu resolutamente todos os elementos necessários para se manter vivo e, diferentemente do que afirmavam alguns jornalistas e historiadores precipitados, sobreviveu e desencadeou um longo processo de Reconstrução Revolucionária, que chegou à sua maturidade nos anos 2020. Foram 28 anos de lutas e muitas dificuldades para um partido que atingiu sua maturidade e se prepara para disputas políticas mais fundas, no âmbito das organizações revolucionárias que se propõem construir o socialismo no Brasil, contrariando, assim, as catástrofes "anunciadas", os juízos proféticos e as Cassandras de plantão que prenunciavam seu fim[74].

---

[73]   A Comissão Executiva Nacional foi composta pelos seguintes membros: Horácio Macedo (presidente); Ivan Pinheiro (vice-presidente); Zuleide Faria de Melo; Antonio Carlos Mazzeo; Edmílson Costa; João de Deus Rocha; Maria E. Pereira; Paulo Gnecco; Raimundo Jinkings; Roberto Gusmão e Trajano Jardim. Ver Edmílson Costa, "A reconstrução revolucionária do PCB", cit., nota 44, p. 264.

[74]   Como podemos ver nas palavras apressadas da historiadora Dulce Pandolfi sobre o "futuro" do PCB: "Memória dividida, identidade dividida? De fato, o grupo minoritário continuou

A determinação de manter vivo o partido foi enorme e exigiu sacrifícios descomunais da militância. O Movimento de Defesa do PCB, para garantir a continuidade do partido e prevenir-se contra manobras e aleivosias jurídicas dos liquidacionistas, havia, como dissemos, registrado em cartório o "Partido Comunista". Em sua primeira cláusula, explicitava que se tratava de uma sigla para garantir a continuidade do PCB e que se autodissolveria com a retomada legal do partido. Mas a luta pela continuidade do PCB se deu sobretudo nos embates dentro do movimento político-social dos trabalhadores e no Tribunal Superior Eleitoral (TSE). Em agosto de 1992, o PCB recebeu seu registro definitivo, pondo fim à disputa por seu nome e seus símbolos.

Mais do que uma vitória legal, foi uma *vitória política* do grupo comunista do Comitê Central, com grande significado. Não somente pelos 36,5% que constituíram a chapa liderada emblematicamente por Oscar Niemeyer – que empenhou seu nome e seu prestígio internacional para alavancar a defesa intransigente do PCB –, mas sobretudo por seu *aspecto qualitativo e histórico*, exatamente por ser o núcleo ideopolítico que se opôs desde a primeira hora à destruição do PCB e ao cancelamento de seu nome, de sua história e da história de milhares de militantes abnegados que deram a vida pela causa do comunismo. Além disso, foi uma vitória muito positiva no âmbito do acirramento da luta de classes, enquanto *afirmação ideológica comunista e anticapitalista* (havia apenas um ano da implosão do PCI), se levarmos em conta a ordem internacional neoliberal que se consolidava e o momento histórico adverso e de ampla histeria anticomunista após a *débâcle* da União Soviética, tanto no que se refere à direita internacional, que passou a surfar na crise para atacar os direitos dos trabalhadores em todo o mundo, como no que diz respeito a uma certa "esquerda" oportunista, que se aproveita da crise das experiências socialistas para construir uma hegemonia nos moldes rebaixados da social-democracia. Não podemos esquecer que esta última rumou para a conciliação mais degradada com os interesses dos monopólios imperialistas, como os ex-comunistas italianos e seu Partido Democrático da Esquerda, a "nova forma partido" com a qual elegeram presidente do Conselho de Ministros da Itália Massimo D'Alema, ex-dirigente e destacado membro do Comitê Central do PCI,

---

percebendo-se através do slogan 'Fomos, Somos e Seremos Comunistas'. Para eles, 'o Partido Comunista Brasileiro não morreu. Existe e resiste'. E, o outro grupo, dispondo da maioria do Comitê Central, não adiou para um futuro muito longínquo a implementação do novo projeto. Em menos de um ano decretou 'oficialmente' a extinção do PCB" (*Camaradas e companheiros*, cit., p. 242).

com a condição de participarem ativamente do bombardeamento da Iugoslávia, por imposição dos Estados Unidos e da OTAN[75].

A construção da teoria da revolução socialista no Brasil

Como vimos, o PCB teve indiscutivelmente um importante papel de protagonismo no amplo quadro da resistência à ofensiva neoliberal, mantendo acesa a ideia de uma contraposição socialista e proletária ao projeto burguês e social-democrata. Entre 25 e 28 de março de 1993, o PCB convocou o X Congresso. Como evidenciou o professor Horácio Macedo, presidente do partido eleito, nesse congresso consolidaram-se as posições revolucionárias dos que se mantinham na oposição "à linha liquidacionista e de direita da antiga direção, hoje de mente e coração ligada à classe dominante brasileira":

> Com o X Congresso, o PCB volta a adotar uma linha política de esquerda coerente, sem transigências com o capitalismo nacional nem com o imperialismo transnacional, e acena com a necessidade de um entendimento geral entre as forças de esquerda consequentes – com a proposta da construção de um Bloco Político Proletário – para que possam trabalhar não só pela construção de uma sociedade socialista no país,

---

[75] Como consta matéria do jornal *Il Riformista*, o primeiro-ministro, Massimo D'Alema, assumiu o cargo em outubro de 1998, quando o cenário de conflito armado já era uma hipótese concreta. Na verdade, D'Alema explica ao jornal que "a intervenção iminente *foi um dos motivos que o levaram ao Palazzo Chigi*", sede oficial e residência do primeiro-ministro italiano. Como declarou: "Para ser mais preciso, o despacho da Lei, que é essencialmente o mecanismo fornecido pela OTAN com o qual as forças armadas de cada país são alertadas e à disposição do comando geral, já havia sido aprovado pelo governo Prodi [que o antecedeu]. Um fato mal considerado. Em vez disso, foi uma das razões pelas quais, após a queda de Prodi, Scalfaro excluiu que pudesse haver eleições antecipadas. Lembro-me que o chefe de Estado me disse: 'Estamos em estado de pré-guerra, nestas condições em nenhum estado civil o Parlamento é dissolvido'. Gostaria que se tivessem em conta as reconstruções desse período, muitas vezes imaginativas [...]". Ao final, o entrevistador pergunta a D'Alema se, após as primeiras vítimas civis dos bombardeios, ele "nunca teve um momento de arrependimento por suas escolhas". D'Alema responde: "Sem arrependimento, nunca. No entanto, continuo pensando que não era necessário bombardear Belgrado. Acho que sempre é preciso certa medida e inteligência no uso da força, mas defendo o princípio de que há momentos em que isso é inevitável, quando se trata de defender valores como os direitos humanos, que não podem ser dispensados em nome da soberania nacional" ("Intervistato da Stefano Cappellini", *Il Riformista*, 24 de março de 2009).

mas também pela construção de uma ordem internacional oposta à dominação das grandes potências capitalistas.[76]

O envio de mensagens de saudação de partidos comunistas, como o argentino, o chileno, o francês, o colombiano, o uruguaio, o chinês, o russo etc., e a presença de representantes de vários partidos comunistas do mundo, como o cubano, o português, e de outros partidos brasileiros, assim como de figuras proeminentes da esquerda brasileira, como o intelectual e deputado Florestan Fernandes, e representantes da Ordem dos Advogados do Brasil, da Associação Brasileira de Imprensa e do Movimento Tortura Nunca Mais, evidenciaram a importância não somente da luta pela continuidade do PCB, mas também da linha política que se desenhava nas diretrizes dos comunistas brasileiros.

Nesse congresso, objetivamente se pavimentou e *se consubstanciou o caminho para a ruptura com a visão etapista e nacional-libertadora* que historicamente informava a leitura da realidade do PCB, assim como condicionava seus delineamentos estratégico-táticos e suas alianças políticas. Nesse sentido, um dos elementos essenciais da guinada interpretativa do partido, manifesta nas resoluções do X Congresso, foi a abordagem histórico-teórica da *forma* de inserção do país na economia mundial, quer dizer, do papel da economia nacional no concerto da divisão internacional do trabalho, a partir da discussão sobre o caráter da *formação social* brasileira, enquanto *particularidade histórica*, justamente quando define, no âmbito da objetivação da sociabilidade brasileira, a histórica subsunção da economia e da burguesia nacional ao imperialismo, relevando-a no contexto do capitalismo mundial, como "a contradição norte-sul entre países ricos e países pobres, a contradição entre a riqueza desmedida e a pobreza absoluta". Indo mais além, o documento já apontava uma tendência – que se aprofundará a partir de 2008 na esfera da recomposição da economia mundial e da nova inserção das burguesias e das economias latino-americanas – de um redimensionamento de suas atividades para assumirem "o papel de parceiro produtor de serviços e de bens de exportação, de áreas de investimentos em alguns setores industriais, e principalmente de mercado para a aplicação de capitais"[77], situando, assim, o novo caráter do capitalismo e a função das economias *subalterno-complementares* do concerto econômico mundial. Ainda salientava que o novo padrão industrial e as novas tecnologias diminuem a

---

[76] Horácio Macedo, "Apresentação", de *X Congresso do PCB, resoluções políticas* (Rio de Janeiro, PCB, 1993), p. i.

[77] *X Congresso do PCB, resoluções políticas*, cit., 1.10 e 1.11.

presença de trabalhadores na produção direta e, consequentemente, aumentam o desemprego. Ao mesmo tempo, destacava que, para os países periféricos, o grande desafio é a superação do atraso tecnológico, que demanda uma luta permanente por independência e autonomia na pesquisa científica etc.

Esses aspectos abordados pelo documento congressual denotam, de um lado, a sofisticação analítica presente nas elaborações do X Congresso e, por outro, a necessária ruptura com a análise meramente politicista que a velha e decrépita linha partidária priorizava e que reforçava a perspectiva de que as oscilações da burguesia brasileira *expressam* sua forma de inserção subordinada, sempre adaptada à divisão internacional do trabalho proposta pelo imperialismo, notadamente o estadunidense. No XI Congresso, realizado em março de 1996, o partido continuou aprofundando e aprimorando a construção de uma *teoria do Brasil*, e a partir de uma robusta análise histórica do desenvolvimento do capitalismo brasileiro, após a "Revolução de 1930", o partido abordou os elementos essenciais das determinações sociometabólicas da *particularidade* capitalista brasileira e de suas conexões com a conformação geral do modo de produção capitalista em sua fase monopolista, com predominância do capital financeiro, e os elementos determinantes de sua integração subordinada aos polos imperialistas daquele momento. O fundamental das resoluções é a consequência dessas análises socioeconômicas, isto é, a reafirmação da impossibilidade de alianças com a burguesia "nacional" e, principalmente, as pretensões quiméricas de uma "revolução" democrático-burguesa:

> Desfizeram-se, assim, os últimos resquícios da antiga ilusão das forças populares que vincula os projetos de transformação da sociedade à aliança com o que então se chamava de "burguesia nacional". O acirramento – a níveis jamais registrados em nossa história – da contradição fundamental entre capital e trabalho exclui qualquer possibilidade de revolução burguesa, governo nacional-popular, frente nacional anti-imperialista, frente antiliberal ou qualquer outro projeto que envolva a aliança estratégica dos trabalhadores com a burguesia ou setores dela.[78]

Essas diretrizes desenham, de um lado, o direcionamento para a interpretação caio-pradeana da constatação de que a burguesia brasileira nunca teve uma característica nacional e, de outro, que o caráter da revolução brasileira não pode ser nacional-democrático. Ao contrário, a luta anti-imperialista deve se dar no âmbito do campo popular contra a burguesia subalterno-associada ao imperialismo – e

---

[78] *Resoluções do XI Congresso do PCB* (Rio de Janeiro, Fundação Dinarco Reis, 1996), p. 14.

218 Sinfonia inacabada

da qual é um dos pilares – deve ser por meio de alianças internacionalistas com a classe operária e as forças populares de outros países[79].

Independentemente de um acentuado generalismo na análise das condições da luta anti-imperialista que, de certa forma, *solipsisou o aprofundamento analítico sobre a* questão da luta objetiva na *particularidade histórica* nacional, em grande medida o PCB avalia corretamente e avança mais do que as outras organizações e partidos políticos de esquerda no que se refere à análise da processualidade brasileira, exatamente por compreender a situação econômico-política do Brasil no concerto imperialista mundial, definido como a segunda maior economia das Américas, inserida estruturalmente na reprodução ampliada do capital mundial.

Esse avanço evidenciou-se já no XII Congresso, em março de 2000[80], e, mais claramente, nas resoluções do XIII Congresso, realizado em março de 2005, nas quais é aprofundada a análise do capitalismo brasileiro, definido como monopolista e de "estrutura completa", exatamente por possuir setores que produzem bens de produção, bens de capital e bens de consumo duráveis e não duráveis, de setor agrícola e de serviços integrados ao sistema financeiro. No entanto, mesmo tendo caracterizado corretamente o capitalismo brasileiro como "completo", as resoluções incorrem na imprecisão de não considerar as regiões de menor desenvolvimento econômico como integradas no âmbito da *especificidade histórico-particular* do capitalismo brasileiro, quando as caracteriza como áreas de economia "pré--capitalistas"[81]. Ora, a dinâmica econômica dessas áreas menos desenvolvidas do país – em geral movidas por estruturas de produção de mercadorias resultantes de atividades tradicionais, imediatamente inseridas nas *formas* de coleta ou extração direta de seivas naturais (realizadas em regiões de florestas), agricultura comunitária, produção pecuarista familiar, cooperativas pesqueiras, produção de artesanatos etc. – *objetivam-se integradas* na própria dinâmica geral e hegemônica da economia nacional, seja pelo fornecimento de matérias-primas para as indústrias ou setores de exportação e mercados internos regionais, seja pelo consumo das mercadorias produzidas no conjunto da economia do país, atividades essas que se desenvolvem *subordinas* às regras do mercado capitalista. Caio Prado Jr., agudamente, percebe esse elemento de *particularidade histórica*, já em seu *História econômica do Brasil,* cuja primeira edição é de 1945. Referindo-se à extração da borracha, destinada ao mercado mundial desde 1827, Prado Jr. ressalta:

---

[79] Ver idem.

[80] Ver *Resoluções do XII Congresso do PCB* (Rio de Janeiro, Fundação Dinarco Reis, 2000), p. 22.

[81] Ver ibidem, p. 16.

[a] exploração da borracha far-se-á sempre pelos mais rudimentares processos. Será tipicamente uma indústria de selva tropical, tanto nos seus aspectos técnicos, como nos econômicos e sociais [...] O trabalhador constituirá sua choupana na boca da estrada, e cada manhã sairá a percorrê-la e colher a goma [...] As poucas folgas, largamente espaçadas, serão aproveitadas para uma visita ao "centro", núcleo e sede da propriedade, onde reside o *seringalista* [...] ou mais comumente o administrador. Ele encontrará aí a única diversão que oferece o desolamento da selva: a venda com bebidas alcoólicas. Aí dissipará prontamente o magro salário adquirido [...]. Este pronto desembolso do salário faz parte do sistema de exploração da borracha; é preciso impedir que o trabalhador acumule reservas e faça economia que o tornem independente.[82]

Esse trecho de Prado Jr. demonstra que uma atividade como a extratora, em um meio de economia natural, não pode ser realizada nos moldes clássicos da produção capitalista. Nesse sentido, podemos dizer que persiste nesse tipo de atividade, e por isso mesmo é incorporada no processo produtivo, uma forma arcaica de produção de mercadorias que se remete às formas de *subsunção formal do trabalho* ao capital. O capital, como produtor de laboriosidade alheia, extrator de mais-valor e explorador de força de trabalho, submete e supera tanto em energia como em eficácia as formas históricas de trabalho que o precedem, mas não muda diretamente o regime de produção que existia anteriormente ou uma forma específica *não clássica* de produção[83].

De qualquer modo, o partido amadureceu uma linha analítica de muita profundidade, afastando-se das políticas social-democratas e de conciliação de classe do governo Lula – o que resultou também no aprofundamento da estratégia socialista da revolução brasileira. No XIV Congresso, realizado em outubro de 2009, ao dimensionar o caráter da revolução brasileira, as resoluções superaram o equívoco sobre as "regiões pré-capitalistas" e ampliaram o entendimento de que

---

[82]   Caio Prado Jr., *História econômica do Brasil* (14. ed., São Paulo, Brasiliense, 1971), p. 237-8.

[83]   Como ressaltou Marx, "[...] A partir daqui a produção de mais-valor na forma que vimos estudando, ou seja, simplesmente ampliando a jornada de trabalho, é considerada independente de qualquer mudança no próprio regime de produção, sendo a antiga indústria de panos tão efetiva na moderna indústria de fios de algodão. Analisando o processo de produção do ponto de vista do processo de trabalho, veremos que o trabalhador não se comporta em relação aos meios de produção como capital, mas como simples meio e material para sua atividade produtiva útil" (Karl Marx, *El Capital*, México, FCE, v. I, Seção Terceira, cap. IX, p. 248 [ed. bras.: *O capital*, Livro I: *O processo de produção do capital*, trad. Rubens Enderle, São Paulo, Boitempo, 2013, p. 382]).

toda a economia nacional está subordinada à dinâmica capitalista contemporânea, como vemos no documento congressual:

> sob todos os aspectos, o ciclo burguês consolidou-se plenamente no Brasil. A economia capitalista desenvolveu-se até o estágio monopolista, tendo se constituído uma sociedade civil-burguesa e um "Estado de Direito". O capitalismo brasileiro é parte do processo de acumulação mundial e parte constitutiva do sistema de poder imperialista do mundo, e as classes dominantes brasileiras estão associadas umbilicalmente ao capital internacional. *A burguesia não disputa sua hegemonia contra nenhum setor pré-capitalista; pelo contrário, a luta burguesa se volta contra a possibilidade de uma revolução proletária. As "tarefas em atraso", como a reforma agrária, não são mais tarefas em atraso, mas tarefas deixadas para trás e que não serão realizadas nos limites de uma sociedade capitalista.*[84]

Com essa nova abordagem analítica, o PCB realiza um *salto qualitativo* na proposição da política, decidindo, nesse congresso, a luta pela criação de um bloco revolucionário do proletariado que seria resultante da unidade programática dos setores socialistas e revolucionários da sociedade brasileira. Obviamente, as condições para a construção desse bloco de caráter socialista e de unidade programática vieram de muitos embates e disputas, além de discussões propositivas entre forças socialistas e de esquerda, e seriam balizadas pela dinâmica mesma da luta de classes e pelas alternativas de construção e fortalecimento das organizações revolucionárias. Mas, objetivamente, essas resoluções apontaram para o refinamento das análises dos comunistas, especialmente no XV Congresso, em abril de 2014. Esse congresso foi realizado em meio a uma grave crise do capitalismo, metido em um beco sem muitas saídas, que priorizava o capital financeiro e fustigava os trabalhadores – com cortes nos gastos públicos e arrocho de salários e aposentadorias, além de crescimento do desemprego e tendo pela frente o fantasma da recessão. O pleno desenvolvimento das relações sociais capitalistas, a razão mercadológica e a vigência de uma estrutura estatal hegemonizada pela autocracia burguesa, aliada ao pacto de conciliação de classes estabelecido pelos governos social-democratas – que atuam como operadores dos interesses dos monopólios nacionais e do capital internacional –, não somente desorganizaram a classe, como também a apassivaram, submetendo-a ao projeto de inserção subalterna do capitalismo brasileiro na economia internacional.

---

[84] *Resoluções do XIV Congresso Nacional do PCB* (Rio de Janeiro, Fundação Dinarco Reis, 2009), p. 44; grifos nossos.

A proposta que emergiu do XV Congresso foi a de fortalecimento da luta pela construção do Bloco Revolucionário do Proletariado, conformado no campo proletário e popular,

> fundamentalmente entre os trabalhadores urbanos e rurais, os setores médios prole-
> tarizados, os intelectuais comprometidos com as lutas populares e as massas de pro-
> letários precarizados que compõem a superpopulação relativa [...] O grande desafio
> colocado é superar a dispersão atual do bloco classista, a qual expressa a fragmentação
> da própria classe trabalhadora em virtude centralmente das determinações atuais da
> dominação capitalista [...].[85]

Essa diretriz, que vinha sendo debatida e implementada desde o X Congresso de 1993, quando se instituiu o processo de Reconstrução Revolucionária do PCB, sepultando de vez o reformismo e o vezo nacional-libertador do partido, ganhou força. Naquele momento, o PCB atingiu um novo patamar, inclusive teórico, e alguma inserção nos movimentos de trabalhadores, assim como certo enraizamento nos setores da juventude trabalhadora e universitária, o que ampliou sua ação na disputa de importantes setores sindicais e movimentos populares, investindo em uma política classista de luta. Nesse sentido, o partido vinha atuando também no âmbito de um debate amplo e profundo com a vanguarda proletária e a intelectua-lidade marxista, em seminários, mesas redondas e publicações de sua revista teórica, *Novos Temas*, muito bem avaliada por esses segmentos classistas da sociedade.

Após a funda crise que se abateu sobre o PCB, podemos verificar que, nos anos de luta pela reconstrução do partido, a política pecebista chamou a atenção dos revolucionários, dos setores de vanguarda do proletariado, jovens e intelectuais alinhados às causas populares. O PCB tem todas as possibilidades de florescer, se construir uma linha político-cultural consequente e perfilada com os interesses dos trabalhadores e de todos os explorados pela cruel via capitalista brasileira, de vezo prussiano-colonial.

O PCB poderá *vir a ser* fênix vermelha que reaparece na vida social brasileira, se souber alinhar as lutas práticas com uma rigorosa formulação teórica moderna, oxigenada e fundamentada no materialismo dialético, e que possibilite ao partido caminhar ao lado dos oprimidos, de todos os tipos e de todos os matizes, apontando alternativas e lutando ombro a ombro com os que trabalham e sofrem, mas também forjam o amanhã da emancipação humana.

---

[85] Ver *Resoluções do XV Congresso do PCB* (Rio de Janeiro, Fundação Dinarco Reis, 2014), p. 15.

Luiz Carlos Prestes relendo, em Pernambuco, a *Carta aos comunistas*, que seria discutida com os militantes do estado. Recife, março de 1980. Foto de Roberto Arrais.

FONTES E BIBLIOGRAFIA SELECIONADA

Documentos

ALMEIDA, Francisco (org.). *Brasil com democracia ao socialismo*. 2. ed., São Paulo, Novos Rumos, 1989.

ANUÁRIO ESTATÍSTICO. Distrito Federal, IBGE, 1993.

BUREAU SUL-AMERICANO DA IC. Asmob, B 210.

CENSO INDUSTRIAL DO BRASIL DE 1920. Rio de Janeiro, Ministério da Agricultura, Indústria e Comércio, 1920.

CONSTITUIÇÃO NOVA PARA O BRASIL: proposta para a Constituinte. São Paulo, Novos Rumos, 1986.

D'ALEMA, Massimo. Intervistato da Stefano Cappellini. *Il Riformista*, 24 mar. 2009.

DA GAMA, Luiz Carlos de S. N. et al. *IX Congresso do Partido Comunista Brasileiro:* Caminhos e Descaminhos, Coletivo do PCB/Florianópolis. Florianópolis, PCB/SC, set. 1991.

EL TRABAJADOR LATINOAMERICANO. Asmob, A 309; A 310 (1928-1930), n. 1-26.

FOMOS, SOMOS E SEREMOS COMUNISTAS: aos companheiros delegados do IX congresso do PCB. Rio de Janeiro, maio 1991. Mimeografado.

L'INTERNATIONALE COMMUNISTE (1926-1927). Paris, EDI, 1976.

LA CORRESPONDENCE INTERNATIONALE [órgão da Internacional Comunista], n. 6, 9, 14, 22, 26, 30, 40, 55, 68, 86, 95, 1930.

LA CORRESPONDENCIA SUDAMERICANA, n. 1-31, 1926-1927.

LOS CUATRO PRIMEROS CONGRESOS DE LA INTERNACIONAL COMUNISTA: Primera Parte. Córdoba, PyP, 1973.

LOS CUATRO PRIMEROS CONGRESOS DE LA INTERNACIONAL COMUNISTA: Segunda Parte. Córdoba, PyP, 1973.

MACEDO, Horácio. Apresentação. In: X CONGRESSO DO PCB. *Resoluções políticas*. Rio de Janeiro, PCB, 1993.

O PCB NA LUTA PELA DEMOCRACIA (1983-1985). São Paulo, Novos Rumos, 1985.

OS MEMBROS DO COMITÊ CENTRAL do Partido Comunista Brasileiro abaixo assinado, resolvem (documento de membros do Comitê Central do PCB de 1º de setembro de 1991). In: IX CONGRESSO DO PARTIDO COMUNISTA BRASILEIRO. *Caminhos e descaminhos.* Florianópolis, 1991.

PCB: VINTE ANOS DE POLÍTICA (1958-1979). São Paulo, Lech, 1980.

PCdoB. *Informe político ao Congresso do PC do Brasil* (6º). 1983.

PELA RENOVAÇÃO REVOLUCIONÁRIA DO PCB. Rio de Janeiro, 1991.

RECONSTRUINDO O PCB: Boletim Informativo do Movimento Nacional de Defesa do PCB, fev. 1992.

V CONGRESO DE LA INTERNACIONAL COMUNISTA: Primera Parte. Córdoba, PyP, 1975.

V CONGRESO DE LA INTERNACIONAL COMUNISTA: Segunda Parte. Córdoba, PyP, 1975.

VI CONGRESO DE LA INTERNACIONAL COMUNISTA: Primera Parte. Córdoba, PyP, 1978.

VI CONGRESO DE LA INTERNACIONAL COMUNISTA: Segunda Parte. Córdoba, PyP, 1978.

VII CONGRESSO DO PCB. *Uma alternativa democrática para a crise brasileira:* Encontro Nacional pela Legalidade do PCB. São Paulo, Novos Rumos, 1984.

VIII CONGRESSO (EXTRAORDINÁRIO) DO PARTIDO COMUNISTA BRASILEIRO (junho de 1987). São Paulo, Novos Rumos, 1987.

IX CONGRESSO DO PCB. *O Brasil dos comunistas:* a Direção Nacional do PCB apresenta aos militantes do partido e à sociedade brasileira as suas ideias para um país democrático e socialista. São Paulo, PCB, 1990.

X CONGRESSO DO PCB. *Resoluções políticas.* Rio de Janeiro, PCB, 1993.

XI CONGRESSO DO PCB. *Resoluções políticas.* Rio de Janeiro, Fundação Dinarco Reis, 1996.

XII CONGRESSO DO PCB. *Resoluções políticas.* Rio de Janeiro, Fundação Dinarco Reis, 2000.

XIII CONGRESSO DO PCB. *Resoluções políticas.* Rio de Janeiro, Fundação Dinarco Reis, 2005.

XIV CONGRESSO NACIONAL DO PCB. *Resoluções políticas.* Rio de Janeiro, Fundação Dinarco Reis, 2009.

XV CONGRESSO DO PCB. *Resoluções políticas.* Rio de Janeiro, Fundação Dinarco Reis, 2014.

Livros

AGOSTI, Aldo (org.). *La Terza Internazionale:* storia documentaria. Roma, Editori Riuniti, 1974.

BARATA, Agildo. *Vida de um revolucionário:* memórias. 2. ed., São Paulo, Alfa-Ômega, 1978.

BEZERRA, Gregório. *Memórias.* São Paulo, Boitempo, 2011.

BRANDÃO, Octávio. *Combates e batalhas.* São Paulo, Alfa-Ômega, 1978.

_____. *Agrarismo e industrialismo:* ensaio marxista-leninista sobre a revolta de São Paulo e a guerra de classes no Brasil (1924). Org. Augusto Buonicore, João Quartim de Moraes e José Carlos Ruy, Campinas/São Paulo, Editora da Unicamp/AEL/Anita Garibaldi, 2006.

FONTES E BIBLIOGRAFIA SELECIONADA 225

BROUE, Pierre (org.). *La question chinoise dans l'Internationale communiste (1926-1927)*. Paris, EDI, 1976.

CARONE, Edgard. *O PCB*, v. 2: *1943 a 1964*. São Paulo, Difel, 1982.

_____. *O PCB*, v. 3: *1964 a 1982*. São Paulo, Difel, 1982.

DIAS, Everardo. *História das lutas sociais no Brasil*. São Paulo, Edaglit, 1962.

DIMITROV, Georgi. *Contra o fascismo e a guerra*. Sófia, Sófia Press, 1988.

GODOY, Marcelo. *A casa da vovó*: uma biografia do DOI-Codi (1969-1991), o centro de sequestro, tortura e morte da ditadura militar. São Paulo, Alameda, 2014.

GRAMSCI, Antonio. *Quaderni dal carcere*, v. 4: *Note sul* Machiavelli, *sulla politica e sullo Stato moderno*. Org. Valentino Gerratana. Roma, Editori Riuniti, 1979 [ed. bras.: *Cadernos do cárcere*, v. 3, *Maquiavel. Notas sobre o Estado e a política*. Trad. Carlos Nelson Coutinho, Luiz Sérgio Henriques e Marco Aurélio, 3. ed., Rio de Janeiro, Civilização Brasileira, 2007].

_____. Gli intellettuali. In: _____. *Quaderni del Carcere*. Org. Valentino Gerratana. Roma, Editori Riuniti, 1979 [ed. bras.: *Cadernos do cárcere*, v. 2, *Os intelectuais. O princípio educativo. Jornalismo*. Trad. Carlos Nelson Coutinho, Luiz Sérgio Henriques e Marco Aurélio, 2. ed., Rio de Janeiro, Civilização Brasileira, 2001].

GUZZANTI, Paolo. La Cia non si fidava di DC e PSI e puntò su Berlinguer. *Il Riformista*, 22 nov. 2019. Disponível em: <https://www.ilriformista.it/berlinguer-mon-amour-lattrazione-lattrazione-fatale-della-cia-per-il-pci-13371/>; acesso em: 9 jun. 2020.

HUMBERT-DROZ, Jules. *De Lénine à Staline: Dix ans au service de l'International Communiste (1921-1931)*. Neuchâtel, La Baconnière, 1971.

_____. Sobre los países de América Latina. In: VI CONGRESO DE LA INTERNACIONAL, COMUNISTA. *Tesis, manifiestos y resoluciones*. Buenos Aires, PyP, 1977.

LÊNIN, Vladímir I. Los árboles les impiden ver el bosque. In: _____. *Obras completas*. Madri, Akal, 1977. v. 26.

_____. Cuadernos filosoficos. In: _____. *Obras completas*. Madri, Akal, 1976. v. 42 [ed. bras.: *Cadernos filosóficos: Hegel*. Trad. Paula Almeida, São Paulo, Boitempo, 2018].

_____. *Democracia e luta de classes*. Trad. Paula Vaz de Almeida, São Paulo, Boitempo, 2019.

_____. El izquierdismo, enfermedad infantil del comunismo. In: _____. *Obras completas*. Madri, Akal, 1977. v. 33 [ed. bras.: *Esquerdismo, doença infantil do comunismo*. São Paulo, Símbolo, 1978].

_____. Informe sobre la situación internacional y sobre las tareas fundamentales de la Internacional Comunista. In: _____. *Obras completas*. Madri, Akal, 1976. v. 33.

_____. Dos tacticas de la socialdemocracia en la revolución democratica. In: _____. *Obras completas*. Madri, Akal, 1977, v. 9.

_____. El imperialismo, etapa superior del capitalismo. In: _____. *Obras completas*. Madri, Akal, 1976. v. 13 [ed. bras.: *O imperialismo, estágio superior do capitalismo*. Trad. Avante!, São Paulo, Boitempo, 2021].

_____. Materialismo y empirocriticismo. In: _____. *Obras completas*. Madri, Akal, 1977. v. 14.

_____. Mejor poco, pero mejor. In: _____. *Obras completas.* Madri, Akal, 1976. v. 36 [ed. bras.: in *Últimos escritos e diários das secretárias*, São Paulo, Sundermann, 2012].

_____. El programa agrario de la socialdemocracia en la primera Revolución Rusa de 1905-1907. In: _____. *Obras completas.* Madri, Akal, 1977. v. 13 [ed. bras.: *O programa agrário da social--democracia na primeira Revolução Russa de 1905-1907.* São Paulo, Livraria Editora Ciências Humanas, 1980].

_____. Que hacer? In: _____. *Obras completas.* Madri, Akal, 1976. v. 5. [ed. bras.: *Que fazer?* Trad. Avante!, São Paulo, Boitempo, 2020].

MARGIOCCO, Mario. *Stati Uniti e PCI.* Roma, Laterza, 1981.

MALINA, Salomão. *O socialismo em renovação.* São Paulo, Novos Rumos, 1989.

MARIÁTEGUI, José Carlos. *Textos básicos.* México, FCE, 1991.

MOMESSO, Luiz. *José Duarte:* um maquinista da história. São Paulo, Oito de Março, 1988.

NORONHA, Carlos Alberto (Carleta). Transição ou transação? *Voz da Unidade*, 13-19 jun. 1986.

PEREIRA, Astrojildo. *Ensaios históricos e políticos.* São Paulo, Alfa-Ômega, 1979.

PRADO JR., Caio. *A revolução brasileira.* 6. ed., São Paulo, Brasiliense, 1978.

_____. *História econômica do Brasil.* 14. ed., São Paulo, Brasiliense, 1971.

PRESTES, Luiz Carlos. *Carta aos comunistas.* São Paulo, Alfa-Ômega, 1980.

_____. *União Nacional para a democracia e o progresso.* Rio de Janeiro, Vitória, 1945.

PRESTES, Anita Leocadia. *Luiz Carlos Prestes:* um comunista brasileiro. São Paulo, Boitempo, 2015.

REIS, Dinarco. *A luta de classes no Brasil.* São Paulo, Novos Rumos, 1987.

RODRIGUES, José Honório, *Independência:* revolução e contra-revolução. São Paulo, Edusp/ Livraria Francisco Alves, 1975-1976. 5 v.

ROSENBERG, Arthur. *História do bolchevismo.* Trad. Antonio Roberto Bertelli, Belo Horizonte, Oficina de Livros, 1989.

SCHLESINGER, Rudolf. *La Internacional Comunista y el problema colonial.* Córdoba, PyP, 1974.

STÁLIN, Josef. *Cuestiones del leninismo.* Pequim, Ediciones en Lenguas Extranjeras, 1977.

_____. *O marxismo e o problema nacional e colonial.* São Paulo, Lech, 1979.

TRÓTSKI, Leon. *La Revolución Rusa.* Buenos Aires, Galerma, 1972.

_____. La lezione della Spagna. In: MAITAN, Livio (org.). *Per conoscere Trostskij:* un'antologia delle opere. Milão, Mondadori, 1972.

_____. Rivoluzione mondiale o socialismo in un solo paese? In: MAINTAN, Livio (org.). *Per conoscere Trotskij:* un'antologia delle opere. Milão, Mondadori, 1972.

TSÉ-TUNG, Mao. La lucha en las montañas Chingkang. In: _____. *Obras escogidas.* Madri, Fundamentos, 1974. v 1.

VINHAS, Moisés. *O Partidão*: a luta por um partido de massas. São Paulo, Hucitec, 1982.

BIBLIOGRAFIA E ARTIGOS SELECIONADOS

ABENDROTH, Wolfgang. *A Short History of the European Working Class*. Londres, NLB, 1972.

ABRAMO, Fúlvio. Frente Única Antifascista. *Cadernos Cemap*, n. 1, 1984.

AGOSTI, Aldo. O mundo da Terceira Internacional. In: HOBSBAWM, Eric (org.). *História do marxismo*. Trad. Carlos Nelson Coutinho e Nemesio Salles. Rio de Janeiro, Paz e Terra, 1985. v. 6.

AKAMATSU, Paul. *Meiji 1868:* revolución y contrarevolución en Japón. Madri, Siglo XXI, 1977.

ALVES, Giovanni. *O novo (e precário) mundo do trabalho:* restruturação produtiva e crise do sindicalismo. São Paulo, Boitempo/Fapesp, 2000.

ANDERSON, Perry. *Crise do marxismo:* introdução a um debate contemporâneo. Trad. Denise Bottmann, São Paulo, Brasiliense, 1987.

_____. As Antinomias de Gramsci. In: *Crítica Marxista*. São Paulo: Juruês, 1986.

ANTUNES, Ricardo. *Classe operária, sindicato e partido no Brasil*. São Paulo, Cortez, 1982.

_____. *A rebeldia do trabalho:* o confronto operário no ABC. 2. ed., Campinas, Editora da Unicamp, 1982.

_____. *Adeus ao trabalho? Ensaios sobre as metamorfoses e a centralidade do mundo do trabalho*. 3. ed., São Paulo, Cortez/Editora da Unicamp, 1995.

ARICÓ, José. *Marx e a América Latina*. Rio de Janeiro, Paz e Terra, 1982.

BANDEIRA, Luiz Alberto Moniz. *O ano vermelho:* a Revolução Russa e seus reflexos no Brasil. 2. ed. São Paulo, Brasiliense, 1980.

_____. *O governo João Goulart:* as lutas sociais no Brasil (1961-1964). 2. ed., Rio de Janeiro, Civilização Brasileira, 1977.

BARBOZA FILHO, Rubem. *O conceito de populismo:* uma revisão teórica. Dissertação de mestrado em ciências políticas. Belo Horizonte, Universidade Federal de Minas Gerais, 1980.

BARCELLONA, Pietro. *Diario politico*. Roma, Datanews, 1994.

BATÁLOV, E. *A teoria leninista da revolução*. Moscou. Progresso, 1982.

BEIGUELMAN, Paula. *O pingo de azeite:* a instauração da ditadura. 2. ed., São Paulo, Perspectiva, 1994.

BERBEL, Marcia Regina. *Partido dos Trabalhadores:* tradição e ruptura na esquerda brasileira (1978--1980). Dissertação de mestrado em história, São Paulo, FFLCH-USP, 1991.

_____. *Deputados do Brasil nas Cortes Portuguesas (1821-1822)*: um estudo sobre o conceito de nação. Tese de doutorado em história, São Paulo, FFLCH-USP, 1997.

BERTELLI, Antonio R. *Capitalismo de Estado e socialismo:* o tempo de Lênin (1917-1927). São Paulo, Ipso/IAP, 1999.

BITTENCOURT, Getúlio. *A quinta estrela:* como se tenta fazer um presidente no Brasil. São Paulo, Ciências Humanas, 1978.

BLACKBURN, Robin. *A construção do escravismo no Novo Mundo:* do Barroco ao Moderno (1492--1800). Rio de Janeiro, Record, 2003.

BOBBIO, Norberto. *A era dos direitos.* Trad. Carlos Nelson Coutinho, Rio de Janeiro, Campus, 1992.

_____. *O conceito de sociedade civil.* Trad. Carlos Nelson Coutinho, Rio de Janeiro, Graal, 1982.

_____. *O futuro da democracia:* uma defesa das regras do jogo. Trad. Marco Aurélio Nogueira, Rio de Janeiro, Paz e Terra, 1986.

_____. *O marxismo e o Estado.* Trad. Frederica L. Boccardo e Renée Levie. Rio de Janeiro, Graal, 1979.

BOCCARA, Paul. *O capitalismo monopolista de Estado.* Trad. Rosário Gomes da Silva, Lisboa, Seara Nova, 1977.

BOSCH, Renato Raul. *A arte da associação:* política de base e democracia no Brasil. Trad. Maria Alice da Silva Ramos. Rio de Janeiro, Vértice, 1987.

BRANDÃO, Gildo Marçal. *A esquerda positiva:* as duas almas do Partido Comunista (1920-1964). São Paulo, Hucitec, 1997.

_____. Sobre a fisionomia intelectual do Partido Comunista (1945-1964). *Lua Nova*, n. 15, 1988.

BRAVERMAN, Harry. *Trabalho e capital monopolista.* Trad. Nathanael C. Caixeiro, 3. ed., Rio de Janeiro, Zahar, 1980.

BRUNHOFF, Suzanne de. *A hora do mercado:* crítica do liberalismo. São Paulo, Editora Unesp, 1991.

BUCI-GLUCKSMANN, Christine. *Gramsci e o Estado:* por uma teoria materialista da filosofia. São Paulo, Paz e Terra, 1980.

CANALE, Dario. *O surgimento da seção brasileira da Internacional Comunista (1917-1928).* São Paulo, Anita Garibaldi, 2013.

CANEDO, Letícia Bicalho. *O sindicalismo bancário em São Paulo.* São Paulo, Símbolo, 1978.

CANO, Wilson. *Raízes da concentração industrial em São Paulo.* São Paulo, Difel, 1977.

CARDOSO, Fernando Henrique. *O modelo político brasileiro e outros ensaios.* São Paulo, Difel, 1972.

_____ et al. *Os partidos e as eleições no Brasil.* Rio de Janeiro, Paz e Terra, 1975.

CARDOSO DE MELLO, João Manuel. *O capitalismo tardio:* contribuição à revisão crítica da formação e do desenvolvimento da economia brasileira. 3. ed., São Paulo, Brasiliense, 1984.

CARNOY, Martin. *Estado e teoria política.* Campinas, Papirus, 1984.

BIBLIOGRAFIA E ARTIGOS SELECIONADOS **229**

CAROCCI, Giampiero. *Storia d'Italia:* dall'unità ad oggi. Milão, Fondazione Giangiacomo Feltrinelli, 1975.

CARONE, Edgard. *A Segunda República.* São Paulo, Difel, 1976.

_____. *A República Velha:* instituições e classes sociais. São Paulo, Difel, 1970.

_____. *A Terceira República.* São Paulo, Difel, 1977.

CARR, Edward H. *A Revolução Bolchevique (1917-1923).* Trad. António Sousa Ribeiro, Porto, Afrontamento, 1977.

_____. *The Interregnun.* Londres, Penguin, 1969.

_____. *La Comintern y la Guerra Civil Española.* Org. Tamara Deutscher, Madri, Alianza, 1986.

CARVALHO, L. C. *Nacionalismo e alianças de classe.* Dissertação de mestrado, Unicamp, Campinas, 1976. Mimeografado.

CASTRO, Antonio Barros de; SOUZA, Francisco E. P. *A economia brasileira em marcha forçada.* Rio de Janeiro, Paz e Terra, 1985.

CERRONI, Umberto. *Teoria do partido político.* São Paulo, Lech, 1982.

_____; MAGRI, Lucio; JOHNSTONE, Monty. *Teoria marxista del partido político I.* México, PyP, 1985.

CHABOD, Federico. *L'Italia contemporanea.* Turim, Einaudi, 1961.

CHASIN, José. *O integralismo de Plínio Salgado.* São Paulo, Lech, 1978.

_____. A "politicização" da totalidade: oposição e discurso econômico. *Temas de Ciências Humanas,* n. 2, 1977.

CHAUÍ, Marilena. *O nacional e o popular na cultura brasileira:* seminários. São Paulo, Brasiliense, 1984.

_____; FRANCO, Maria Sylvia de C. *Ideologia e mobilização popular.* Rio de Janeiro, Paz e Terra/ Cedec, 1985.

CHILCOTE, Ronald H. *Partido Comunista Brasileiro:* conflito e integração. Trad. Celso Mauro Paciornik, São Paulo, Graal, 1970.

CLAUDIN, Fernando. *A crise do movimento comunista:* a crise da Internacional Comunista. Trad. José Paulo Netto, São Paulo, Global, 1985-1986.

CONCHEIRO BÓRQUEZ, Elvira; MODONESI, Massimo; CRESPO, Horácio (orgs.). *El comunismo:* otras miradas desde América Latina. México, Centro de Investigaciones Interdisciplinares em Ciencias y Humanidades, 2007.

COSTA, Sérgio Amad. *A CGT e as lutas sindicais no Brasil (1960-1964).* São Paulo, Grêmio Politécnico, 1981.

COUTINHO, Carlos Nelson. *A democracia como valor universal.* Rio de Janeiro, Salamandra, 1984.

_____. *Cultura e sociedade no Brasil.* Belo Horizonte, Oficina de Livros, 1990.

_____. *Realismo e anti-realismo na literatura brasileira.* Rio de Janeiro, Paz e Terra, 1974.

COSTA, Edmilson. A reconstrução revolucionária do PCB: balanço da resistência até a conferência de reorganização de 1992. *Novos Temas,* n. 7, 2012, p. 237-65.

_____. Meio século de AI-5: ditadura nunca mais. *PCB*, 2018, Disponível em: <https://pcb.org.br/portal2/21634/meio-seculo-de-ai-5-ditadura-nunca-mais/>; acesso em: 30 maio 2020.

COSTA, Homero de Oliveira. *A Insurreição Comunista de 1935*. Natal: O primeiro ato da tragédia. São Paulo, Ensaio, 1995.

CUEVA, Agustin. *O desenvolvimento do capitalismo na América Latina*. São Paulo, Global, 1983.

CUNHA, Paulo Ribeiro da. *Aconteceu longe demais:* a luta pela terra dos posseiros em Formoso e Trombas e a revolução brasileira. São Paulo, Editora Unesp, 2007.

DASSÚ, Marta. Frente única e frente popular: o VII Congresso da Internacional Comunista. In: HOBSBAWM, Eric (org.). *História do marxismo*. Trad. Carlos Nelson Coutinho e Nemesio Salles. Rio de Janeiro, Paz e Terra, 1985. v. 6.

DEL ROIO, José Luiz. *A greve de 1917:* os trabalhadores entram em cena. São Paulo, Alameda, 2017.

DEL ROIO, Marcos. *A classe operária na revolução burguesa:* a política de alianças do PCB. Belo Horizonte, Oficina de Livros, 1990.

DEO, Anderson. *O labirinto das ilusões:* consolidação e crise da socialdemocracia tardia brasileira. Curitiba, Appris, 2021.

DINIZ, Eli et al. Continuidade e mudança no Brasil da Nova República. Rio de Janeiro, Iuperj, 1989.

_____; BOSCHI, Renato; LESSA, Renato. *Modernização e consolidação democrática no Brasil*. Rio de Janeiro, Vértice, 1989.

DOBB, Maurice. *A evolução do capitalismo*. 5. ed., Rio de Janeiro, Zahar, 1976.

DULLES, John W. F. *Anarquistas e comunistas no Brasil*. Trad. César Parreiras Horta, Rio de Janeiro, Nova Fronteira, 1977.

DUVERGER, Maurice. *Los partidos políticos*. México, FCE, 1987.

ENGELS, Friedrich. *El Anti-Dühring*. Buenos Aires, Claridad, 1972 [ed. bras.: *Anti-Dühring*. Trad. Nélio Schneider, São Paulo, Boitempo, 2015].

_____. *A situação da classe trabalhadora na Inglaterra*. São Paulo, Global, 1986 [ver também: *A situação da classe trabalhadora na Inglaterra*. Trad. B. A. Schumann, São Paulo, Boitempo, 2015].

_____. *Do socialismo utópico ao socialismo científico*. Trad. João Abel, Lisboa, Estampa, 1971.

_____. Prefácio para a Terceira Edição Alemã de Karl Marx. *O 18 Brumário de Luís Bonaparte*. São Paulo, Abril Cultural, 1978 [ver também: Prefácio à 3. edição [de 1885]. In: MARX, Karl. *O 18 de brumário de Luís Bonaparte*. Trad. Nélio Schneider, São Paulo, Boitempo, 2011].

_____. *Revolução e contra-revolução na Alemanha*. Trad. José Barata Moura, Lisboa, Avante, 1981.

FALCÃO, Frederico J. *Os homens do passo certo:* O PCB e a esquerda revolucionária no Brasil (1942--1961). São Paulo, Sundermann, 2012.

FAUSTO, Boris (org.). *História geral da civilização brasileira*, t. III, v. 3: *O Brasil republicano:* sociedade e política (1930-1964). São Paulo, Difel, 1981.

_____. *Trabalho urbano e conflito social*. São Paulo, Difel, 1976.

FEJTÖ, François. *L'héritage de Lénine:* introduction à l'histoire du communisme mondial. Paris, Librairie Générele Française, 1977.

FERNANDES, Florestan. *A ditadura em questão*. São Paulo, T. A. Queiroz, 1982.

_____. *A revolução burguesa no Brasil:* ensaio de interpretação sociológica. Rio de Janeiro, Zahar, 1975.

_____. *A transição prolongada*. São Paulo, Cortez, 1990.

_____. *Apontamentos sobre a "Teoria do Autoritarismo"*. São Paulo, Hucitec, 1979.

_____. *Brasil em compasso de espera*. São Paulo, Hucitec, 1980.

_____. *Da guerrilha ao socialismo:* a Revolução Cubana. São Paulo, T. A. Queiroz, 1979.

FILHO, Expedito. Autópsia da sombra: o depoimento terrível de um ex-sargento que transitava no mundo clandestino da repressão militar resgata parte da história de uma guerra suja. *Veja*, 18 nov. 1992.

FIORI, José Luís. Sonhos prussianos, crises brasileiras: leitura política de uma industrialização tardia. In: _____. *Em busca do dissenso perdido:* ensaios críticos sobre a festejada crise do Estado. Rio de Janeiro, Insight, 1995.

FON, Antonio Carlos. *Tortura:* história da repressão política no Brasil. São Paulo, Global, 1979.

FRAGINALS, Manuel M. *O engenho:* complexo socioeconômico açucareiro cubano. Trad. Sonia Rangel, São Paulo, Hucitec/Editora Unesp, 1988. 3 v.

FREDERICO, Celso. *A esquerda e o movimento operário*. Belo Horizonte, Oficina de Livros, 1991.

_____. A presença de Lukács na política cultural do PCB e na Universidade. In: MORAES, João Quartim de (org.). *História do marxismo no Brasil*. Campinas, Editora da Unicamp, 1995. v. 2.

_____. *A vanguarda operária*. São Paulo, Símbolo, 1979.

_____. *Consciência operária no Brasil*. São Paulo, Ática, 1979.

FURTADO, Celso. *Análise do "modelo" econômico brasileiro*. Rio de Janeiro, Civilização Brasileira, 1972.

_____ et al. *Brasil hoy*. México, Siglo XXI, 1972.

GADOTTI, Moacir; PEREIRA, Otaviano. *Pra que PT? Origem, projeto e consolidação do Partido dos Trabalhadores*. São Paulo, Cortez, 1989.

GALISSOT, René. O imperialismo e a questão colonial e nacional dos povos oprimidos. In: HOBSBAWM, Eric (org.). *História do marxismo*. Trad. Carlos Nelson Coutinho e Nemesio Salles. Rio de Janeiro, Paz e Terra, 1987. v. 1.

GALLI, Giorgio. *Storia del PCI. Il Partito Comunista Italiano: Livorno 1921 - Rimini 1991*. Milão, Kaos, 1993.

GARCIA, Marco Aurélio. Contribuições para uma história da esquerda brasileira. In: MORAES, Reginaldo; ANTUNES, Ricardo; FERRANTE, Vera. *Inteligência brasileira*. São Paulo, Brasiliense, 1986.

GENTILE, Emilio; FELICE, Renzo de. *Itália de Mussolini e a origem do fascismo*. São Paulo, Ícone, 1988.

GERRATANA, Valentina. *Ricerche di storia del marxismo*. Roma. Editori Riuniti, 1978.

GOLDMANN, Lucien. A importância do conceito de consciência possível para a comunicação. In: _____. *A criação cultural na sociedade moderna:* para uma sociologia da totalidade. Trad. João Assis Gomes e Margarida Sabino Morgado, São Paulo, Difel, 1972.

GORENDER, Jacob. *Combate nas trevas. A esquerda brasileira: das ilusões perdidas à luta armada.* 2. ed., São Paulo, Ática, 1987.

GRUPPI, Luciano. *O pensamento de Lênin.* Trad. Carlos Nelson Coutinho, Rio de Janeiro, Graal, 1979.

_____. *O conceito de hegemonia em Gramsci.* Trad. Carlos Nelson Coutinho, 3. ed., Rio de Janeiro, Graal, 1991.

HABERMAS, Jünger. *A crise de legitimação no capitalismo tardio.* Trad. Vamireh Chacon, Rio de Janeiro, Tempo Brasileiro, 1980.

HARNECKER, Martha. *A revolução social (Lênin e a América Latina).* São Paulo, Global, 1985.

_____. *O sonho era possível.* Havana, Mepla/Casa de las Américas, 1994.

HEINZ HOLZ, Hans et al. *Conversando com Lukács.* Trad. Giseh Vianna Konder, Rio de Janeiro, Paz e Terra, 1969.

HELLER, Agnes. *Per una teoria marxista del valore.* Roma, Editori Riuniti, 1980.

_____. *Teoría de las necesidades en Marx.* Barcelona, Península, 1986.

HERF, Jeffrey. *El modernismo reaccionario.* México, FCE, 1990.

HILL, Christopher. *A Revolução Inglesa de 1640.* Trad. Wanda Ramos, 2. ed., Lisboa, Presença, 1981.

_____. *God's Englishman:* Oliver Cromwell and the English Revolution. Londres, Penguin, 1970.

HILTON, Stanley. *A rebelião vermelha.* Rio de Janeiro, Record, 1986.

HOBSBAWM, Eric. *A era dos extremos:* o breve século XX (1914-1991). Trad. Marcos Santarrita, São Paulo, Companhia das Letras, 1996.

_____ (org.). *História do marxismo.* Trad. Carlos Nelson Coutinho e Nemesio Salles. Rio de Janeiro, Paz e Terra, 1980-1989. 12 v.

_____. *Revolucionários:* ensaios contemporâneos. Trad. João Carlos Vitor Garcia e Adelângela Saggioro Garcia, Rio de Janeiro, Paz e Terra, 1985.

_____. *Tempos fraturados:* cultura e sociedade no século XX. Trad. Berilo Vargas, São Paulo, Companhia das Letras, 2013.

HOROWITZ, Irving L. *Ascensão e queda do Projeto Camelot.* Rio de Janeiro, Civilização Brasileira, 1969.

IANNI, Octavio. *Estado e planejamento econômico no Brasil.* Rio de Janeiro, Civilização Brasileira, 1971.

IASI, Mauro. *As metamorfoses da consciência de classe:* o PT entre negação e o consentimento. São Paulo, Expressão Popular, 2006.

ILARDI, Massimo et al. *Il Partito Comunista Italiano*: struttura e storia dell'organizzazione. Milão, Fondazione Giangiacomo Feltrinelli, 1982.

BIBLIOGRAFIA E ARTIGOS SELECIONADOS 233

INGRAO, Pietro. *As massas e o poder*. Rio de Janeiro, Civilização Brasileira, 1980.

JAGUARIBE, Hélio. *La sociedad, el Estado y los partidos en la actualidad brasilieña*. México, FCE, 1992.

JAY, Martin. *Marxism and Totality:* The Adventures of a Concept from Lukács to Habermas. Berkeley, University of California, 1984.

JOHNSON, John J. *Militares y sociedad en America Latina*. Buenos Aires, Solar/Hache, 1966.

JOLL, James. *Anarquistas e anarquismo*. Trad. Manuel Dias Duarte, 2. ed., Lisboa, Dom Quixote, 1977.

JULIEN, Claude. *La Révolution Cubaine*. Paris, René Julliard, 1961.

KAPLAN, Marcos T. *Formação do Estado nacional*. Rio de Janeiro, Eldorado, 1974.

KINZO, Maria D'Alva Gil. *Oposição e autoritarismo:* gênese e trajetória do MDB. Trad. Heloisa Perrone Attuy, São Paulo, Vértice/Revista dos Tribunais, 1988.

_____. *Representação política e sistema eleitoral no Brasil*. São Paulo, Símbolo, 1980.

KLEIN, Claude. *La Repubblica di Weimar*. Milão, Mursia & C., 1970 [ed. bras.: *Weimar*. Trad. Geraldo Gerson de Souza, São Paulo, Perspectiva, 1995, coleção Khronos, n. 18].

KONDER, Leandro. *A democracia e os comunistas*. Rio de Janeiro, Graal, 1980.

_____. Astrojildo Pereira: o homem, o militante e o crítico. *Memória & História*, n. 1, 1981.

_____. *Introdução ao fascismo*. Rio de Janeiro, Graal, 1977.

KOSÍK, Karel. *Dialética do concreto*. Trad. Célia Neves e Alderico Toríbio, 2. ed., Rio de Janeiro, Paz e Terra, 1976.

KOVAL, Boris. *A Grande Revolução de Outubro e a América Latina*. Trad. Leda Rita Cintra Ferraz, São Paulo, Alfa-Ômega, 1980.

_____. *História do Proletariado Brasileiro*. São Paulo, Alfa-Ômega, 1982.

KRIEGEL, Annie. *Las internacionales obreras(1864-1943)*. Barcelona, Orbis, 1986.

LAFER, Celso. *O sistema político brasileiro:* estrutura e processo. São Paulo, Perspectiva, 1975.

LAGOA, Maria Izabel. *O programa político do Partido dos Trabalhadores no contexto de uma esquerda em crise*. Dissertação de mestrado em ciências sociais, Marília, FFC-Unesp, 2004.

LEFEBVRE, Henri. *De l'État*. Paris, UGD, 1976.

_____. *Pour connaître la pensée de Lénine*. Paris, Bordas, 1957 [ed. bras.: *O pensamento de Lênin*. Trad. Bruno Santana e Gabriel Landi Fazzio, São Paulo, LavraPalavra, 2020].

LIGUORI, Guido. *La morte del PCI:* indagine su una fine annunciata (1989-1991). Roma, Bordeaux, 2020.

LIMA, Haroldo. *História da ação popular da JUC ao PCdoB*. 2. ed., São Paulo, Alfa-Ômega, 1984.

LIMA, Heitor Ferreira. *História político-econômica e industrial do Brasil*. São Paulo, Companhia Editora Nacional, 1973.

LINDEMANN, Albert. *Socialismo europeo e bolscevismo (1919-1921)*. Bolonha, Il Mulino, 1977.

LOJKINE, Jean. *A classe operária em mutações*. Belo Horizonte, Oficina de Livros, 1990.

234   SINFONIA INACABADA

LONER, Beatriz Ana. *O PCB e o Manifesto de Agosto:* um estudo. Dissertação de mestrado em história, Campinas, IFCH-Unicamp, 1985.

LOSURDO, Domenico. *Hegel, Marx e la tradizione liberale:* libertà, uguaglianza, Stato. Roma, Editori Riuniti, 1988 [ed. bras.: *Hegel, Marx e a tradição liberal:* liberdade, igualdade, Estado. Trad. Carlos Alberto Fernando Nicola Dastoli, Editora Unesp, 1998].

_____. *Tra Hegel e Bismarck:* la Rivoluzione del 1848 e la crisi della cultura tedesca. Roma, Editori Riuniti, 1983.

LÖWY, Michel. *Le marxisme en Amérique Latine:* Anthologie. Paris, Maspero, 1980 [ed. bras.: Michael Löwy (org.), *O marxismo na América Latina: uma antologia de 1909 aos dias atuais,* trad. Cláudia Schilling e Luís Carlos Borges, 4. ed., São Paulo, Expressão Popular/Perseu Abramo, 2016].

LUKÁCS, György. Carta sobre o stalinismo. *Revista Temas de Ciências Humanas,* n. 1, 1977.

_____. *El asalto a la razón.* Barcelona, Grijalbo, 1972 [ed. bras.: *A destruição da razão.* Trad. Bernard Herman Hess, Rainer Patriota e Ronaldo Vielmi Fortes São Paulo, Instituto Lukács, 2020].

_____. *Estética.* Barcelona, Grijalbo, 1966. v. 1.

_____. *Historia y consciencia de clase.* Barcelona, Grijalbo, 1969 [ed. bras.: *História e consciência de classe:* estudos sobre a dialética marxista. Trad. Rodnei Nascimento, 2. ed., São Paulo, WMF Martins Fontes, 2016].

_____. *Lenin:* teoria e prassi nella personalità di un rivoluzionario. Turim, Einaudi, 1970 [ed. bras.: *Lênin:* um estudo sobre a unidade de seu pensamento. Trad. Rubens Enderle, São Paulo, Boitempo, 2012].

_____. *Ontologia dell'essere sociale.* Roma, Editori Riuniti, 1976. 2 v. [ed. bras.: *Para uma ontologia do ser social II.* Trad. Nélio Schneider, Ivo Tonet e Ronaldo Vielmi Fortes, São Paulo Boitempo, 2013].

_____. *Prolegómenos a una estética marxista:* sobre la categoría de la particularidad. Barcelona, Grijalbo, 1969 [ed. bras.: *Introdução a uma estética marxista:* sobre a categoria da particularidade. Trad. Carlos Nelson Coutinho e Leandro Konder, Rio de Janeiro, Civilização Brasileira, 1978].

LUXEMBURGO, Rosa. *Reforma, revisionismo e oportunismo.* Trad. Livio Xavier, Rio de Janeiro, Civilização Brasileira, 1975.

MAGRI, Lucio. *O Alfaiate de Ulm*: uma possível história do Partido Comunista Italiano. Trad. Silvia de Bernardinis, São Paulo, Boitempo, 2014.

MÁO JR., José Rodrigues. *A Revolução Cubana e a questão nacional (1863-1963).* São Paulo, Núcleo de Estudos d'O Capital, 2007.

MAIRA, Luis; VICARIO, Guido. *Perspectivas de la izquierda latinoamericana*: seis dialogos. Santiago do Chile, FCE, 1991.

MANDEL, Ernest. *A crise do capital.* São Paulo, Ensaio/Editora da Unicamp, 1990.

_____. *Crítica do euro-comunismo.* Lisboa, Antídoto, 1978.

MARAM, Sheldon Leslie. *Anarquistas, imigrantes e o movimento operário brasileiro (1890-1920).* Trad. José Eduardo Ribeiro Moretzsohn, Rio de Janeiro, Paz e Terra, 1979.

MARONI, Amnéris, *A estratégia da recusa.* São Paulo, Brasiliense, 1982.

BIBLIOGRAFIA E ARTIGOS SELECIONADOS **235**

MARRAMAO, Giacomo. *Austromarxismo e socialismo di sinistra tra le due guerre*. Milão, La Pietra, 1977.

_____. *O político e suas transformações*. Belo Horizonte, Oficina de Livros, 1990.

_____ et al. *Teoria marxista de la política*. México, PyP, 1981.

MARTINELLI, Renzo. Il gruppo dirigente nazionale (1921-1943). In: ILARDI, Massimo et al. *Il Partito Comunista Italiano:* struttura e storia dell'organizzazione. Milão, Fondazione Giangiacomo Feltrinelli, 1982.

MARX, Karl. *A Questão Judaica*. Rio de Janeiro, Achiamé, s.d. [ver também: *Sobre a questão judaica*. Trad. Nélio Schneider e Wanda Caldeira Brant, São Paulo, Boitempo, 2013].

_____. *Contribución a la crítica de la economía política*. Buenos Aires, Estudio, 1970 [ed. bras.: *Contribuição à crítica da economia política*. Trad. Florestan Fernandes, 2. ed., São Paulo, Expressão Popular, 2008].

_____. *Critica de la Filosofía del Derecho de Hegel*. Buenos Aires, Claridad, 1973. [ed. bras: *Crítica da Filosofia do Direito de Hegel*. Trad. Rubens Enderle e Leonardo de Deus, 3. ed., São Paulo, Boitempo, 2013].

_____. *Critica del Programa de Gotha*. Moscou, *Progreso, s.d.* [ed. bras.: *Crítica do Programa de Gotha*. Trad. Rubens Enderle, São Paulo, Boitempo, 2012].

_____. *El Capital*. México, FCE, 1973 [ed. bras: *O capital*, Livro I: *O processo de produção do capital*. Trad. Rubens Enderle, São Paulo, Boitempo, 2013].

_____. *Manuscritos Economico-Filosóficos de 1844*. In: *Escritos Varios*: México, Grijalbo, 1966 [ed. bras.: *Manuscritos econômico-filosóficos*. Trad. Jesus Ranieri, São Paulo, Boitempo, 2004.

_____. *Miséria da filosofia*. Trad. José Paulo Netto, São Paulo, Boitempo, 2017.

_____. *O 18 de brumário de Luís Bonaparte*. São Paulo, Abril Cultural, 1978. [ver também: *O 18 de brumário de Luís Bonaparte*. Trad. Nélio Schneider, São Paulo, Boitempo, 2011].

_____. *Opere giovanili*. Roma, Editori Riuniti, 1971.

_____; ENGELS, Friedrich. *La Guerra Civil en los Estados Unidos*. México, Roca, 1973.

_____;_____. *La Ideologia Alemana*. Barcelona, Grijalbo, 1970 [ed. bras.: *A ideologia alemã*. Trad. Rubens Enderle, Nélio Schneider e Luciano Cavini Martorano, São Paulo, Boitempo, 2007].

_____; _____. *Manifesto do Partido Comunista*. São Paulo, Novos Rumos, 1986 [ver também: *Manifesto Comunista*. Trad. Álvaro Pina e Ivana Jinkings, São Paulo, Boitempo, 2010].

_____; _____. *Sobre la Revolución de 1848*. Moscou, Progreso, 1981.

MAZZEO, Antonio Carlos. *Burguesia e capitalismo no Brasil*. 2. ed., São Paulo, Ática.

_____. A crise do PCB. In: _____. *Sociologia política marxista*. São Paulo, Cortez, 1995.

_____. Astrojildo Pereira. In: PERICÁS, Luiz Bernardo; SECCO, Lincoln (orgs.). *Intérpretes do Brasil:* clássicos, rebeldes e renegados. São Paulo, Boitempo, 2014.

_____. El Partido Comunista y las interpretaciones de la objetivación del capitalismo en Brasil. In: CONCHEIRO BÓRQUEZ, Elvira; MODONESI, Massimo; CRESPO, Horácio (orgs.). *El comunismo:* otras miradas desde América Latina. México, Centro de Investigaciones Interdisciplinarias en Ciencias y Humanidades, 2007.

_____. *Estado e burguesia no Brasil:* origens da autocracia burguesa. São Paulo, Boitempo, 2015.

_____. O rock no balanço da história. *Voz da Unidade*, n. 16, 1987.

_____. *O voo de Minerva:* a construção da política, do igualitarismo e da democracia no Ocidente antigo. São Paulo, Boitempo/Fapesp, 2009; 1. reimp. rev. 2019.

_____. *Os portões do Éden:* igualitarismo, política e Estado nas origens do pensamento moderno. São Paulo, Boitempo, 2019.

_____; LAGOA, Maria Izabel (orgs.). *Corações vermelhos:* os comunistas brasileiros no século XX. São Paulo, Cortez, 2003.

MEDVEDEV, Roy. *Os últimos anos de Bukhárin.* Trad. Luís Mário de Gazzaneo, Rio de Janeiro, Civilização Brasileira, 1980.

MELLO, João Manuel Cardoso de. *O capitalismo tardio:* contribuição à revisão crítica da formação e do desenvolvimento da economia brasileira. 3. ed., São Paulo, Brasiliense, 1984.

MELOGRANI, Piero. *Fascismo, comunismo e rivoluzione industriale.* Bari, Laterza, 1984.

_____. *Il mito della rivoluzione mondiale:* Lênin tra ideologia e ragion di Stato (1917-1920). Bari, Laterza, 1985.

MENEGUELLO, Rachel. *PT:* a formação de um partido (1979-1982). Rio de Janeiro, Paz e Terra, 1989.

MÉSZÁROS, István. *Marx, a teoria da alienação.* Trad. Waltensir Dutra, Rio de Janeiro, Zahar, 1981.

_____. *A necessidade do controle social.* Trad. Mario Duayer, São Paulo, Ensaio, 1987.

_____. *O poder da ideologia.* Trad. Paulo Castanheira, São Paulo, Boitempo, 2004.

MILIBAND, Ralph. *Marxismo e política.* Rio de Janeiro, Zahar, 1979.

MILLS, Charles W. *Os marxistas.* Trad. Waltensir Dutra, Rio de Janeiro, Zahar, 1968.

MOORE, Barrington. *As origens sociais da ditadura e da democracia.* Trad. Maria Ludovina Figueiredo Couto, São Paulo, Martins Fontes, 1978.

MORAES, João Quartim de (org.). *História do marxismo no Brasil.* Campinas, Editora da Unicamp, 1995. v. 2.

MORAIS, Fernando. *Olga.* São Paulo, Alfa-Ômega, 1985.

MORAIS, Reginaldo; ANTUNES, Ricardo; FERRANTE, Vera. *Inteligência brasileira.* São Paulo, Brasiliense, 1986.

MOREIRA, Vagner José. *O levante comunista de 1949:* memórias e histórias da luta pela terra e da criminalização dos movimentos sociais de trabalhadores no noroeste paulista. Cascavel, Ediunoeste, 2012.

MOTTA, Carlos Guilherme. *1822:* dimensões. São Paulo, Perspectiva, 1972.

NETTO, José Paulo. *Crise do socialismo e ofensiva neoliberal.* São Paulo, Cortez, 1993.

_____. *Democracia e transição socialista:* escritos de teoria e política. Belo Horizonte, Oficina de Livros, 1990.

_____. *Pequena história da ditadura brasileira (1964-1985).* São Paulo, Cortez, 2014.

NOVAIS, Fernando. *Portugal e o Brasil na crise do antigo sistema colonial (1777-1808)*. São Paulo, Hucitec, 1979.

O'DONELL, Guillermo. Desenvolvimento político ou mudança política? In: PINHEIRO, Paulo Sérgio (org.). *O Estado autoritário e movimentos populares*. Rio de Janeiro, Paz e Terra, 1979.

OIKAWA, Marcelo. *Porecatu:* a guerrilha que os comunistas esqueceram. São Paulo, Expressão Popular, 2011.

OLIVEIRA, Eliézer Rizzo de. *De Geisel a Collor:* Forças Armadas, transição e democracia. Campinas, Papirus, 1994.

OLIVEIRA, Francisco de. *A economia da dependência imperfeita*. Rio de Janeiro, Graal, 1977.

PACHECO, Eliezer. *O Partido Comunista Brasileiro (1922-1964)*. São Paulo, Alfa-Ômega, 1984.

PANDOLFI, Dulce. *Camaradas e companheiros:* história e memória do PCB. Rio de Janeiro, Relume Dumará, 1995.

PERICÁS, Luiz Bernardo (org.). *Caminhos da revolução brasileira*. São Paulo, Boitempo, 2019.

_____. *Che Guevara e o debate econômico em Cuba*. 2. ed. rev. e ampl., São Paulo, Boitempo, 2018.

_____; SECCO, Lincoln (orgs.). *Intérpretes do Brasil:* clássicos, rebeldes e renegados. São Paulo, Boitempo, 2014.

PERILLO, Gaetano. L'America Latina al VI Congresso Mondiale dell'Internazionale Comunista. *Movimento Operaio e Socialista*, n. 2-3, 1970.

PINHEIRO, Paulo Sérgio. *Estratégias da ilusão:* a revolução mundial e o Brasil. São Paulo, Companhia das Letras, 1991.

_____. *Política e Trabalho no Brasil*. Rio de Janeiro, Paz e Terra, 1975.

PINHEIRO DE SOUZA, José Milton. *O PCB e a ruptura da tradição:* dos impasses das formulações do exílio ao exílio da política no Brasil (1971-1991). Tese de doutorado em ciências sociais, São Paulo, Pontifícia Universidade Católica (PUC-SP), 2014.

PISCHEL, Enrica C.; ROBERTAZZI, Chiara. *L'Internationale Communiste et les problèmes coloniaux (1919-1935)*. Paris, Mouton,1968.

POULANTZAS, Nicos. *As classes sociais no capitalismo de hoje*. Rio de Janeiro, Zahar, 1978.

_____. *Fascismo e ditadura*. Trad. João G. P. Quintela e Maria Fernanda S. Granado, São Paulo, Martins Fontes, 1978.

_____. *Hegemonia y dominación en el Estado moderno*. México, PyP, 1977.

_____. *O Estado, o poder, o socialismo*. Trad. Rita Lima, Rio de Janeiro, Graal, 1985.

_____. *Poder político e classes sociais*. Trad. Francisco Silva, Lisboa, Portucalense, 1971.

PRADO JR., Caio. *A revolução brasileira*. 6. ed., São Paulo, Brasiliense, 1978.

_____. *Evolução política do Brasil e outros estudos*. 7. ed., São Paulo, Brasiliense, 1971.

_____. *História econômica do Brasil*. 14. ed., São Paulo, Brasiliense, 1971.

_____. Panorama da política brasileira. *Revista Brasiliense*, n. 38, 1961.

PRESTES, Anita Leocadia. *Luiz Carlos Prestes e a Aliança Nacional Libertadora*: os caminhos da luta antifascista no Brasil (1934-35). Petrópolis, Vozes, 1997.

_____. *Luiz Carlos Prestes:* um comunista brasileiro. São Paulo, Boitempo, 2015.

PRIORI, Angelo. *O protesto do trabalho:* história das lutas sociais dos trabalhadores rurais do Paraná (1954-1964). Maringá, Eduem, 1996.

PRZEWORSKI, Adam. *Capitalismo e social-democracia.* Trad. Laura Teixeira Motta, São Paulo, Companhia das Letras, 1991.

RAGIONIERI, Ernesto. *La Terza Internazionale e il Partito Comunista Italiano.* Turim, Einaudi, 1978.

REIS, Fábio W.; O'DONNELL, Guillermo (orgs.). *A democracia no Brasil:* dilemas e perspectivas. São Paulo, Vértice, 1988.

REIS FILHO, Daniel Aarão. *A revolução faltou ao encontro:* os comunistas no Brasil. São Paulo, Brasiliense, 1990.

RICHARD, Lionel. *A República de Weimar.* São Paulo, Companhia das Letras, 1988.

RIDENTI, Marcelo. *O fantasma da revolução brasileira.* São Paulo. Editora Unesp, 1993.

RODRIGUES NETTO, Leôncio M. As tendências políticas na formação das centrais sindicais. In: BOITO JR., Armando (org.). *O sindicalismo brasileiro nos anos 80.* Rio de Janeiro, Paz e Terra, 1991.

_____. O PCB: os dirigentes e a organização. In: FAUSTO, Boris (org.). *História geral da civilização brasileira,* t. III, v. 3: *O Brasil republicano:* sociedade e política (1930-1964). São Paulo, Difel, 1977.

_____. *Trabalhadores, Sindicato e Industrialização.* São Paulo, Brasiliense, 1980.

ROEDEL, Hiran (org.). *Atitude Subversiva:* biografia de Ivan Pinheiro. Rio de Janeiro, Fundação Dinarco Reis, 2000.

_____ (org.). *PCB:* 80 anos de luta. Rio de Janeiro, Fundação Dinarco Reis, 2002.

SÁ, Jair Ferreira; REIS FILHO, Daniel Aarão. *Imagens da revolução: documentos políticos das organizações clandestinas de esquerda dos anos 1961 a 1971.* Rio de Janeiro, Marco Zero, 1985.

SALLUM JR., Brasílio. Transição política e crise de Estado. *Lua Nova,* n. 32, 1994.

SANTOS, Raimundo. *A primeira renovação pecebista:* reflexos do século XX. Belo Horizonte, Oficina de Livros, 1988.

SANTOS, Wanderley G. *Ordem burguesa e liberalismo político.* São Paulo, Duas Cidades, 1978.

SCHWARZ, Roberto. *Ao vencedor as batatas:* forma literária e processo social nos inícios do romance brasileiro. São Paulo, Duas Cidades, 1977.

SEGATTO, José Antonio. *Breve história do PCB.* São Paulo, Lech, 1981.

_____. *Reforma e revolução*: as vicissitudes políticas do PCB (1954-1964). Rio de Janeiro, Civilização Brasileira, 1995.

SILVA, Antonio Ozaí da. *A história das tendências no Brasil.* 2. ed. rev. e ampl., São Paulo, Proposta, 1987.

SILVA, Hélio. *1935*: a revolta vermelha. Rio de Janeiro, Civilização Brasileira, 1969.

_____. *O poder militar.* Porto Alegre, L&PM, 1985.

_____. *1964*: golpe ou contragolpe? Rio de Janeiro, Civilização Brasileira, 1975.

SILVA, Sérgio. *Expansão cafeeira e origens da indústria no Brasil.* São Paulo, Alfa-Ômega, 1976.

SINGER, Paul I.; CARDOSO, Fernando Henrique. *Caderno Cebrap 6*: o "milagre brasileiro", causas e consequências. São Paulo, Cebrap, 1972.

SKIDMORE, Thomas. *Brasil*: de Getúlio a Castelo. 2. ed., Rio de Janeiro, Saga, 1969.

_____. *Brasil*: de Castelo a Tancredo. Trad. Mário Salviano Silva, Rio de Janeiro, Paz e Terra, 1994.

_____. A abertura do autoritarismo: origens e dinâmica: a lenta via brasileira para a democratização (1974-1985). In: STEPAN, Alfred (org.). *Democratizando o Brasil*. Rio de Janeiro, Paz e Terra, 1988.

SOARES, Gláucio Ary D. *Sociedade e política no Brasil*. São Paulo, Difel, 1973.

SOBOUL, Albert. *Précis d'histoire de la Révolution Française*. Paris, Éditions Sociales, 1966.

SODRÉ, Nelson Werneck. *As razões da independência*. Rio de Janeiro, Civilização Brasileira, 1978.

_____. *Brasil: radiografía de un modelo*. Buenos Aires, Orbelius, 1973.

_____. *História da burguesia brasileira*. Rio de Janeiro, Civilização Brasileira, 1964.

_____. *Introdução à Revolução Brasileira*. São Paulo, Lech, 1978.

_____. *A intentona comunista de 1935*. Porto Alegre, Mercado Aberto, 1986.

SPRIANO, Paolo. *Storia del Partito Comunista Italiano*. Turim, L'Unità/Einaudi, 1975.

_____. O movimento comunista entre a guerra e o pós-guerra: 1938-1947. In: HOBSBAWM, Eric. *História do marxismo*, v. 10: *O marxismo na época da Terceira Internacional*: de Gramsci à crise do stalinismo. Trad. Carlos Nelson Coutinho e Nemesio Salles, Rio de Janeiro, Paz e Terra, 1987.

SOTELO, Ignacio. *Del leninismo al estalinismo:* modificaciones del marxismo en un medio subdesarrollado. Madri, Tecnos, 1976.

SOUZA, Amaury. El sistema de partidos políticos. In: JAGUARIBE, Hélio (org.). *La sociedad, el Estado y los partidos en la actualidad brasileña*. México, FEC, 1992. v. 1.

STEPAN, Alfred (org.) *Democratizando o Brasil*. Rio de Janeiro, Paz e Terra, 1988.

VARGAS DE SOUZA, Oneider. *As lutas operárias na fronteira:* a chacina dos Quatro "Ás" (Livramento/RS – 1950). Porto Alegre, Palmarinca, 2015.

VIANNA, Luís Werneck. *Liberalismo e sindicato no Brasil*. 2. ed., Rio de Janeiro, Paz e Terra, 1978.

_____. Notas sobre a conjuntura brasileira. *Temas de Ciências Humanas*, n. 8, 1980.

VIANNA, Marly de Almeida. Gomes. *Revolucionários de 1935*. São Paulo, Companhia das Letras, 1992.

VIEIRA, Evaldo Amaro. *A República Brasileira:* 1951-2010, de Getúlio a Lula. São Paulo, Cortez, 2015.

VRANICKI, Predrag. *Storia del marxismo*. Roma, Editori Riuniti, 1971. 2 v.

WEFFORT, Francisco C. *Por que democracia?* 2. ed., São Paulo, Brasiliense, 1984.

WHITNEY HALL, John. *El Império Japonés*. México, Siglo XXI, 1988.

ZAIDAN FILHO, Michel. *Comunistas em céu aberto:* 1922-1930. Belo Horizonte, Oficina de Livros, 1989.

_____. *PCB (1922-1929):* na busca das origens de um marxismo nacional. São Paulo, Global, 1985.

ŽIŽEK, Slavoj (org.). *Um mapa da ideologia*. Trad. Vera Ribeiro, Rio de Janeiro, Contraponto, 1996.

Publicada em março de 2022, no centenário do Partido Comunista Brasileiro (PCB), esta segunda edição de *Sinfonia inacabada* foi composta em Adobe Garamond Pro, 11/14, e impressa em papel Pólen Soft 80 g/m², pela gráfica Rettec para a Boitempo com tiragem de 1.500 exemplares.